高校德育成果文库

GaoXiao DeYu
ChengGuo WenKu

立德树人
大学生思想政治工作创新纪实

叶 燊 主编

光明日报出版社

图书在版编目（CIP）数据

立德树人：大学生思想政治工作创新纪实 / 叶燊主编. --北京：光明日报出版社，2019.3
ISBN 978-7-5194-5110-3

Ⅰ.①立… Ⅱ.①叶… Ⅲ.①大学生—思想政治教育—研究—中国 Ⅳ.①G641

中国版本图书馆 CIP 数据核字（2019）第 040160 号

立德树人——大学生思想政治工作创新纪实
LIDE SHUREN——DAXUESHENG SIXIANG ZHENGZHI GONGZUO CHUANGXIN JISHI

主　　编：叶　燊	
责任编辑：李壬杰	责任校对：赵鸣鸣
封面设计：中联学林	责任印制：曹　净

出版发行：光明日报出版社
地　　址：北京市西城区永安路 106 号，100050
电　　话：010-67014267（咨询），63131930（邮购）
传　　真：010-67078227，67078255
网　　址：http://book.gmw.cn
E-mail：lirenjie@gmw.cn
法律顾问：北京德恒律师事务所龚柳方律师
印　　刷：三河市华东印刷有限公司
装　　订：三河市华东印刷有限公司
本书如有破损、缺页、装订错误，请与本社联系调换，电话：010-67019571

开　　本：170mm×240mm	
字　　数：313 千字	印　张：18
版　　次：2019 年 4 月第 1 版	印　次：2019 年 4 月第 1 次印刷
书　　号：ISBN 978-7-5194-5110-3	
定　　价：85.00 元	

版权所有　翻印必究

编委会

主　　编：叶　燊

编　　委：陈志勇　杨建义　章　琳
　　　　　周延锋　戴少娟　汪启思
　　　　　李彬源　陈筱宇　刘晓晖
　　　　　赵精华

前 言

40年前,党的十一届三中全会召开,中国共产党用改革开放的伟大宣示把中国带入一个新的时代。40年来,作为党和国家一项重大的政治任务和战略工程,加强和改进大学生思想政治工作,培养又红又专、德才兼备、全面发展的中国特色社会主义事业的合格建设者和可靠接班人,始终是全国高校坚持不渝的共同使命。

2016年12月,习近平总书记在全国高校思想政治工作会议上指出,"高校思想政治工作关系高校培养什么样的人、如何培养人以及为谁培养人这个根本问题。要坚持把立德树人作为中心环节,把思想政治工作贯穿于教育教学全过程,实现全程育人、全方位育人,努力开创我国高等教育事业发展新局面。"2018年5月,他与北京大学师生座谈时又指出:"要把立德树人的成效作为检验学校一切工作的根本标准,真正做到以文化人、以德育人,不断提高学生思想水平、政治觉悟、道德品质、文化素养,做到明大德、守公德、严私德。要把立德树人内化到大学建设和管理各领域、各方面、各环节,做到以树人为核心,以立德为根本。"这些重要论述将高校思想政治工作提升到一个新的高度,为做好新形势下高校思想政治工作指明了行动方向、提供了遵循依据。

福建是改革开放先行省份和习近平新时代中国特色社会主义思想重要萌发地。作为福建省学习、研究、宣传马克思主义的重要阵地,福建师大做好大学生思想政治工作创新的责任重大、使命光荣。改革开放以来,福建师大以高度的政治自觉和自信,坚持立德树人的根本任务,坚持理论和实践、育德和育心、课内和课外、线上和线下"四个"结合,创新构建全员、全过程、全方位的立体育人网络,有效解决高校思想政治工作体系中的一些盲点、痛点、断点,打造了"有核心,无边界"的"大思政"育人体系,致力培养担当民族复兴大任的时代新人。部分探索的相关成果得到党和国家领导人的批示肯定,中央电视台《新闻联播》《人民日报》《光明日报》《中国教育报》等媒体纷纷聚焦深度报道,中央宣传部、教育部、福建省委有关刊物刊载了相关经验做法,形成了良好的示范效应。

(一)**注重顶层设计,确保同向同行**。高校思想政治工作是一项系统工程,学校加强统筹协调和顶层设计,通过高站位谋划、宽视野推进、深层次融合,推动学校各类思政育人要素无缝对接与有效协同,形成第一课堂与第二课堂、理论教学与实践教学、课堂思政与网络思政相互支撑、相互协作的全方位"大思政"育人格局。中央领导和教育部、团中央领导,以及多位福建省领导都对我校利用网络新媒体开展思想政治工作做出指示、批示,400多所高校来校交流学习。

(二)**突出问题导向,提升工作实效**。针对大学生思想政治工作中存在的成效、队伍、机制、保障等问题,以"问题"作为思想政治工作的出发点,将"问题意识"解决贯穿育人全过程,突出教学、管理、服务、队伍、评价、浸润六大协同机制,辅以相应的配套改革,提升思想政治工作成效。福建师范大学推出的微博、微信卡通形象"小联"通过新媒体平台打造高效率、快答复、一站式"微"服务体系,解决联系服务学生"最后一公里"的问题,宣传和践行社会主义核心价值观,取得良好的效果。福建师范大学推出的微博微信卡通形象"小葵"通过行之有效、特色鲜明的工作范式,构建"研习""创作""传播"三位一体的网络传播体系,解决青年思想引领吸引力和黏着力问题,获得中央、省委领导同志的批示肯定和中央主流媒体的深度报道。

(三)**关注学生需求,遵循成长规律**。思想政治工作入脑入心的前提是学生有学习的积极主动性、知行合一践行的自觉性。一是适应学生自主学习的需求,通过师生协同、部门协作,激发学生学习思想政治理论的自主性、挑战性和趣味性,在自主学习的氛围中帮助青年学生筑牢成长成才的精神支柱和理想信念。"青马易战"和"同龄人讲思政课"等大学生理论自主学习模式广受好评。二是适应学生网络化生存的需求,打造"五微五阵地"等网络化理论学习平台,使大学生知行合一,成为网络正能量的传播者。三是着眼理论辨析能力提升的需求,"对话式"思政工作模式深受学生欢迎,思政工作队伍在教学、管理和服务中针对错误思潮和不当行为,旗帜鲜明,敢于亮剑,体现思想政治工作的战斗作用和堡垒作用。

(四)坚守精细管理,提高创新能力。"把有意义的工作做得有意思,把有传统的事情做得有系统,把有品质的项目做得有品牌,把有活力的组织做得有魅力",既是思政工作队伍自觉的价值追求,也是对大学生个性化和多元化特点的现实回应。在精细化、项目化、品牌化理念的持续引导下,学校逐年改进和完善了学生日常教育、管理与服务工作,规范和优化了学生事务管理的业务流程,在常规管理项目中越来越多地融入育人因素。许多工作项目因为工作创新成为精品并发挥了持久的品牌影响力,几代人共同的精心努力越来越多地转化为实际的育人成果。

围绕上述四条主线,《立德树人——大学生思想政治工作创新纪实》力图从"点"到"面",全方位地展现新时期以来福建师大思想政治工作的新理念、新成果和新实践。全书共精选了福建师大思想政治工作的63个创新经验、特色做法和工作品牌,涵盖了网络思政、主题教育、创新创业、学风建设、志愿服务、社会实践、心理健康、资助育人、校园文化、队伍建设十个方面。这些成果立足于工作实际,扎根于现实土壤,着眼于研究规律、总结经验、探索路径,从不同角度反映了福建师大思想政治工作实践探索的丰硕成果。同时,以立德树人为主题,紧扣新时期福建师大思想政治工作发展的客观进程,把握思想政治工作的时代特征,聚焦思想政治工作的前沿问题,推动思政治工作理论与实践的相互促进,对做好新形势下大学生思想政治工作具有一定的借鉴价值和现实意义。

高校大学生思想政治工作任重而道远。我们相信,只要坚持因事而化、因时而进、因势而新,遵循思想政治工作规律,积极探索在新形势下做好思想政治工作的新思路、新方法、新途径,高校大学生思想政治工作就一定能承担起历史所赋予的重任,为实现伟大中国梦提供坚实的思想政治保障。

叶 燊

2018 年 7 月 8 日

目 录
CONTENTS

第一章 网络思政——在润物无声中筑牢信仰之基 ······· 1
多轮驱动特色化发展　打造网络育人新平台 ······· 3
"小联"在服务学生中传播社会主义核心价值观 ······· 8
"三位一体"构建新思想网络传播阵地 ······· 13
文以载道　文"易"化人 ······· 18
"易时代"网络思想政治教育新探索 ······· 22
"玩"转新媒体　引领新青年 ······· 25

第二章 主题教育——在潜移默化中培养时代新人 ······· 29
构建大学生马克思主义理论自主学习立体化模式 ······· 31
周末集中教育成长工程 ······· 36
恪守学术诚信　承载大学精神 ······· 41
强化"三个工作抓手"　提升基层团支部活力建设 ······· 45
大学生经典理论武装工作的创新实践 ······· 50
与大师对话　感受大学大师大爱 ······· 54
以明辨为向度的社会主义核心价值观教育长效机制 ······· 57
"学子讲坛"引领校园学术新风 ······· 60

第三章 创新创业——在时代潮流中成就青春梦想 ······· 65
厚植创新沃土　培育创业新苗 ······· 67
深入实施研究生创新工程　提高研究生科研创新能力 ······· 72

以专业为导向　扬双创之风帆……78
构建"五四三二一"工作体系　打造创新创业教育升级版……81
深入实施"三三四"工作法　扎实开展创新创业教育……84
聚焦双创教育　培育双创人才……88
独立学院大学生创新创业培养模式新探索……91
新时代创新创业教育平台的建设与探索……94

第四章　学风建设——在勤学善思中激活成长动力……99
让校园开遍诚信之花……101
明德惟馨　知行相济……106
"严教乐学"齐抓共建优良学风……111
创建"五位一体"协同机制　助推优良学风显现……114
构建"精细化"模式　精准育人出实效……118
践行"工匠精神"　培育优良学风……121

第五章　志愿服务——在奉献互助中引领青春风尚……125
引领志愿新风　激扬青春力量……127
探索"1+3+1"研究生支教团支教扶贫模式……132
"我是化学人"科普志愿行……137
打造"外语+志愿服务"品牌　发出福师青年"青春最强音"……140
"Bridge"助残服务队开创志愿服务新模式……144
汉语教师志愿者　传播中国文化的使者……147
健全"四导"模式　引领志愿新风……151

第六章　社会实践——在力学笃行中促进知行合一……155
搭建实践育人平台　助力青年成长成才……157
经世济民促发展　助力科创育英才……162
以法为教　打造"卓越法律人"实践品牌……165
保护福建水源地　环境学子在行动……168
文学打通青年心　脚步丈量两岸情……171
深化校地共建　推进实践育人……174

第七章　心理健康——在春风化雨中增强心理品质　177
　　"八个一"心理健康教育模式的探索与创新　179
　　打造校园心育品牌　营造心理健康文化　184
　　构建"一二三"心育工作体系　服务学生健康成长　189
　　积极心理学取向下的学院心理健康教育体系建设　192

第八章　资助育人——在温暖关爱中描绘出彩人生　195
　　搭建平台　服务家庭经济困难学生"摆脱贫困"　197
　　"精准扶贫"方针下探索"精准资助"三大机制　202
　　汇聚点滴爱心　持续服务女大学生成长成才　207
　　三位一体的"奖助·思政"育人体系　210
　　助学蔚然成风　育人陌上花开　215
　　资助育人从"育心"开始　219

第九章　校园文化——在百花齐放中提升学生素质　223
　　释放社团文化育人新动能　225
　　高雅艺术进校园　美育教育谱新篇　229
　　文艺工作坊搭建"融创"人才培养新平台　234
　　搭建高雅艺术"四大平台"　夯实育人新阵地　238
　　"三大品牌"推动"全媒体"人才培养机制　241

第十章　队伍建设——在立德树人中提供重要保障　245
　　搭建五大发展平台　精准推进辅导员队伍专业化、专家化　247
　　特色青马培养工程体系　引领青年骨干成长成才　252
　　"小葵"新媒体人才专项培训班的经验探索　257
　　"一条主线"久久为功　"三大工程"铸魂立魄　262
　　"三化三育"强化团学干部队伍建设　265
　　构建"一二三四"学生干部成长发展体系　268
　　校园思想政治教育的"大课堂"和"小推手"　271

第一章 01

网络思政

——在润物无声中筑牢信仰之基

篇首语

习近平总书记在全国高校思想政治工作会议上指出:"要运用新媒体新技术使工作活起来,推动思想政治工作传统优势同信息技术高度融合,增强时代感和吸引力。"学校在尊重网络思想政治教育工作普遍规律的基础上,创新工作内容、教育载体和互动机制,构建了校院协同联动、共建共享的网络思想政治教育机制:开创"五微五阵地"大学生思想政治教育新模式,推出"福师大小葵"网络卡通形象,构建"研习""创作""传播"三位一体的网络传播体系,切实充分运用互联网等新媒体、新技术加强和创新高校思想政治工作;利用学校的易班平台,研发"青马易战"网络答题应用,鼓励大学生开展马克思主义理论的自主学习;以"小联"卡通形象在服务学生中传播社会主义核心价值观,同时借助新媒体平台打造高效率、快答复、一站式的"微"服务体系,使之更具时代活力、更好立德树人,真正让高校思想政治工作"活"起来。

多轮驱动特色化发展　打造网络育人新平台
——易班建设工作实践

一、品牌内涵

2014年4月,学校作为省委教育工委确定的首批率先加入"易班"的5所高校之一,认真按照上级部署和要求,及时成立领导小组,党委书记、校长亲自担任组长,挂靠学生工作部组建易班发展中心,统筹推进"易班"校本化、特色化建设。

截至2018年6月1日,共有实名注册认证用户46546人,建立机构群50个,公共群1529个,创建应用1010个,主页浏览量达676599次、独立访客数73509人,各项指标均位于全省高校前列。2015年获得"易班全国共建工作示范单位"荣誉称号。2016年在教育部易班发展中心开展的年度易班优秀评选中获得"十佳易班工作站"荣誉称号,易班指导老师林炜获得"十佳易班指导老师"荣誉称号。2017年在教育部易班发展中心开展的年度易班优秀评选中获得"十佳易班工作站站长"荣誉称号,"青马易战"答题应用荣获"十佳易班特色应用"荣誉称号,同时被中共福建省委教育工委、福建省教育厅评选为福建易班"十佳品牌项目"。四年多来,学校易班工作受到教育部、光明网、中国教育报、中国社会科学网等多家主流媒体的报道。

二、经验做法

(一)政策带动:校院协同共建易班

一是注重制度设计。结合学校二级管理实际,构建校院协同联动、共建共享易班的体制机制。在前期推广和探索基础上,2015年2月印发《关于进一步加强各学院易班工作站建设的通知》,进一步明确易班在学院学生工作体系中的地位和作用,并对学院易班工作站指导老师配备、学生干部培养待遇、易班活动经费保障等做出明确规定,为校院协同共建易班奠定了坚实的制度基础。二是立项项目支持。发挥学生易班建设的主体作用,通过校院两级立项支持班级开展易班活动。其中校级项目支持50个班级,给予每个班级500元立项经费;学院自设项目每个给予100元项目补助。实施校院联办易班重大活动制度,每年重点支持10个易班优质大型活动,每个项目给予3000~5000元经费支持。同时,学校每年确定10万元"易班"建设专项经费,不足部分从学校提留的学生活动经费中补充。2015年8月,学校再次向每个学院划拨1万元易班建设经费,共计25万元,用于学院易班活动开展和工作站建设。三是完善激励措施。学校每月定期推送《易月动态》,汇总统计易班首页头条新闻、发帖数、EGPA增幅度、特色应用等情况,并逐期介绍学院特色活动与易班明星学院的经验做法。结合立项活动开展,评选优秀学院易班工作站、校级十佳易班班级,并在每学年学生表彰大会上给予隆重表彰、奖励。

(二)平台联动:融合媒体推广易班

一是融合主流新媒体推广易班。易班作为校园新兴媒体,广大同学的认识度、接受度尚需逐步提升。为此,学校确定了"做媒体上的加法而不是减法"的工作思路,将易班与学工部官方微博、官方微信、官方网站、学生工作信息管理系统等平台相互链接绑定,在宣传引导上打通各个新媒体平台的界限,积极利用微博、微信等学生比较熟悉、使用比较频繁的新媒体工具,推送易班的精彩课程和特色活动。二是融合新媒体卡通形象推广易班。精心设计具有学校元素的易班熊形象,着手拍摄易班熊校园形象宣传片。将学生中比较知名的"小葵""小联"等新媒体卡通形象引入易班,成立相应机构号,积极发布"小葵说"和"易小联"主题帖,着眼引领与服务,积极推进"小葵""小联"与易班的深度融合。三是融合线下工作推广易班。结合日常教育管理工作,让辅导员、广大学生在完成工作的同时熟悉易班各项功能使用。利用易班资料库功能,开展"'易'师'易'友——我的辅导员最闪亮"征文活动。在辅导员岗前培训班开班后,要求参训辅导员组建加入相应易班机构群交流沟通,并通过易班提交心得博文。

(三)品牌引动:特色文化活跃易班

一是积极创建易班品牌活动。结合学校实际,将新生作为易班宣传推广的重点对象,每年暑期开展"'易'迎新生"系列活动,提前创建易班新生班级、随录取通知书寄发易班宣传单页、高年级志愿者全时段在线值守,开展"心动梦想,憧憬未来"易班迎新生抢楼帖等活动。在易班上开展的"十九大精神学习"每日任务等,吸引了广大同学参与。二是深入实施易班+校院学生品牌活动。将易班元素融入每年全校的"5·25"心理健康文化节、十九大精神学习等,各学院也纷纷通过建立易班报名投票应用、发表主题评论贴、使用易班吉祥物等方式,实现"易班+学院学生品牌活动"的效果。三是开发易班周边文化产品。提出"有福师大,创'易'无限"易班宣传口号,面向全校征集具有学院特色的易班徽章,精心布置易班工作站,分批开发制作了易班U盘、抱枕、卡套等一系列融思想引领、易班元素和师大特色于一体的周边文化产品,切实加强易班特色文化建设。

(四)联合推动:特色应用发展易班

学校基于易班应用开放接口,于2017年4月在全国高校中率先研发并上线了集思想性、学习性和趣味性于一体的易班特色应用——"青马易战"移动端软件,借助新媒体技术,着力"四接、四共",切实让马克思主义理论学习形式活起来、载体多起来、内容动起来,有效增强学校易班的活跃度和用户黏着力,不断把大学生马克思主义理论学习引向深入。命名"青马易战"主要有两层含义:一是引导青年马克思主义者在易班"战斗";二是把该运用建成青年马克思主义者学习的"驿站"、加油站。学生在思想政治理论课第一课堂的学习情况,借助该应用实现了碎片化、趣味化答题,对知识进行巩固、检验。思想政治理论课教师可以通过答题情况,观察了解学生对课堂知识的掌握程度,及时发现课堂教学内容的薄弱点以及学生存在的主要问题,进而有针对性地改进思想政治课课堂教学。截至2018年6月1日,"青马易战"应用已录入马克思主义理论相关问题近13599个,全校17207名学生通过易班绑定该应用,参与答题70296人次,答题总数超过2983万。

一是推动平台嫁接,实现双活共赢。学校充分发挥易班应用开放平台优势,投入专项资金研发"青马易战"易班应用,将青年大学生已经习惯并接受的易班平台和手机APP两种新媒体技术进行无缝嫁接。学校已注册进入易班的用户,只要登录易班平台进行简单的信息绑定,就可在手机端进行马克思主义理论学习,既活跃了理论学习的载体和形式,又提升了易班平台的活跃度和用户黏着力。专门出台相关文件,从制度层面完善"青马易战"运行机制。构建比较科学完善的建设运维体系,学生工作部门安排专人对应用进行运营指导。

二是推动课堂衔接,实现双联共促。"青马易战"应用着眼青年大学生自主学习马克思主义理论,将学校面向本科一、二年级学生开设的《马克思主义基本原理》《毛泽东思想和中国特色社会主义理论体系概论》等课堂学习内容,转化为简单明了的选择题、判断题等,分批引入应用软件。马克思主义学院将学生答题准确率情况作为平时成绩,计入相应思想政治理论课的期末成绩(占20%~30%),较好实现了第一课堂和第二课堂活动的联动、互通、互促。为确保答题内容的科学性,学校成立"青马易战"应用专家组,校党委分管领导担任顾问,马克思主义学院等学院博士生导师担任学术指导,分科目聘请题库指导老师,加强应用的学术指导和题库建设。

三是推动两线对接,实现双动共进。"青马易战"应用为学生提供了一个线上学习马克思主义理论的新途径,打破了理论学习的时空限制,实现了理论学习的碎片化、灵活化、趣味化和生动化。同时,为进一步激发学生参与答题学习理论的热情和积极性,学校还出台了一系列线下激励措施,建立了积分奖励升级系统、积分线下兑换系统、线下表彰系统、线下活动系统,推动线上线下融合创新。

四是推动队伍连接,实现双合共通。依托校思想政治理论课教师和辅导员联席会议制度,建立学期初辅导员与思想政治理论课教师开课前反馈制度,密切双方的交流与合作。"青马易战"应用的开发上线,为课堂主渠道和文化活动主阵地共同加强学生思想政治教育工作提供了一个全新的协同平台。学校在辅导员全部加入易班的基础上,鼓励思想政治理论课教师加入易班,与学生、辅导员共同在线了解答题情况、帮助学生释疑解惑。

三、思考启示

(一)进一步加强对"两个课堂"协同育人机制的探索和实践

学校将组建"青马易战"网络文化工作室,以"青马易战"为平台,进一步探索思政课第一课堂和日常思想政治教育第二课堂有机融通、相互促进的实践运行路径,不断丰富理论学习的形式、内容,逐步完善鼓励思政课教师参与、指导学生第二课堂活动的机制、办法,更好地实现全员育人、全方位育人。

(二)进一步完善"青马易战"的内容和功能

学校将充分发挥"青马易战"网络文化工作室的作用,对应用各项功能进行扩充、完善,丰富题目的类型、形式,不断优化用户体验和答题趣味性。将依托校院两级学生中国特色社会主义理论研究会,结合"青马易战"微答题应用,在易班平台增设理论学习"易"议题、主题教育"易"视频、马列经典"易"阅读、时政要闻"易"话语、热点要点"易"评论等版块,定期发布理论学习动态,定期发布学院的优质思政精品项目,持续加强网络思想政治教育平台的内容供给,切实增强软件的活跃性和生动性,着力将"青马易战"建设成为学生网上学理论、强素质的重要平台。

(三)进一步宣传推广线上线下理论学习新机制

学校将开展易班推广和特色品牌活动,做大、做强、做实具有学校特色的"青马易战"应用,不断总结经验、推陈出新,将"青马易战"应用打造成为福建省具有较高影响力的易班应用,推动大学生自主学习马克思主义理论水平再上新台阶,并将"青马易战"应用的好经验、好做法、好思路在省内各大高校推广,推动福建省大学生自主学习马克思主义理论工作。

(学生工作部　陈筱宇　林炜)

"小联"在服务学生中传播社会主义核心价值观
——学生服务联动协调中心工作案例

一、品牌内涵

在网络信息化背景下,随着微博、微信等新媒体的普及,学生经常在新媒体上以碎片化、无指向、随意性的"吐槽"方式,反映自己对学校管理服务方面的诉求,既无助于学校及时发现、解决学生反映比较强烈的问题,也不利于营造良好和谐的校园网络舆论氛围,更无法充分发挥新媒体在服务学生、引领学生方面的重要作用。

2013年5月,学校召集相关职能部门、师生代表,经过多次论证,决定成立校学生服务联动协调中心(以下简称"中心"),开通中心官方微博,集合与学生密切相关的各职能部门的力量,通过新媒体平台打造高效率、快答复、一站式的"微"服务体系,并通过大学生喜爱的"小联"卡通形象,宣传和践行社会主义核心价值观,取得了良好的成果。

中心成立五年来,已通过微平台迅速协调解决了学生对学校提出的意见和诉求累计12000多件,并刊发100多期《半月报》送至校领导和各职能部门,赢得了同学们的信赖和普遍赞誉,"有困难,找小联",已经成为许多同学遇到问题时的第一反应。同时,"小联"在服务中,坚持做社会主义核心价值观的践行者与传播者,让社会主义核心价值观在学校更加深入人心,为构建和谐校园做出积极贡献。

福建省委书记于伟国等省领导专程到学校实地调研中心工作,称赞"小联"是服务学生的一项创新举措,既培养了学生的奉献意识,锻炼了学生的社会工作能力,又实实在在地为广大同学提供帮助,解决好联系服务学生"最后一公里"的问题,成效很显著,很有意义,很值得肯定。

中心的相关做法得到中央电视台《朝闻天下》栏目、新华社《动态清样》《光明日报》《中国教育报》《中国青年报》等多家媒体报道,福建省政府办公厅《今日要讯》和福建省委教育工委、省教育厅《教育工作简报》也对中心的相关做法进行了介绍,并入选教育部《高校培育和践行社会主义核心价值观创新案例》和福建省教育厅《引领成长,润物无声——福建省高校培育和践行社会主义核心价值观优秀案例选编》《"两学一做"支部好案例》等案例成果展示。

二、经验做法

(一)强化媒体整合,精心搭建微平台

中心由学校分管学生工作的校领导牵头,整合学校办公室、学生工作部、研究生工作部、教务处、保卫处、财务处、校团委、图书馆、后勤服务集团、校医院、学生会等11家与学生密切相关的单位力量,积极适应校园新媒体发展趋势,加强对易班、微博、微信、QQ等新媒体工具的整合力度,着力打通平台界限,打造校园融媒体服务学生的官方微平台。在校园内,同学们只要关注"小联"微平台的任意一种账号,就可以了解到校园最新动态,并直接通过微平台反映问题,得到中心的第一时间响应、第一时间联动、第一时间解决、第一时间反馈,从而让"小联"微平台逐渐成为校园内全方位服务的强大融媒体平台,为开展网络思想政治教育、弘扬传播社会主义核心价值观奠定了坚实的平台基础。

(二)强化协调联动,全力畅通微服务

中心充分发挥成员单位的力量,建立工作联络员制度,对有关学生通过微平台提交的诉求做到专人负责、专项联动、专门反馈。同时,中心还充分发挥学生的主体作用,在校学生工作部的指导下,成立学生工作站,在全校学生中遴选学生联动助理,具体承担联动中心的日常事务。建立工作站学生助理与中心成员单位联络员对口定向联动制度、全天候全方位微博信息监控制度,每天专人关注校园网络舆情,及时收集了解学生的思想、生活动态,用同学们乐于接受的语言和方式倾听同学意见,解决同学困难,从而在学校与同学之间搭建起一座和谐友爱的桥梁,使各职能部门与同学之间的沟通更为顺畅、互动更为高效,进一步提升了服务同学的质量和效率,有力地防止了微小问题复杂化、微小矛盾激烈化。

例如,由于部分宿舍基础设施老化及新生入学后对报修渠道不熟悉等原因,宿舍维修问题集中爆发,曾引起部分同学的不满情绪。许多同学纷纷@福建师大学生服务联动协调中心的微博,希望尽快维修。"小联"在收到同学们的问题之后,积极寻求解决方案。首先对情绪波动较大的同学进行安抚,告知开学初宿舍维修问题多、维修人员已经夜以继日进行抢修的客观事实,希望同学们理解。同时,积极统计报修情况,第一时间报送后勤部门,使其根据宿舍问题的轻重缓急来进行维修,大大提高了报修效率,得到后勤老师们的肯定。针对新生对报修渠道不熟悉的情况,"小联"收集、整理了不同渠道的报修方式,通过微博、微信平台发布,发动各个团学组织积极转发,使新生很快解决了报修难题。随着问题的不断解决,"小联"几乎每天都能收到同学们的感谢信息。通过微博平台,"小联"与同学们积极互动,弘扬乐于助人的正能量,赢得了广大同学的好感和信任。

(三)强化宣传引领,精心推出微形象

中心根据青年学生的接受特点,精心设计了"女生小联"的卡通形象,并作为"小联"的代言人,在小联微平台上开辟"小联正能量""小联微提醒""小联来支招""小联话你知"等特色栏目,充分发挥小联微平台融媒体特色和集聚放大优势,定期向全校学生推送内容丰富、语言活泼、阅读方便的微官网、微信报、易班网话题、校园手机报等电子报刊,实现学生思想教育、心理健康、就业创业等信息同步发布、同步共享,及时传播党和政府的主流声音、国内外重大时事、相关政策动态等正能量信息,用学生喜爱的语言来传播校园正能量,弘扬社会主义核心价值观,并经过微博、微信、易班、QQ等新媒体工具的裂变式转发评论,形成上下一致、口径统一的思想舆论导向,牢牢占领网络思想高地。以"小联正能量"话题为例,至今累计推送话题有关消息286条,阅读量达160万次,特别是加强中华优秀传统文化、人文素质、正能量信息传播,增强大学生对社会主义核心价值观的认知、认同,使其内化于心、外化于行。

中心还积极开发"小联"系列文化产品,已推出"女生小联"系列主题漫画、"小联"动漫形象片、真人四格漫画等文化产品,通过"女生小联"为代言人,代入式地办理校园内各项事务,生动、活泼地将办事流程以及注意事项展示在同学们面前。这种直观、易懂、可爱的传播方式获得了广大同学的认可和喜爱。

(四)强化线下协同,努力形成微合力

中心不仅注重通过网络新媒体在线上服务学生,还十分强调线上线下的协同配合。构建了线上收集问题、线下协调联动再通过线上沟通反馈的工作机制,在旗山校区大学生创新创业实践基地印象溪源建立"小联"形象线下展示区,在仓山、旗山校区安排现场值班,并定期深入学生宿舍区开展"广场接待日"活动,面对面地受理同学们的咨询和建议,形成线上线下联动并进的服务同学长效机制。学校领导也多次召开成员单位负责人会议,专题研究联动中心的工作,不断提升中心服务同学的质量和水平。2017年上线了"小联微评"栏目,特别邀请学校辅导员们从他们的视角"微"观时政,"评"论热点,分享立场、观点和态度,为广大同学更好地认知、理解社会热点问题,提供向导与参考。在服务中做好引领,让思想政治教育工作更加深入人心。

以"广场接待日"活动为例,至今已组织开展了20多期,仅在2017年12月8日在旗山校区共青团广场举办主题为"聆听学子心声,创最佳微服务"的活动中,通过发放问卷、现场咨询、互动问答等方式,现场收集并即时协调解决了80多件学生反映的问题。通过各种方式形成合力,让思想政治教育在润物无声中落地生根,增强了社会主义核心价值观教育的实效性和感染力。

三、思考启示

(一) 利用新媒体平台传播核心价值观,让价值观真正贴近学生

高校学生接近100%的新媒体使用习惯,让学生思想政治教育工作者必须将目光从传统的课堂教育转向新媒体,牢牢掌握新媒体阵地,充分利用新媒体的便捷沟通、快捷高效、易于接受等特点,为培育和宣传社会主义核心价值观服务。联动中心充分利用以"小联"为代言的"微"传播体系所集聚起的人气,一方面以"小联正能量"等话题,定期发送社会主义核心价值观的宣传内容、师生中践行核心价值观的典型事迹和榜样,通过"微"传播体系进行层层裂变式传播,让核心价值观在网络空间中无处不在、无时不有,时刻影响、熏陶着全校学生;另一方面,全校学生工作干部也纷纷进入"微"传播体系,通过微博、微信等为学生解决思想问题的同时,有针对性地进行社会主义核心价值观的宣传教育,深入引导青年学生积极践行核心价值观。

(二) 精心打造"小联"微形象,增强核心价值观传播的形象化和可亲度

中心精心设计的"女生小联"形象,由于具有亲切感和温馨感,所以更能够贴近学生。推出以"女生小联"为代言人的"小联来支招"系列漫画和真人四格漫画,形象生动地帮助学生解答疑难问题、解决现实难题,受到全校学生的关注和喜爱,由此拉近了学生服务联动协调中心与学生之间的距离,使中心能够更及时、准确地从学生那里了解到学生群体的真实需求,为中心准确、及时、到位地为学生服务奠定了基础。依靠"小联"这样一种拟人化了的微形象进行社会主义核心价值观传播,更加容易贴近学生,易于学生接受。

(三) 服务学生解决学生实际问题,身体力行践行核心价值观

中心十分重视在解决学生实际问题的过程中,润物无声地传播核心价值观,让"小联"所倡导、宣传的核心价值观更有感染力、说服力和影响力。中心具有多

方联动、一站式、高效率地解决学生问题的优势,依托11个成员单位的力量,可以做到学生反映的意见诉求在第一时间响应、第一时间联动、第一时间解决、第一时间反馈。因此,"小联"的服务才能赢得师生普遍赞誉。同时,相关案例又将核心价值观的宣传普及与解决学生实际问题有机统一起来,让在微博、微信、QQ 等新媒体平台上传播的核心价值观内容得到更多同学的信服和遵循,起到了相互促进、相互影响、相互提升的效果。

(学生工作部　陈今园)

"三位一体"构建新思想网络传播阵地

一、品牌内涵

2015年以来,学校认真贯彻落实国务院领导关于学校新媒体育人工作的重要批示精神,紧紧围绕立德树人根本任务,坚持因事而化、因时而进、因势而新,开创了"五微五阵地"大学生思想政治教育新模式,推出"福师大小葵"网络卡通形象,善用新媒体让大学生思想政治教育活起来,成为教育部高校网络文化建设试点单位、福建省易班发展中心日常办事机构,成立福建省青少年网络新媒体研究中心、福建高校网络文化发展研究中心,16次在全国性会议上做经验介绍,为40多个国家政府官员考察团做经验介绍,300多所高校、15家企事业单位来校交流,研究出版高校新媒体育人工作专著4部,新媒体主要运维人员入选2015年教育部"思想政治教育中青年杰出人才支持计划"(全国仅10名),荣获"福建青年五四奖章集体标兵"等诸多荣誉奖项。

党的十九大以来,学校通过"三位一体"新思想网络传播阵地的建设,将习近平新时代中国特色社会主义思想在大学生中的学习活动开展得更加具有声色,实现在大学生中"学好""讲好""传好"新思想,在校内外营造了良好的学习氛围,推动了网上主旋律更响亮,正能量更强劲,网络空间更清朗。

一是让"新思想"的学习方式呈现新特色。创设"三位一体"的工作范式,"创新学""深入学""经常学"新思想。通过网络新媒体的研习,打造柔性的思想引领方式,实现主流价值的有效传导。基于新思想开展研习创作,实现学习新思想的"内化修炼"与"得道外传"。通过网络大学习活动的开展、小葵馆的建设等,实现网上网下学习不断档。

二是让新思想的学习范式产生新影响。学校"三位一体"新思想网络传播阵地的做法,得到全国政协原主席贾庆林、国务院原副总理刘延东、国家原副主席李源潮、教育部原部长袁贵仁、团中央书记处原第一书记秦宜智及福建省主要领导的批示肯定,中央电视台、新华社《动态清样》《光明日报》《中国教育报》等主流媒体300余次深度报道。

二、主要做法

(一)工作思路与理念

(1)思路:随着互联网的迅猛发展,网络逐渐成为意识形态斗争和学生思想引导的主战场。网络上一些不健康的内容、非主流的思想和错误的思潮影响着大学生的思想观念,致使大学生思想呈现出多元化、易变性的特点,大学生网络思想政治教育刻不容缓。然而,传统的思想政治教育触角局限于线下,教育的对象主体学生则沉迷线上,学生思想"摸不透";传统的思想政治教育内容陈旧生硬,教育方式以自上而下的单向式灌输为主,缺乏创新性,思政教育"不深入";受到空间和时间的限制,老师"苦口婆心价值观",学生"一出课堂毁三观",教育盲点"触不到",给思想政治教育带来巨大的冲击和挑战。

既然网络无法回避,就只有主动出击,顺势而为。做好大学生思想工作,应当在复杂多元的网络价值传播战中,加强青年思想引领工作的针对性和实效性,创新工作的形式与载体,才能真正赢得青年信任、坚定青年信仰、引领青年发展。

(2)理念:通过行之有效、特色鲜明的工作范式,构建"研习""创作""传播"三位一体的网络传播体系,将主流思想和价值观以时尚新颖的方式,更加有效地传导给学生,提升思想政治教育的吸引力,使青年学生学习习近平新时代中国特色社会主义思想,研习有深度、创作有广度、传播有力度,从而做好学生网络思想政治引导工作。

(二)以"研习"为抓手 讲清新思想促真学

一是构建思想研习新常态。依托学校思想政治教育主管部门、各级党团组织和学生社团,建立起纵向包括学校、学院、年级、班级、社团"五个层级",横向覆盖微博、微信、QQ、微视、易班"五网联动"的"微"体系,为网络思想政治教育的有效开展提供阵地保障。2017年以来,学校组织开展了"青春喜迎十九大,不忘初心跟党走"等线上学习活动,依托学校、学院、年级、班级、社团五个层级近2000个组织微博,利用网络的便捷性、互动性,发起学习、资料推荐、心得交流、成果分享;组织开展"习近平新时代中国特色社会主义思想知识问答""党的十九大和我的青春"主旨演讲比赛等线下活动,使研习活动扩大影响、形成效应。

二是探索网络研习新方式。学校鼓励并聘请思政工作者、教学名师、理论名家以及辅导员在网上经常发声,融入学生朋友圈,了解学生所思所愿;开设网络思政专栏,推送"理论热点面对面""践行社会主义核心价值观"等优质内容,面对面传授知识,键对键答疑解惑。党的十九大后,学校迅速成立青年学生习近平新时代中国特色社会主义研习传播社,更加系统、稳步地推进研习活动的开展,开展主题研习活动20多场,形成良好的学习机制。在微博、QQ空间开展"福师青年学习进行时"微活动,参与话题学习讨论的学生达240.5万人次,有效激发学生学习十九大精神及习近平新时代中国特色社会主义思想的内在动力。

三是激发基层研习新活力。学校精心打造思想引领、创新创业、公益志愿、提案落实、学霸养成、文艺修身、运动健身、失物招领等"八大工程",服务学生校园生活的方方面面。"书记早餐会""校长面对面"每期接受全校同学网络报名、网上提交提案,面对面帮助同学答疑解惑、解决困难,赢得了青年的认可。十九大以来,学校发挥基层党团组织优势,对基层党团组织研习工作做出明确,即开展一场党的十九大精神专题学习会、一场《习近平的七年知青岁月》读书交流会、一场"青春拥抱新时代"主题活动、一场"党的十九大和我的青春"网络主题大讨论的"学习四个一"要求。全校1000多个党团支部,开展2000多场形式多样的研习活动,让党的十九大精神宣传落到实处,扎根心间。

(三)以"创作"为依托 讲好新思想促真知

一是组建"思想正"的创作团队。学校积极打造网络思想政治教育"代言人",通过全校师生征集,推出了以阳光、向日葵为原型的网络卡通形象"福师大小葵",使之成为学校网络思想政治教育的线上"代言人"。小葵时尚清新的风格、"不为青年师,要为青年友"的同伴形象深受学生喜爱。同时,成立小葵新媒体工作室,吸纳全校近300名学生参与新思想网络产品创作。同时,工作室特聘了校内外党史、马克思专业、思想政治教育以及网络传播等16位专家名师作为指导老师,把脉文创内涵,确保将党的十九大精神和新思想的思想精髓、核心要义在具体创作中不走样。

二是创作"内容新"的宣传精品。党的十八大以来,学校始终紧跟时局,重点创作了《习近平治国理政思想》《"两学一做"进行时》等系列动漫作品以及"小葵说社会主义核心价值观""小葵说中国传统文化""小葵说红色革命故事"等八大系列560余件原创宣传精品。十九大召开之后,学校联合省纪委、省监委、省委组织部,迅速推出《"七个新"速览十九大》七集动画片,通过新时代、新思想、新矛盾、新使命、新方略、新征程、新工程七个篇章,在青年学生中贯彻宣传党的十九大精神,实现新思想刚性内容的柔性传导。

三是打造"形式活"的网络文创。以"福师大小葵"为主角,以"说什么"强化内容供给,注重新思想内容与动漫、短视频、四格漫画、口袋书、剪纸、影雕和3D模型等创新形式相结合,利用青年喜欢的话语体系和喜闻乐见的方式方法,增强时代感和吸引力,使学生更加乐于接受主流思想。原创制作的《小葵说经典》动漫,荣获2015年度全国高校网络宣传思想教育优秀作品推选活动特等奖;《"不忘初心,继续前进"的背后深意》动漫,荣获2017年度全国高校网络宣传思想教育优秀作品推选活动一等奖。

(四)以"传播"为使命 讲透新思想促真行

一是建成"文创空间",增强传播体验感。坚持以学生为中心的育人理念,尊重学生的主体地位,鼓励学生通过自主申报、竞赛评选等方式,参与设计、开发网络思政产品。2016年,学校率先在全国高校成立新思想文创产品展示、体验、创作的"文创空间"——"福师大小葵馆",集中展示党的十八大以来学校创作的新思想网络文创作品。通过现场展示、互动体验、产品共创等方式,让新思想的宣传实现"眼心联通,同步共鸣"。当前,小葵馆的作用不断延伸,成为学校青年新思想学习教育基地,党史、团史、校史教育基地。开馆两年多来,吸引了全国300多个单位交流学习,成为新时期学习贯彻十九大精神和传播新思想的"网红阵地"。

二是推动"协同创新",扩大传播覆盖面。学校积极通过高位嫁接,协同创新,打造具有全国全网影响力、蕴含普适育人价值的作品。2017年,学校与中组部、省委组织部合作开发的《准则大家学》《条例轻松学》20部微动画,在共产党员网、共产党员微信公众号等平台,向全党8000多万党员推出,全网点击量已突破1000万。党的十九大后,学校协同福建省委宣传部开展新思想传播"六进"活动,以十九大精神漫画解读的方式,推出进校园、进机关、进社区、进企业、进军营、进农村六个系列口袋书,并结合寒假社会实践深入各类群体宣传,直接影响群体近十万人。

三、思考启示

"三位一体"新思想网络传播阵地的建设,为当前在网络空间中开展习近平新时代中国特色社会主义思想的宣传与解读提供了新样式;为高校在网络开展大学生习近平新时代中国特色社会主义思想网络传播活动提供了新参考;为社会各界开展大学生习近平新时代中国特色社会主义思想传播的方式方法提供了新借鉴。

然而,针对大学生群体在网络上做好新思想的宣传教育一定要把握好三个规律:一是紧跟网络新媒体的传播规律,实现"技术为用,内容为王",推出高质量的网文,打造小葵品牌形象以及文创作品,提升平台吸引力与黏性。二是紧跟大学生成长的需求规律。青年学生在"玩"什么、"哈"什么、"潮"什么,从微博到微信,再到直播平台等,我们就去主动学习它、研究它、占据它。三是紧跟大学生思想政治教育工作的变化规律,力争实现从内容影响到文化引领的提升。

(校团委 黄佳淑)

文以载道 文"易"化人

一、品牌内涵

文学院易班工作站紧紧围绕立德树人的根本任务,针对文学专业学生特点,依托深厚的文化底蕴,推进易班平台建设与思想政治教育、校园文化良性互动和深度融合,着力将之打造为集思想引领、专业提升、服务成长为一体的网络社区,引导和帮助广大学生筑梦、追梦、圆梦,使之成为培育学生成长、成才的重要载体和重要平台。

自2014年设立以来,成员注册率达100%,实名认证用户3922人(居全校第二位),截至2018年5月30日,创建公共群数量57个(居全校第四位),EGPA值4894.8(居全校第四位),资料上传数8100份(居全校第二位)。"青马易战"板块上线以来答题参与率达65.88%,答题正确率为63.09%,平均答题数2569题(居全校第一)。学院易班公共号累计发表帖子与博客数量达300多篇;创建24个轻应用快搭,页面浏览量高达23310人次,独立访问量12165人次,签名墙数据2816人次,全院班级行政群发帖总量达195789条,其中立项相关发帖量3272篇,改版以来共有24条活动报道登上全国易班首页头条,位居全校前列。连续两年获校"优秀学院易班工作站""优秀易班站长""优秀易班指导老师"等荣誉称号。

二、经验做法

(一)强化思想引领,拓展主旋律教育空间

(1)抓紧思政教育主动权。一是配备有丰富新媒体工作经验的指导教师,负责学院易班站的组织、策划、推广,把握易班信息的政治方向;二是邀请老师在易班平台上开设个人博客,与学生共同探讨时代热点,回应学生关切问题,顺势将学生从社会网站引导到"易班"上,抓紧、抓实网络育人的主动权;三是通过趣味比拼、互动交流的形式,线上组织同学进行"青马易战"答题,线下开展以"青马易战"为题库的知识竞赛,充分调动了同学们的学习积极性。

(2)开拓党团活动新平台。一是抓住关键时间节点,线上线下开展大学生社会主义核心价值观教育;二是利用易班轻应用、分享等功能,分享发生在学生身边的榜样事迹,彰显榜样的力量,开拓党团活动新平台;三是结合十九大精神,开展"绿'易'盎然"系列活动、环保志愿活动、废品DIY作品征集等;举办"红色记'易'"线上活动,通过征集推送红色记忆,让更多同学了解红色经典,传承红色精神。

(3)探索班级建设新载体。一是开展班级"易"活动。如在易班平台上推送冬至话题帖子并结合线下的包饺子、团汤圆活动,既增进同学友谊,增强班级凝聚力,又搭建了传承传统文化的交流平台;二是打造班级工作"易"平台。将重要通知、文件等上传至易班群里,增加易班网的黏着度;三是探索交流新载体。充分依托易班班级群聊功能,积极引导学生就校内外热点、难点问题进行探讨,及时处理舆论信息,引导舆论导向,有效解决一些潜在隐患,回应学生关切问题。

(二)立足专业提升,创新网络内容供给

(1)传承中华优秀传统文化。依托文学院深厚的文化底蕴,把优秀传统文化做深、做细、做精,将传统文化与学生日常相融合,用学生喜欢的话语体系激活传统文化在当下的生命力,通过春风化雨的方式不断丰富易班内涵、优化网络环境、滋养学生心灵,并逐渐形成了"易生寻梦"国学知识竞赛、"'易'字联城"楹联创作与赠送活动、"'易'诗'易'咏"诗词创作及鉴赏等文学院精品活动,使之成为文学院易班内容建设的底色和基调。

(2)开展线上文学创作活动。将扩大易班使用率和吸引力与文学人才培养相结合,开展了具有文院特色的系列活动。如"'清谱弦音,长安漫谈'"散文行动""长安谈·作家进校园""文学创作大奖赛"等系列活动,以新颖方式进行宣传报道、组织报名和推送美文,形成了文学学子积极参与网络文化作品创作、大力弘扬网络主旋律的良好氛围。

(3)建设网络学习平台。一是加强易班内容的丰富性和独家性,满足学生获得各类所需信息的需求;二是把思想政治教育内容以潜移默化的方式融合在各类信息中,以高品质内容提高学生用户的黏合度;三是结合学生学习需要,开展"我们分手吧——四六级"英语学习等专题活动,为正在备考的同学们提供最新信息和完备资料,鼓励同学线上分享资料,线下共同学习。

(三)服务学生成长,拓宽文化育人新路径

(1)共享共建融媒体,形成育人聚集效应。文学院将易班工作站与院官方微博、院微信公众号、官方网站、QQ空间形成"五位一体"的融媒体宣传网络,实现资源共享,扩大校园网络文化的育人覆盖面和服务面,形成网络育人的强大合力。

(2)丰富校园文化,服务学生成长。通过易班网,开展形式多样的校园文化活动,广大同学积极参与,反响良好。如推出"规划'易'生""骄子坐标"等栏目,提供就业创业信息,培养学生创新创业精神;开展国庆"易画易猜"游园活动,提高同学活动参与度;开展"掠影青春,文院风采"校运会随手拍活动,记录学院学子风采;开展"小文易——熊出没"寻找易班LOGO,丰富同学课余生活;开展"同'易'首歌"红歌合唱比赛,传承红色文化,活跃校园生活;举办"戎马'易'生"活动,到福州军区慰问退休的军队老干部,扩大易班影响的同时服务学生成长、成才。

(3)依托网络平台,增强校园文化实效。将校园文化活动信息通过易班提前发布,活动期间组织易班点评活动及图文直播活动,活动结束后,通过投票、话题等形式了解学生意见,线上线下相结合,大大提升了校园文化活动的实效性。引导各学生社团积极建设自己的易班线上平台,并将社团风采、学生活动展示等同步到易班平台,形成易班平台建设与校园文化良性互动和深度融合。

三、思考启示

(一)易班建设要坚持正确舆论导向,唱响时代主旋律

舆论宣传对于大学生的行为特点和思维、情感、心理、习惯都产生了深远的影响。易班建设要牢牢把握党对高校意识形态工作的主导权,坚持正确舆论导向,积极开展主旋律宣传和正能量供给,培养学生明辨是非的能力,让学生成为巩固和壮大社会主义中国主流思想舆论的中坚力量,让党的主张成为大学校园里的时代最强音。

(二)易班建设要坚持内容为王,提高易班吸引力

提高易班吸引力和学生黏着力,重点在于丰富内容供给。易班工作站要结合专业特色和热点话题报道,实时推送学校、学院新鲜动态,紧跟网络信息时代潮流,充分利用新媒体的优势,推出定期更新的"文易"栏目,分享名师微课堂,推广文创品牌,展现文学院学子风采。

(三)易班建设要坚持学生为本,拓宽育人新途径

"以学生为本,以学生发展为中心"的教育理念要求尊重学生的发展选择权,

调动学生的发展主动性,让学生在多样化的选择中发现潜能、发展特长、培育创造性。易班工作站要注重"线上"与"线下"相结合、"虚拟"与"实体"相结合,最大限度地发挥文化在育人方面的积极作用,创新开展线上线下相结合的校园文化活动,让思想引领融入网络文化建设中。

(文学院　赖书慧　李彬源)

"易时代"网络思想政治教育新探索

——物理与能源学院易班网络思政教育建设

一、品牌内涵

2014年,根据教育部办公厅印发的《"易班"推广行动计划和中国大学生在线引领工程实施方案》(教思政厅函〔2014〕42号),学校成立福建师范大学易班发展中心;2015年9月,物理与能源学院正式开展易班工作,设立学院易班工作站,由学院党委副书记分管、团委书记专门指导,逐步完善易班管理制度,积极打造优质易班团队,创办易班特色活动,构建易班品牌文化,形成一个有机生长的网络思政教育生态圈。

学院易班工作站自成立以来,连续两年被评为"校优秀学院易班工作站"(全校每年仅五个名额);2014级学生陈丽彩被评为"2017年度全国优秀十佳易班工作站站长"(学校目前唯一);2014级学生陈丽彩和2015级学生谢昊维分别被评为2015—2016学年、2016—2017学年"校十佳优秀易班学生干部";易班原指导老师林明惠被评为2016—2017学年"校优秀易班指导老师"(全校仅评选五名);2015级物理学(2)班被评为2016—2017学年"校十佳易班班级";2016年,学院组织的易班暑假社会实践在学校评比中获得表彰(目前仅评比一次,且全校仅五个名额);学院多次被评选为"校明星易班学院";2017年,学院举办的"'易'路有你,'一带一路'知识大比拼"活动登上全国易班网首页。

学院以易班为载体,丰富思政教育内容,开展特色活动,弘扬青春正能量,实现活动线上线下有机结合,无缝对接;教师利用易班平台与学生互动交流、上传资料、撰写博客、讨论话题等,轻松实现师生互动、生生互动和师师互动。截至2018年5月,学院学生易班实名注册率达100%,建立各类网上班级46个,自主创建30余个易班线上轻应用,其中"校十佳节能宿舍评比"网络投票轻应用页面浏览量近两万人次,学院层面单个轻应用浏览量居全校第一。学院用户发帖互动数高达10万余条,总发帖量和评论量均位居全校第一。学院用户上传文件已累计超过1万个,上传照片超过 2 万张。

二、经验做法

(一)学习新思想,开启新征程

对青年易班学习者精准定位,多形式、多主题学习贯彻党的十九大精神和新时代新思想。2017 年的"'易'路有你,一带一路知识大比拼"活动中,巧妙重现古代丝绸之路,通过线上报名遴选和线下互动比拼,超过 800 人参与其中。活动链接登上全国易班网首页,获得校内外广泛关注。另外,"能动九天,'易'览神州""政常在理""十九大聚焦""'易'颗赤心跟党走"和"科学家的故事"等活动也有万余人次参与。

(二)贯彻新要求,实现新作为

受学校相关职能部门委托,连续五年在全校范围内开展"节能·节水·节电"系列活动,坚持依托易班平台完成投票、征集和讨论等活动环节,积极践行绿水青山就是金山银山的理念,仅 2017 年的相关轻应用页面浏览量近 2 万次;结合专业特色,开展系列科普宣传活动,结合创建现实创客空间,激发学生的创新精神,提升学子创新、创业积极性,实现科技强国。

(三)线上线下无缝对接

灵活运用易班元素,积极推广学院"能仔"和"易班熊"卡通形象,将易班功能融入学院各项工作中。在平台上进行造势宣传、同步更新活动信息、提交作品、投票评奖等,多维度提升活动热度,深受学生好评。线下充分结合专业特色,"能仔"和"易班熊"走进物理实验室,展示自制教学用具,"易班熊"采访金属加工工艺实习心得等,提升学生专业技能和专业认知,打造学院易班品牌文化,提高网络思政教育水平。

(四)打造正能量虚拟空间

紧扣大学生不同阶段成长需求,打造大学生虚拟网络生活空间,积极引导学生践行社会主义核心价值观,传播正能量。开学季,关注新生和军训,开展"最美军训照""最佳军训征文""现场为你写'易'句话"等活动;学期中,开设"我的班级我做主——班徽班号班歌"、宿舍文化节"'易'起画舍标"活动、女生节"'易'心只为你"和"迎新晚会优秀节目评选";运动季,"校运会""校篮球赛""新生篮球赛"等话题,均引起广泛讨论。还有包括"大学生骨干培养班"等一系列大学生真实生活的虚拟化,进一步提升大学生网络思政教育工作实效。

(五)探索试行奖励机制

结合易班平台数据,如发帖量、话题量、EGPA 值、青马易战答题情况、班级轻应用等,学院试行一套易班奖励机制,引导学生从参与者转变为建设者,积极参与易班活动,为易班建设做出贡献,实现易班的院本化和多元化。实施过程中,学院月发帖量均超过 2 万条,学院"青马易战"线上答题数参与度超过 95%。

三、思考启示

(一)网络思政教育应进一步依托网络平台整合资源

易班作为大学生思想政治教育与管理的重要载体,方便快捷,但主要以在校大学生为受众,使用群体相对单一,与其他网络平台的兼容性不强,易班形象还未深入人心。学院将根据青年学生思维特点,在易班平台功能开发上下功夫,借助卡通形象,积极进行文创宣传,线上线下整合资源,形成长效机制,提升易班平台友好度和用户黏性,满足大学生短期成长和长期规划需要。

(二)网络思政教育应进一步强化学生主体角色

传统思想政治教育的主客体关系相对固化,学生缺少话语权,缺少机会表达自己的真实想法。易班除了可以让大学生沟通、交流和分享学习资源,共同完成学习任务外,还能更加主动获取知识,敢于表达自己真实的想法。学院将着力于结合学生用户不断变化和提升的需求,加强互动,提升学生表达观点和评论的时效性和真实性,贴近学生视角,使学生成长为网络思政教育的接受者和传播者,引导学生自觉传递正能量。

(三)网络思政教育应进一步立足专业特色

网络思政教育结合易班短时间内的快速推广,可迅速产生成效,但长期发展还应进一步立足学院专业,遵循网络发展的内在规律,利用校园名人效应、优秀典型引路和学中做、做中学等做法,打破时间和空间限制,打造有专业特色,可推广、可复制的网络思政教育精品活动。

(物理与能源学院 黎胜禄 何婷婷 黄文婷)

"玩"转新媒体　引领新青年
——数学与信息学院网络思政工作

一、品牌内涵

新媒体技术作为"互联网+"时代开疆阔域的标志,改变了社会形态中人们的生活方式,大学生这一充满活力、对新事物极度敏感的群体自然不会忽视这一时代带来的各种变化,在学习与生活中熟练运用新媒体技术,不断改变交流、学习、生活的方式。在这一过程中,由于穿越时间限制和地理空间限制进行人际交往,潜移默化中改变着高校大学生的思维方式、价值观以及行为习惯等方面,使他们所面临的思政教育的形势变得错综复杂。"互联网+"时代为当前大学生思政教育提供了积极的影响。

网络思政教育的核心是用马克思列宁主义、毛泽东思想、邓小平理论、"三个代表"重要思想、科学发展观和习近平新时代中国特色社会主义思想等重要理论武装大学生的头脑,引导大学生实现属于自己的"中国梦"。我们应有责任、有义务通过网络等途径引导学生分清孰是孰非,看清社会发展趋向,坚定自身的政治立场,为国家的富强和民族复兴的"中国梦"做出贡献,占据网络媒体的主流。数学与信息学院紧扣党建与思想政治工作内涵,契合办学特色,依托学院官方微信、微博、QQ、易班、企鹅号等平台,并整合资源成立学院"新媒体中心",自主研发基于党建与思政教育、教育教学的校园APP和新媒体作品,开展形式多样的线上线下主题教育,在办学实践中不断创新大学生网络思想政治教育。学院的网络思政工作受到媒体关注,先后被《中国青年报》、东南网等媒体报道。

二、经验做法

（一）创新平台,拓展教育途径

一是发挥学院官方微信、微博作用。发挥学院微信公众号"福建师范大学数学与信息学院"、团委微信公众号"福师大MI"、新浪官方微博、腾讯官方微博、学院企鹅号等新媒体作用,新媒体体系覆盖年级、班级、社团,网络思政教育触角已延伸至校园每个角落、每个学生。对全院师生的政治观点、思想动态、心理健康、学习状况、关注热点、生活需求等方面数据进行系统采集、动态观测与综合分析。二是研发"辉煌十九大"APP。学院学生针对政治时事热点,紧密联系十九大,并结合专业知识,自主开发十九大知识答题H5小游戏,以轻松活泼的小游戏形式向大家普及十九大的一些重要内容,并在学院内向全体师生推广,学习宣传贯彻党的十九大精神,创新思政课程形式。

(二)创新活动,拓展互动教育

一是融入卡通形象。学院团委学生会利用学院官方微信公众号,借助卡通人物形象"小麦",树立一个阳光积极的学院形象。通过微信公众号的即时消息,可以了解到学院生活动态,并通过"小麦"的人物形象,积极发表正面言论,引导全体学院师生的思想。用新颖的题材、亲民的语言等团员喜闻乐见的宣传形式,不断开拓和创新团学宣传、引领工作。注重有效话题的选择,引起青年关注,激发青年吐露心声,进而引发话题讨论,在讨论中产生思维碰撞。例如,新生入学时,推出以"小麦微提醒+'师大我来了·专题主题'"线上活动、"小麦在等你"为话题,推出线上活动"寻找你心中的小麦"。线下活动"新生签名墙""扫码关注迎好礼",使新生熟悉学院吉祥物,增强集体荣誉感。在禁毒日响应校团委的号召,进行以"珍爱生命,远离毒品"为话题的禁毒主题宣传活动。在青运会期间,及时更新有关青运会的相关内容并举办了"寻找我的伙伴"的线上活动。在国庆节、校运会等重大活动中,新媒体中心都能够及时地推出线上线下活动进行实时宣传报道。二是融入第二课堂教育。组织开展"最美师大·我的团"网络团支部风采大赛,开展各类主题网络团日活动,通过线上互动评选、线下成果展示,提高团支部活力、凝聚力、向心力,抒发大学生"爱国、爱团、爱校"情怀,增强核心价值观在大学生群体中的感染力。举办首届官方微信形象设计大赛。

(三)创新形式,创作教育作品

学院新媒体中心与互联网+大赛项目《红传航道》深度融合,共同开发红色教育作品。一是视频作品。制作《古田会议》《冲破围剿》等视频,通过视频教育广大学生了解红色文化。二是漫画作品。制作《古田会议小故事》《古田会议人物语录》等漫画作品,被团中央、天津市等13个团省委官方微博转发,点击量超300万人次。三是VR作品。与福州东方锐智公司合作,制作了《古田会议纪念馆》《古田会议旧址》《上海红船》等作品,得到师生和校友的广泛转发和点赞。

(四)创新机制,汇聚教育合力

一是推行指导老师负责制。选聘具有思政教育、新媒体技术专业和创新思维强的教师作为新媒体中心指导老师,举办大学生骨干培训班,开设涵盖思政教育、文案策划、新媒体制作等培训课程。

二是提升文案水平。学院团委努力提高宣传阵地的采编水平,把握舆论导向。报道主要刊登于学校团委网站、学工处树人在线网站等校媒体以及学院成功在线网站、新浪微博等宣传平台。学院新媒体中心积极开展"新生征文大赛",对每个活动做出及时报道,院刊编辑组成员在本学期对《一飞》做出改进,由原先纸质版《一飞》转变为电子版《一飞》,完成每月一期的院刊《一飞》的素材采集、制作及推广等。

三、思考启示

习近平总书记在全国高校思想政治工作会议上强调:"要运用新媒体新技术使工作活起来,推动思想政治工作传统优势同信息技术高度融合,增强时代感和吸引力。"

从新媒体时代下来审视高校思政工作创新,既面临挑战,又充满机遇。高校思政教育工作,要把握新媒体时代的特征,发挥新媒体技术在思政教育主渠道的积极优势,认识到网络已经成为大学生日常学习、生活中不可或缺的一部分。唯有高度重视,积极拓深应用,积极提供寓教于乐、喜闻乐见的读物、视频、图片等,使网络信息集知识性、娱乐性、趣味性和政治性于一体,把集体主义、社会主义、爱国主义等教育内容融入网络娱乐产品中,化抽象为形象、变枯燥为生动,增强教育的吸引力和感染力,才能使枯燥的理论教育变得生动活泼。让广大学生在快乐、轻松的网络虚拟实践中受到教育,思想政治教育的效果才会更加显著。

(数学与信息学院 张晨辉 梁克龙)

第二章 02

主题教育

—— 在潜移默化中培养时代新人

篇 首 语

主题教育活动作为大学生思想政治教育活动的重要形式,是高校育人工作的重要组成部分。作为一种开展大学生思想政治教育的重要载体和方法,主题教育活动具有科学的思想内涵、深刻的价值理念和鲜明的时代特征,把主题教育活动融入大学生思想政治教育工作中,是对大学生思想政治教育工作的一种丰富、拓展和深化。

主题教育活动对大学生的真诚关切和悠远召唤,注定其在大学生思想政治教育中的重要地位和广阔前景。学校以培养时代新人为着眼点,根据大学生的成长规律和身心特点,精心统筹规划,以丰富多彩的形式、生动活泼的载体,构建大学生马克思主义理论自主学习立体化模式、周末集中教育、研究生学术规范和学术诚信建设、基层团支部活力建设、经典理论武装工作、对话名师等主题教育活动,将教育的理念、思想、价值导向通过寓教于乐的方式,潜移默化地传递给学生,并转化为学生自觉行动的意识,起到了积极的导向、激励和促进作用,取得了良好的成效。

构建大学生马克思主义理论自主学习立体化模式

一、品牌内涵

在全国高校思想政治工作会议上,习近平总书记强调:"要坚持不懈传播马克思主义科学理论,抓好马克思主义理论教育,为学生一生成长奠定科学的思想基础。"既要"用好课堂教学这个主渠道",又要"运用新媒体新技术使工作活起来,推动思想政治工作传统优势同信息技术高度融合,增强时代感和吸引力"。学校始终坚持立德树人的根本任务,依托全国重点马克思主义学院的师资力量,以理论社团开拓理论学习新气象、以"青马易战"引领理论学习新时尚、以项目建设树立理论学习新品牌、以实践体验丰富理论学习新形式、以课外活动延伸理论学习新课堂,推动思想政治教育两个课堂同向同行、网络思想教育平台互联互通、思想政治教育成果共建共享,全方位、立体式推进青年学生自主学习马克思主义理论,着力培养又红又专、德才兼备的社会主义接班人。

二、经验做法

(一)主要做法

1. 以理论社团开拓理论学习新气象

学校始终坚持组建理论学习社团共同学习和青年学生个人自学相结合,打造省内领先、全国知名的理论实践学习性学术社团,引领青年学生树立坚定理想信念和远大抱负。学校依托学生工作部、校团委、马克思主义学院等,组建成立学生中国特色社会主义理论研究会、青年学生理论研读俱乐部、马列经典著作读书社、中共党史读书社四个校级大学生马克思主义理论学习社团组织,以及若干个学院理论学习研究会和读书会,旨在通过理论学习和社团的共同学习,组织青年学生深入学习和研究马克思主义理论,帮助青年学生筑牢成长成才的精神支柱和理想信念,培养青年学生的政治敏锐性和洞察力,做马克思主义的坚定信仰者、学习者、传播者和建设者。在日常理论学习过程中,学生中国特色社会主义理论研究会等理论学习社团,组织青年学生结合时政热点要闻、重要文件精神、重要讲话精神等,定期制定并发布理论学习议题,如学习习近平总书记《摆脱贫困》书籍等,鼓励青年学生利用课余时间,在教室、图书馆、宿舍开展自主学习。在自学的基础上,再通过草地读书会、学术交流会、理论研讨会、知识竞赛等形式,开展组织共学,实现理论学习在青年学生中常态化、科学化、生活化和实效化,取得了良好效果。

2. 以"青马易战"引领理论学习新时尚

学校主动迎合时代发展,积极应用新媒体平台,将线下理论学习活动与线上的网络思想教育活动相结合,着力打造全新的理论宣传与理论学习新平台。2017年4月,学校结合校情,基于易班应用开放接口,在全国高校中率先研发并上线了集思想性、学习性和趣味性于一体的易班特色应用——"青马易战"移动端软件。该应用将学校开设的思想政治理论课、形势与政策课程的课堂学习内容,转化为简单明了的选择题、判断题等,分批引入应用软件,并将学生答题准确率情况作为平时成绩,计入相应思想政治理论课的期末成绩(占20%～30%),较好地实现了第一课堂和第二课堂活动的联动互通互促,打破了理论学习的时空限制,为学生提供了线上学习马克思主义理论的新途径,实现理论学习的碎片化、灵活化、趣味化和生动化。学生在思想政治理论课第一课堂的学习情况,可以通过该应用进行碎片化、趣味化答题,对知识进行巩固、检验。思想政治理论课教师可以通过答题情况,观察了解学生对课堂知识的掌握程度,及时发现课堂教学内容的薄弱点以及学生存在的主要问题,进而有针对性地改进思想政治课课堂教学。

3. 以项目建设树立理论学习新品牌

学校鼓励各学院理论学习社团将理论学习与项目建设相结合,与专业学习相结合,以项目化方式支持校级理论学习社团和学院理论学习活动,鼓励学院将学科专业背景融入马克思主义理论的学习中。推行"一院一品"计划,用项目化方式支持学院结合专业特色,开展理论学习特色项目、创新项目的建设。各学院认真规划,充分整合资源、培育特色,既结合学校定期制定的项目主题,体现学生课余理论学习特点和要求,又紧密结合学院的学科专业,把在理论学习中已实际开展并取得阶段性成效的典型经验和特色做法,加以总结,形成在校内具有一定的影响力,具有较强推广借鉴价值和示范作用的系列活动,形成理论学习活动品牌项目。

4. 以实践体验丰富理论学习新形式

学校致力将第二课堂的理论学习活动与各类社会实践相结合,建立课内实践与课外实践、全员覆盖与重点扶助、学科特色与综合协作相结合的三层立体实践模式,在制度、经费上予以支持和保障。校学生中国特色社会主义研究会等理论学习社团经常组织学生到福建省档案馆、福建省革命历史纪念馆等稳定的校外社会实践教学基地进行社会考察。思想政治理论课教师每年都带领课程学习优秀的学生到长汀、福安、宁化、瑞金等福建红色文化革命遗址,接受党的优良传统教育;深入乡村、城镇、企业等,感受马克思主义理论对经济社会发展的重要指导作用和成果。通过理论学习与社会实践有机结合、相互促进,进一步帮助学生加深对理论知识的认识和掌握,增强学习理论、践行理论的自觉性和积极性。

5. 以课外活动延伸理论学习新课堂

学校坚持将思想政治理论课第一课堂的教育教学与第二课堂的日常思想政治教育活动相结合,引导思想政治理论课教师主动延伸课堂,引导学生课外理论学习活动主动对接课堂教学,实现两个课堂齐头并进、同向同行。学校党委书记、校长每学期坚持到学生中上思政课,学校定期召开思想政治理论课教师与辅导员联席会议,每学期开课前辅导员都与思想政治理论课教师共同交流研究学生的思想动态以及关注的时政热点,邀请思想政治理论课教师参加辅导员沙龙等,为两个课堂协同推进学生理论学习奠定了良好的基础。学校思想政治理论课教师主动延伸课堂,担任"一马当先"大学生学习马克思主义理论知识竞赛、"马克思主义能给予我们什么"等理论征文、演讲、"青马易战"应用以及各类学生课余理论学习社团的指导老师。思想政治理论课教师参与学生理论学习活动,不仅提升课余理论学习的深度和广度,也让教师能够充分了解学生的所思所想,完善课堂教学的内容,达到反哺课堂教育活动的目的。

(二)主要成效及经验

1. 主要成效

学校推动构建全方位、立体式的大学生自主学习马克思主义理论新模式以来,在校园内营造浓厚的学习、研究、宣传马克思主义理论的良好氛围。广大同学纷纷加入校学生中特会,各种理论读书社、学习社等自主理论学习组织,通过学习研讨、撰写论文、参与学校组织的理论时评、担任学生理论宣讲团成员等方式,分享自己的学习体会、提升自己的理论水平。在 2017 年全省大学生思想政治状况滚动调查中,学校 90% 以上青年学生能清醒认识马克思主义理论在我国的重要地位以及对个人成长发展的重要作用,对一些基本理论问题有正确的判断和认识。在省委教育工委组织的第一季、第二季全省高校大学生学习马克思主义理论"一马当先"知识竞赛中,同学们都积极参与,先后有1名本科生、1名研究生获得总决赛冠军,并曾获得团体一等奖。校中共党史读书社和马列经典著作读书社两个读书社获批"福建省高校首批重点马克思主义理论读书社"。线上通过"青马易战"在学生中创新推动马克思主义理论自主学习计划的相关经验做法,先后刊登在教育部和福建省教育厅的网站。全校学生积极参与"青马易战"答题,截至2018年6月1日,已有17207名学生通过易班绑定"青马易战"应用,参与答题共70296人次,在青年学生中取得良好的反响,有效提升了青年学生对马克思主义理论,对中国特色社会主义理论的认同。

2. 主要经验

一要注重与思政课第一课堂的协同融合。在推进大学生自主理论学习过程中,要善于将思政课的教育教学延伸到日常思想政治教育中,构建第一课堂和第二课堂相互衔接、同向同行的机制和途径,尤其要注重通过第二课堂丰富多彩的活动,激发、调动学生学习马克思主义理论的自主性、积极性,反哺、对接、融合第一课堂的教学内容,起到事半功倍的效果。

二要与时俱进创新理论学习的平台与载体。在推动学生自主理论学习过程中,要在确保理论学习的知识性的同时,不断增强学习的趣味性、生动性,持续吸引青年学生进行学习。要不断创新、拓展理论学习的新平台、新载体,如用科研项目的方式让学生参与理论学习、在实践中体验感受理论,以及发挥网络新媒体增强自主理论学习的时代感、科技感、娱乐感,从而让青年学生更加喜欢学、快乐学、持续学。

三要积极构建学生自主学习理论的激励机制。要推动大学生自主学习马克思主义理论行动计划,除了依赖学生既有的学习理论的内在原生动力外,还需整合学生工作系统现有的评优资源和激励措施,多角度激发学生理论学习的主动性和积极性。如可以利用线上理论学习平台,构建即时化、动漫式、趣味性强的理论学习成果反馈模式,并结合时下流行的积分升级和兑换等娱乐游戏元素,进一步提升学生自主理论学习的热情和积极性。

三、思考启示

下一阶段,学校将坚持以生为本、立德树人,进一步完善制度,创新方法,继续推动大学生马克思主义理论自主学习,将其更好地建设成为大学生思想政治教育和学生工作的品牌。

(一)进一步完善思政课教师指导学生自主理论学习的方式和途径

以持续推动青年学生自主学习马克思主义理论为重点,进一步完善思政课第一课堂与第二课堂相互融合同向同行的机制,推动思想政治教育队伍相互连接,实现双合共通。争取出台思想政治理论课教师参与学生第二课堂理论学习活动的鼓励措施,实现两个课堂协作的经常化、规范化和体系化。

(二)进一步加强学生自主理论学习的线上线下平台建设

以校学生中特会、理论研读俱乐部、理论读书社建设为重点,进一步加强对各级学生自主理论学习组织的指导和支持力度,用项目建设的方式,争取创建更多、更优的自主理论学习品牌;进一步加强"青马易战"线上理论学习平台建设,对"轻应用(Light App)"各项功能进行扩充、完善,不断优化用户体验和答题趣味性;进一步加强理论时评平台建设,探索构建学生发表网络理论原创文章的激励机制,激发学生理论学习的原生动力,丰富网络思想政治教育平台的内容供给。

(三)进一步探索学生自主理论学习的实践体验模式

在已经开展理论社会实践试点基础上,每年暑期持续组织部分学生理论骨干,通过社会调查、实践体验、志愿服务等,实地感受科学理论对地方经济社会发展的重要指导作用,坚定道路自信、理论自信、制度自信、文化自信。

(学生工作部　陈筱宇)

周末集中教育成长工程
——坚守30多年的思想政治教育阵地

一、品牌内涵

从20世纪80年代开始,学校就在全校学生中深入实施周末集中教育制度,集30多年之坚持,合全校辅导员之力,精心打造从大一到大四,从新生入学到毕业离校,全方位、全过程的学生日常思想政治教育主阵地,并逐渐成为学校加强学生思想政治教育的重要特色和品牌。

周末集中教育,又称"周末晚点名",主要指辅导员利用每周日或学生放假返校的当天下午或晚上,在固定的教室,以年级为单位,集中开展形式多样的教育活动,有目的、有计划地对学生进行思想政治教育,提高学生的素质和能力。作为集体教育的一种重要形式,与主题班会相比,具有受众面更广、组织更严密、主题更多样、形式更灵活、体系更完整等重要特征。

通过深入实施周末集中教育制度,使辅导员能在学生四年大学生活中,有计划、有目的地系统开展具有学院、年级、专业特色乃至辅导员个人魅力的教育,并与"两课"主渠道教育密切配合、有机融合、相互衔接,形成第一课堂和第二课堂的教育合力,对加强学生教育管理、规范日常行为、提高综合素质、树立辅导员形象、密切辅导员与学生关系、形成一个年级良好的风貌起着重要的促进作用,并让大学生思想政治教育更具生动性、系统性、亲和力、感染力和吸引力。

二、经验做法

(一)主要做法

1. 秉持传统,系统推进

作为一项坚持了30多年的制度传统和阵地,学校十分注重加强对辅导员周末集中教育的整体规划和系统指导。每学期初,学校都会根据不同年级学生的特点,制定周末集中教育大纲,明确周末集中教育内容;举办周末集中教育讨论会、沙龙活动,引导辅导员们积极交流集中教育开展过程中的经验、做法;加强对每一位新入职的辅导员的培训,系统地指导他们开展周末集中教育工作;每学年定期召开"两课"教师和辅导员联席会议,加强主渠道教育与辅导员的沟通,让辅导员更加明确周末集中教育的重点;每月编印一至两期《大学生教育管理参考资料》作为辅导员开展周末集中教育的参考资料,目前已经编印了120多期;组织优秀辅导员编写适合校情的《辅导员工作指南》,更好地指导辅导员依托周末集中教育阵地开展大学生日常思想政治教育工作。

2. 主题明确,形成体系

周末集中教育目前已形成了以学习党和国家方针政策为主的政治理论教育、以研判国内外热点事件为主的形势与政策教育、以培育和践行社会主义核心价值观为主的思想道德教育、以培养学生自我保护意识为主的安全与法制教育、以培养大学生综合能力为主的素质拓展教育五大常规教育模块,以及针对新生入学适应、大学生学习生涯规划、大学生心理健康、毕业生文明离校、优秀学生榜样教育和各种传统节日展开的专题教育模块。各个模块教育内容相互衔接,贯穿学生大学四年生活,形成了完整严密的教育体系。

3. 因生制宜,方法多样

辅导员在实施周末集中教育的过程中,都十分注重结合所带学生学院、年级、专业以及每个阶段的思想行为特点,因院、因年级、因专业、因生制宜,做到针对性强、形式灵活、方法多样,达到学生乐于参加、喜闻乐见、寓教于乐、乐于接受的效果。例如,马克思主义学院的辅导员充分发挥思想政治教育专业的特色,结合"倡导全民阅读,建设学习型社会"要求,开展了"阅读助我成长、悦读改变人生"的晚点名。又如,有些辅导员别出心裁地在周末集中教育中开展了一个"我们有个'十年'之约"的特色活动,即每位同学给十年后的自己写一封特殊的信,在十年后的同学聚会上重温大学时光,很好地增添了周末集中教育的吸引力和感染力。

4. 学习观摩,奖优帮弱

周末集中教育制度是全校辅导员共同实施的系统工程。为帮助辅导员更好地推动这一工程,增强每一名辅导员开展周末集中教育的能力和水平,学校建立了周末集中教育集体备课制度,结合时下国内外时政要闻、校内外热点事件,委托学院开展集体备课,撰写讲课稿,制作PPT,搜索与主题相关的视频、图片,进一步提升周末集中教育的专业化水平,目前已制作十余期,包括《别让校园贷成为青春债》《开启大学精彩篇章》《200岁的马克思和他的5个侧面》等。建立了分年级辅导员沙龙制度,切实加强同一年级辅导员在周末集中教育活动中的集体研讨、集体备课、集体观摩,密切辅导员之间的交流合作,同时学校定期举办全校性的周末集中教育观摩会,大大提高教育实效。同时,学校还通过每学年征集评选辅导员工作案例、周末集中教育案例、汇编优秀案例集、组织拍摄精品教育视频、开展周末集中教育现场走访等形式,切实加强对辅导员周末集中教育的指导、监督、检查、共享、交流力度,不断增强辅导员开展周末集中教育的能力和水平,提高教育质量和成效。

5. 与时俱进,继承创新

周末集中教育制度实施30多年来,学校在坚持传统的基础上,也始终根据时代的发展,在内容、形式、方法手段方面不断发展创新,做到与时俱进,切实提升教育实效。特别是在近年来,根据学生思想行为变化和接受特点,提出"把课堂变成舞台,把舞台交给学生"的教育理念,由辅导员设立主题,学生负责策划、组织和实施,辅导员指导和总结,即让学生在讲台上唱主角,为提升学生的综合素质搭建舞台,有效地提升学生的综合能力。同时,各学院也在学校规划的框架下,对周末集中教育的内容、形式等进行不断的创新。在网络新媒体的环境下,辅导员在周末集中教育中开拓了新的平台和阵地,不仅通过时下热门的网络语言与学生沟通,不断拉近与学生之间的距离,还积极发挥新媒体的优势,结合微博、微信、易班网等新媒体工具中反映出来的学生的特点、问题,在周末集中教育中与学生进行探讨,在微博、微信上与同学们交流提升,让周末集中教育制度在30多年的时间里始终走在时代的前沿,始终跟着校情、院情、生情不断与时俱进,始终受到学生的欢迎和喜爱,持久发挥教育功能。

(二)主要成效及经验

学校周末集中教育制度实施30多年来,取得了明显的实效。每一位学生都习惯于在每周日或放假返校的当天下午或晚上,来到固定的教室,聆听辅导员精心准备的这场"思想盛宴"。一是思想政治教育更加扎实。周末集中教育以灵活的教育方式,具有时效性的教育内容和结合学生特点的教育,成为思想政治理论课的"第二课堂",辅导员教育管理的重要载体。二是辅导员成长更加迅速。对于辅导员而言,周末集中教育成了锻炼组织管理能力、语言表达能力、人际沟通能力以及写作策划能力的重要平台。三是师生关系更加融洽。高校辅导员需要面对几百位学生,成功的教育和管理有赖于辅导员本身的能力和魅力。在周末集中教育中,一次次精心准备的周末集中教育让同学们对辅导员更加的尊重和爱戴,有利于辅导员游刃有余地开展各方面工作。四是年级氛围更加浓厚。对于大学生而言,周末集中教育已转化为每周一次的"年级大聚会",它能够充分调动学生群体的积极性,加强辅导员和学生之间、年级学生和学生之间的沟通交流,增强集体的凝聚力和向心力。

在周末集中教育实施过程中,学校探索出了以下几条经验:一是应进行顶层设计。学校把周末集中教育作为落实立德树人根本任务、加强大学生思想政治教育、推进辅导员队伍建设的一项重要工作,进行系统规划、整体推进、务求实效;二是应科学设置教育内容。周末集中教育是贯穿大学生活始终的活动。在内容上要坚持立德树人,围绕大学生成长成才的大方向;要反映时代特征,围绕时政热点、社会焦点等风向标;要结合学生实际,围绕学生思想动态、专业特点、成长诉求等特点。三是应采取灵活多样的教育形式。周末集中教育既是思想政治理论课的延伸,但又有别于思想政治理论课,要提高教育实效,必须采取灵活多样的教育形式和教育方法,可以成为学生的一个舞台,调动学生的主观能动性,让他们参与组织、策划、实施,吸引和锻炼学生。四是要接地气。要取得实效,一定要精心设计每一次的周末集中教育,要在名称、内容、组织方式等方面都要紧密结合学生特征,才能激发学生的兴趣,调动学生的主观能动性。

三、思考启示

下一阶段,学校将继续深入开展周末集中教育的实践与创新,在充分了解学生需求和诉求的基础上开展教育活动,使更多学生能从中受益,更加系统地帮助他们更好地成长成才。

(一)进一步完善周末集中教育制度设计

注重整体设计,遵循教育规律,完善周末集中教育制度:一是制定学校周末集中教育的实施意见、指导纲要,通过召开分管学生工作领导座谈会、全体辅导员会议等方式强调在学校推行周末集中教育的重要性、必要性和长期性;二是完善集体备课制度,分年级建立周末集中教育集体备课小组,进行集体备课,让辅导员掌握学期周末集中教育的重点内容和教育方法,并通过专题培训、辅导员讲坛、辅导员沙龙等方式进行周末集中教育的集体备课。三是坚持周末集中教育案例征集和评选制度,每年对征集的优秀获奖案例进行表彰和汇编,促进广大辅导员交流工作经验,分享教育心得。四是定期举办周末集中教育案例分享会和集中观摩会制度,让辅导员在集体讨论和现场观摩中更快地提升业务能力和工作水平,更好地提高周末集中教育的针对性和实效性。

（二）进一步创新周末集中教育模式和内容

学校将继续整合资源，依托辅导员协会，发挥全校辅导员的力量，在现有工作基础上，共同讨论、创新周末集中教育的内容、模式、方法等，不断提升周末集中教育的生命力、吸引力。与时俱进，依托辅导员协会，进一步丰富完善周末集中教育案例库，特别注重结合最新的重大事件和社会热点、各大高校的学生教育管理案例，供辅导员开展周末集中教育时参考，确保周末集中教育常做常新，增强周末集中教育的吸引力和时效性。同时，在开展周末集中教育时，积极发掘网络资源，随时更新教育素材，并善于利用图片、动画、视频等形式，使思想政治教育的内容更充实、形式更生动。更加注重利用新媒体开展相关调研和测评，了解和掌握大学生的思想动态、心理状况、精神需求，使周末集中教育更贴近大学生的学习生活实际，取得更好效果。

（学生工作部　陈筱宇）

恪守学术诚信　承载大学精神
——研究生学术规范和学术诚信建设

一、品牌内涵

研究生是国家培养的高素质人才,是科学技术发展的生力军和后备军,是未来学术研究的中坚力量,是决定国家和民族前途命运的栋梁,是建设创新型国家的强大依托。而研究生正处于从学习到研究的转型过程之中,研究生的学术规范与学术诚信不但关系着研究生教育成果的成败,而且关系着国家的发展大计。为此,塑造良好的学术道德和学术氛围,帮助研究生掌握科研工作的规范,确立严谨治学的品格,坚守学术诚信,完善学术人格,维护学术尊严,自觉抵制学术不端行为,具有重要意义。

诚信是我国传统文化传承下来的道德传统,也是人类社会共有的一项道德原则和行为准则,社会转型期出现的诚信缺失和各种道德乱象,使得诚信体系建设在具有历史性、世界性的同时,也更具有了现实的紧迫性。我国的研究生教育在过去20多年的发展中取得了长足的进步,但是随着招生规模的日益扩大,培养类型的不断增多,各类研究生奖学金的评选,使得研究生的学风问题也日益凸显了出来,主要表现为学术的不规范与不诚信。

对此,根据《国家中长期科学和技术发展规划纲要(2006—2020)》《国家中长期人才发展规划纲要(2010—2020)》和《国家中长期教育改革和发展规划纲要(2010—2020)》的文件精神,按照贯彻落实中央关于构建社会主义核心价值体系、加强社会诚信建设的要求和部署,全面提高研究生培养质量,中国科协和教育部于2011年起联合对全国高校及科研单位新入学的研究生进行科学道德和学风建设宣讲教育,成立全国科学道德和学风建设宣讲教育领导小组,组建由品德高尚、造诣深厚、为人师表的院士和专家组成的宣讲队伍,按照"全覆盖、制度化、重实效"的要求,作为研究生培养的重要环节,每年面向全体新入学研究生开展宣讲教育,使他们在学术研究刚起步的时候能够坚守科学道德、养成良好学风。

学校连续七年开展"科学道德与学风建设"主题教育活动,极大推动研究生的学术规范和学术诚信良好氛围的形成,这不仅对于研究生今后的学术生涯具有重要意义,长期坚持必将对学校培养的科技工作者队伍的科学道德和学风建设产生深远影响。在工作中,经过不断探索和完善,逐步建立"研究生学术规范与学术诚信保障体系",塑造良好的学术道德和学术氛围,帮助研究生掌握科研工作的规范,确立严谨治学的品格,坚守学术诚信,完善学术人格,维护学术尊严,自觉抵制学术不端行为。进一步深化研究生学术规范和学术诚信建设工作,覆盖全体研究生,让学术诚信深入每一位研究生的内心深处,引导广大研究生遵守学术规范、恪守学术诚信、完善学术人格、维护学术尊严、摒弃学术不端行为,成为优良学术道德的践行者和良好学术风气的维护者,把社会主义核心价值观教育实践推向深入,促进研究生健康全面发展。

二、经验做法

(一)完善学术诚信制度建设

为强化学术规范与学术诚信,研究生院、研工部先后制(修)订《福建师范大学研究生参加学术活动暂行规定》《福建师范大学研究生在学期间科研要求的规定(修订)》《福建师范大学研究生学位论文作假行为处理实施细则(修订)》《福建师范大学存在质量问题硕博士学位论文处理办法(修订)》《福建师范大学研究生学术道德规范管理条例》《福建师范大学学生纪律处分规定(修订)》等文件,坚持道德自律和制度规范并举,强化顶层设计和制度约束,建设集教育、防范、监督、惩治于一体的学术诚信体系。

(二)编印学术诚信学习材料

结合研究生特点,编印《福建师范大学研究生学术诚信教育辅助材料》,精心筛选出典型案例解读学术不规范与不诚信行为;旨在全方位地介绍当今学术界关于诚信的声音,并通过阐明基本概念,明晰我国学术失信的现状,进行学术诚信案例分析,介绍国外加强科研诚信建设的举措,简述我国学术诚信的制度建设,以及介绍著名科学家科研诚信典故,以期引起研究生对学术诚信的重视,养成良好的学术诚信习惯。

(三)集体制作学术诚信课件

结合《福建师范大学研究生学术诚信教育辅助材料》,集体制作精美课件PPT,用大量生动翔实的案例、图文镶嵌的形式介绍我国学术诚信的现状,通过搜集整理学术诚信的案例,介绍国外加强科研诚信建设的举措、我国学术诚信制度建设的进展情况,以及著名科学家科研诚信典故等来向研究生介绍如何加强科学道德规范。

（四）组建学术诚信宣讲队伍

2015年,为深化研究生科学道德与学风建设教育工作,促进研究生学术规范和学术诚信的养成,9月,研究生工作部下发《关于研究生科学道德与学风建设主题教育活动的补充通知》(师委研〔2015〕22号)文件,组织研究生院、研究生工作部工作人员组建研究生科学道德与学风建设讲师团,为学院免费开展学术规范与学术诚信讲座,并先后为各学院开展十余次义务讲座。

（五）加强学术诚信宣传教育

通过研究生院网站、官方微信发布各类学术不规范与诚信典型案例;以及从诚信品行、严谨作风、科学方法、责任意识和人文素养等方面,推送做一名合格的科技工作者所必须具备的品质。逐步建设、完善"福建师范大学研究生教育微信",为广大研究生推送学习、生活、工作等息息相关的信息,利用新媒体手段,通过研究生教育微信推送学术不规范与不诚信典型案例,解读学术诚信相关文件政策等信息,丰富教育手段;并专门开设政策解读、温馨提示、研途有我、研院速递等栏目推送研究生学术规范、政策等。贴近研究生实际,实效性、实践性强。充分发挥网站和官方微信等新媒体的作用,及时、生动、形象地推送研究生学术规范与学术诚信等相关内容,以广大师生易于接受的方式进行微传播。

（六）营造良好校园学术氛围

发动学院、学科结合专业,并组织专家、学者等为研究生开展形式多样的教育活动,充分利用课件、现实案例等开展富有教育意义的反对学术不端行为的教育活动,扩大教育面和受益面,共同营造良好的校园学术氛围,把社会主义核心价值观教育实践推向深入,提高教育质量和工作效果。教育引导研究生坚守学术诚信、完善学术人格、维护学术尊严、摒弃学术不端、潜心钻研、锐意进取,自觉成长为优良科学道德的践行者和良好学术风气的捍卫者。

（七）实施学风建设目标管理

研究生院、研工部积极探索实施学风建设目标管理制度,构建研究生学术诚信、学术规范保障体系。自2016年起,为加强研究生班级学风建设,提高研究生班级成员的团队意识和创新能力,助推研究生培养质量的提升,在研究生中先后实行以"爱国·诚信·创新""诚信·责任·追求""有梦·有信·有为"等为主题的学风建设目标管理项目,发挥广大研究生在学风建设上的积极性和创造性;迄今为止共设立研究生班级学风建设目标精品项目60个,并对项目予以经费支持,以精品目标带动一般目标开展学风建设。

三、思考启示

研究生教育作为高层次人才培养的重要途径,是学校建设特色鲜明的高水平综合性大学的重要组成部分。研究生学术规范与学术诚信不仅关系着学校高层次人才诚信品质的培养,更是学校进一步完善现代大学制度、提升研究生教育质量、推动科研事业繁荣发展的重要保证。

多年来,教育部、科技部、中国科协等一直致力于加强学术道德和学风建设,先后印发了《关于加强学术道德建设的若干意见》(2002)、《高等学校哲学社会科学研究学术规范(试行)》(2004)、《关于树立社会主义荣辱观进一步加强学术道德建设的意见》(2006)、《关于严肃处理高等学校学术不端行为的通知》(2009)、《学位论文作假行为处理办法》(2013)、《关于对学位授予单位开展学位论文作假行为处理工作进行专项检查的通知》(2014)等一系列文件;出版了《高校人文社会科学学术规范指南》(2009)、《高等学校科学技术学术规范指南》(2010)、《高等学校预防与处理学术不端行为办法》(2016),成立了学风建设指导机构,等等,开展了多方面的工作。从总体上说,高校的学风是好的,广大教学科研工作者献身科学,无私奉献,体现了良好的师德风范,维护了高校教学科研人员的学术声誉和良好形象。然而,我们也应该清醒地认识到高校学术失范、学风不正现象仍然存在,学术不端行为也时有发生。对学术失信,我们必须旗帜鲜明、态度坚决,采取切实有力的措施,及时纠正,决不能任其滋长蔓延。

(研究生工作部　赵精华)

强化"三个工作抓手"
提升基层团支部活力建设

高校基层团支部是高校共青团工作的重要组成部分，承担着组织青年、引导青年、凝聚青年的重任，加强高校基层团支部建设、提升团支部的活力是高校共青团围绕凝聚青年、服务青年的基础性工程之一，对于组织与引导青年进步都具有重要意义。

一、品牌内涵

学校始终重视基层团支部的活力建设，以增强基层团支部育人工作的普及性和有效性为着眼点，强化"主题教育""团支部立项"与"网络新媒"三个工作抓手，不断提升团支部工作活动对大学生团员的吸引力和感染力，不断增强大学生日常思想政治教育的实效性和针对性。同时，充分发挥了基层团支部在助力青年成长发展方面发挥的作用，实现思想育人、活动育人的双重效应，为广大青年学生成长成才奠定了坚实基础。

通过"三个抓手"工作带动，每学年学校1000多个团支部开展了形式各样、扎实有效的工作，推动了各学生团支部在组织运行、工作开展、团员参与方面更具活力。2011年，学校马克思主义学院2009级思想政治教育1班团支部获评"全国五四红旗团支部"。十余年来，每年都至少有一个基层团支部获评"福建省五四红旗团支部"。2016年、2017年连续两年，学校先后有五个基层团支部获评团中央"全国活力团支部"荣誉称号。此外，通过校团委的"校五四红旗团支部十佳标兵支部""校五四红旗团支部"等的评选，选树典型、树立榜样，进一步激发基层团支部建设的活力。

二、经验做法

(一)深化"主题教育"工作抓手

在大学生中开展主题鲜明、内容新颖、形式得当的主题教育,能使大学生在参与中得到熏陶和启发,达到良好的育人目的。近年来,学校团委积极发挥中心与核心作用,做好顶层设计,统筹活动格局,深化活动机制,加强活动指导,注重在两个层面上推动基层团支部开展好主题教育活动:

一是紧跟全团主题教育的时代要求开展工作。坚持党建带团建,高举团旗跟党走。近年来,校团委始终扎实按照团中央的全团主题教育开展活动,先后开展了"我的中国梦""践行社会主义核心价值观"、学习习近平总书记系列讲话精神、"四进四信"以及"学习总书记讲话,做合格共青团员"等主题教育活动。通过专题报告会、文艺演出、主题征文、知识竞赛、网络宣传、读书研讨等内容突出、形式丰富的活动,营造了浓厚的学习氛围,不断锻造青年品格,增强青年学生的思想意识与社会担当。

二是以重要事件、节日为契机开展好主题教育。准确把握重要事件的教育意义、节日纪念日文化内涵,开展主题鲜明的教育活动,丰富活动内容,创新活动形式,精心打造主题教育品牌活动,是创新大学生思想政治教育的有效途径。近年来,校团委对重要事件、重要节日进行了分类,主要包括时事政治类(党代会、两会等)、革命传统类(纪念九·一八、长征纪念日、国家公祭日等)、重大纪念日类(国庆节、青年节、劳动节等)、文化传统类(我们的节日:清明节、端午节、重阳节等)、学校文化类(校庆日、迎新季、毕业季)等文化内涵,深入挖掘其所蕴涵的教育价值,开展主题鲜明的教育活动,精心打造主题教育品牌,创新大学生思想政治教育的途径。

(二)夯实"团支部立项"工作抓手

团支部立项活动是由团组织根据青年特点组织策划的以广大团员青年为主体的、围绕着一定的主题展开的旨在提高团组织凝聚力和影响力,提升团员青年能力和素养的活动;是团员青年在活动中受教育、起作用、做贡献、长才干的重要途径。学校自2009年开始开展团支部立项,当前已成为抓好基层团建的重要抓手之一,主要的特点与开展情况如下:

1. 实施概括

团支部立项工作每学年开展一次,覆盖所有研究生、本科生班级。每学年9

月,校团委确立立项主题,学院团委负责组织指导各班级团支部做好立项,同时做好院内的推选与立项,分为"重点立项"和"一般立项"。立项后,各个团支部开展相应的支部立项活动。校团委在每学年的1月组织"中期检查",评出"本科生百佳立项""研究生三十佳立项";在每学年的4月开展十佳团支部的展示评比,并对优秀团支部立项进行全校表彰。

2. 开展情况

学校团委2012—2018年开展团支部立项主题一览表

序号	学年	团支部立项主题
1	2012—2013	师大青年有力量　青春给力中国梦
2	2013—2014	师大新发展　我们正青春
3	2014—2015	践行核心价值观　青春引领新风尚
4	2015—2016	向上向善　青春闪光
5	2016—2017	红色基因　我们传承
6	2017—2018	青春喜迎十九大　砥砺奋进创一流

从上表可看出,学校团支部立项主题都是紧密结合最新的时政背景以及学校目标发展定位来确立,既有对主旨精神的传递,又有对青年的要求和期盼。每学年,全校各团支部结合学院、专业特色开展相关活动,达到了良好的教育成果以及组织建设的目标。

一个完整的团支部立项活动涵盖着活动策划、组织实施、活动宣传、活动总结等方面,是一个系统性的工作。通过团支部立项的设计、运作到实施开展以及宣传等,一方面通过团支部成员的广泛参与讨论,以及主要班级团干部的实施,增进了团支部成员的集体凝聚力,以及团支部的荣誉感。另一方面,在整个过程中极大促进了学生干部的能力锻炼与素质提升。一大批优秀的共青团干部、共青团员就是在班级团支部立项的实施与开展过程中历练成长的。

一个团支部立项的开展,同时也是一个团支部集体风貌的展示。学校团支部立项,立足校园、服务社会。一方面,通过校内一些服务学生发展、促进学校文明建设、提升校风学风建设的活动开展,让团支部立项的作用与意义不断显现与提升。另一方面,不少团支部走出校园,开展革命教育基地探访、传统文化研习、青年志愿服务等活动,能够在更为广阔的平台上得到锻炼学习,同时在活动中奉献爱心、彰显责任。通过活动的宣传与报道极大提升了学校的影响力与知名度。

（三）优化"网络新媒体"工作抓手

随着青年学生成为新媒体平台的主要受众,"互联网+共青团"的模式成了激发团支部活力的时尚平台,结合学校团委"五微五阵地"工作的实践与创新,基层团支部在网络新媒体开展工作、展示风采,活力得到更大的显现。

一是构建科学完善的班级网络新媒体矩阵。2012年,学校团委在进行网络新媒体工作探索的时候,就积极探索在网络进行团建层级的布局。一方面,实现纵向到底的全覆盖,即学校、学院、年级、班级、社团五个层级层层有微博;另一方面,实现横向到边的组织全覆盖,即学校主要职能部门,30个学院团委、学生会,120个年级团总支、学生会,1111个团支部,6大校级学生组织,260个学生社团均开通微博。目前,学校已建立了由1600多个微博构成的多层级、全方位的信息共享、各具特色、优势互补的组织体系,使微博覆盖到全体学生、所有团学工作,形成整体的规模效应和影响力。

二是培养了良好的网络新媒体宣传运营的思维。通过学校"五微五阵地"网络新媒体工作的带动,以及"福师大小葵"网络文化的影响,逐渐使每个基层团支部都培养了良好的网络新媒体宣传运营的思维。越来越多的团支部在开展"团支部立项""团日活动"时,更多地结合网络新媒体平台开展,或是运用网络新媒体思维设计、开展活动。如支部在开展习近平新时代中国特色社会主义思想与党的十九大精神学习和宣传活动时,在新媒体平台开展"网络答题""网络诵读十九大报告"接力等形式新颖的活动。另外,越来越多的团支部积极主动在网络新媒体平台上进行活动的宣传,如在班级官方微博、"青年之声"班级主页、班级团员朋友圈等平台进行宣传,扩大了活动的展示面、传播面以及影响力。此外,不少团支部开始应用微视频、短视频、H5等形式来展示支部活动及团的工作,取得良好的效果。据不完全统计,每一学年的近1000项团支部立项,在市级以上媒体宣传达2000余篇。

此外,校团委积极推进班级团支部在"福建数字化团建系统"上做好基础的团务工作,做好团员管理、"三会两制一课"以及"团支部立项"等活动的记录,让网络新媒体平台在激发团建活力建设上发挥越来越大的作用。

三、思考启示

2016年11月,教育部和团中央联合下发《高校共青团改革实施方案》,强调将深入实施高校基层团支部"活力提升"工程作为巩固和创新基层团组织建设的重

要载体。基于全新的工作要求及未来的工作愿景,总结学校的工作做法,对于当前加强基层团支部活力建设有三点建议与思考:

一是要完善团支部的组织与制度建设。一方面是在组织建设方面,要进一步完善团支部委员会的建设与作用的发挥。积极推动班团一体化改革,明确班级团干、班干的工作职责和身份定位,提高团干部的工作能力,提升工作效率。在团员青年中树立先进典型,在支部中起到引领带动作用,带动班级活力建设。另一方面,要加强班级团支部的制度建设,特别是团支部"三会两制一课"、团员教育评议等工作;规划完善支部考评机制,鼓励支部建设自己的评优机制,鼓励团员青年创造性地开展活动,使团日能够真正贴近学生需求,走进学生心中,凝聚团员青年。

二是要明确团支部的建设与工作内容。团支部要找准工作切入点,要以主题教育、团支部立项、团日活动为载体,结合重要事件、重要时间节点开展工作,提高团员青年的思想认识水平,增强使命感与责任感。同时结合专业特色,找准学生的"兴奋点",精心谋划设计开展形式多样的特色团日,以促进团员青年成长成才。与此同时,团支部要把握团员青年的思想实际,尊重广大团员作为团支部的主体地位,在设计与开展活动时要结合团员青年的特点,充分调动主动性和积极性。

三是要树立团支部的网络新媒体工作意识。首先,基层团支部要有网络新媒体工作意识,除了要在微博、微信、QQ等平台,宣传与展示团支部工作与建设的成果外,要学会应用新媒体平台开展团支部活动,创新教育方式,使支部文化成为融合全体成员的一种信念和准则。其次,要借用新媒体平台及时关注团员青年的最新动态,通过新媒体平台加强线上线下的联系与交流,互助与鼓励,并进行正确引导和服务。最后,要加强基层团员的新媒体素养培育,既要了解多媒体的特点,熟练地使用新媒体、驾驭新媒体。更重要的是,要规范支部成员在网络新媒体的行为,做合格的、传播正能量的网络新青年。

(校团委　刘晓晖)

大学生经典理论武装工作的创新实践

——马克思主义学院"理论研读俱乐部"

一、品牌内涵

（一）品牌背景

基于新的时空境遇，高校思想政治教育要实现跨越式发展，根本着力点在于必须坚持以马克思主义理论为指导，紧密结合青年学生的特点，在马克思主义理论教育中与时俱进地应对挑战、实现创新。

学院重视、研究和探索如何更有效地用马克思主义理论武装大学生头脑，引导大学生树立正确的世界观、人生观和价值观，实现理论学习的"第二课堂"对"第一课堂"的补充和升华。团队通过优势利用和资源整合，组织搭建了"青年学生理论研读俱乐部"平台，优化第二课堂，用学习共同体模式提升理论学习的常态化、大众化和实效化，取得了良好效果。

（二）品牌思路

优化第二课堂，成立"研读俱乐部"，创新探索经典理论武装学生的新方式。以俱乐部为载体，激发学生学习、研究、宣讲马克思主义的自觉和兴趣，延伸和补充高校思想政治理论课第一课堂。以"读、诵、研、讲、宣"五大品牌活动为抓手，提升理论学习的自觉性和深刻性。以构建理论增长实时考核机制为手段，精准化地保障学习的成效。以学校网络新媒体育人优势为突破，创新理论学习成果的宣传与落地。"俱乐部式"经典理论武装学生的模式创新，在提升理论学习兴趣性、深刻性、长效性、实践性上发挥了重要的功能。

（三）工作成效

在学生思想方面成效上，一是显著提升第一课堂学习氛围和学习成绩。据统计，理论研读俱乐部成员思政课成绩在80分以上的达到86%，在课堂问答和研究性学习汇报主讲中，90%以上为理论研读俱乐部成员。二是增进了青年学生对马克思主义的新认识。学生从过去不了解导致枯燥厌烦,到现在逐渐增进认识,从原著中了解、在研讨中交流、到实践中运用,在认知理论的过程中不断坚定信仰。三是形成了学习马克思主义的良好校园氛围。在俱乐部成员的带动下,越来越多的大学生改变以往"谈马色变"的情形,参与到俱乐部的读书、研讨活动中来。

在荣誉奖励上,俱乐部获教育部2016年高校辅导员工作精品项目1项。作品《小葵说马克思主义哲学经典》获得"首届全国高校网络宣传思想教育优秀作品"特等奖。同时,俱乐部还获评"福建省首届十佳社团""全国百佳大学生理论学习社团"等荣誉称号。经典学习对口团支部还荣获"全国高校践行社会主义核心价值观示范团支部""省五四红旗团支部标兵"称号。

(四)媒体报道

俱乐部经典学习工作积极参与到青年学生思想教育工作中,受到了光明日报《福建师大抓好理论传播三件大事》、福建日报《高校思政课的福建实践》、中国青年报《福建师大:大学生给中学生上团课》等不同篇幅报道。

其中,"学生理论讲师团"活动登上《光明日报》学习贯彻习近平新时代中国特色社会主义思想特刊第11期。《新华网》以"十九大的青春表达"为题对俱乐部创新学习党的十九大精神做专题报道。俱乐部学习习近平总书记在纪念马克思诞辰200周年大会上的重要讲话精神受到东南卫视、福建教育电视台等媒体的报道。

二、经验做法

(一)依靠优势资源,成立理论研读俱乐部

该工作依靠学校"南方坚持马克思主义重要阵地"和马克思主义理论一级学科博士点等阵地优势,于2011年起步,成立了"福建师范大学青年学生理论研读俱乐部"。俱乐部由项目团队成员担任行政指导老师,由学院多位教授担任学术顾问,聘请思想政治理论课教师担任学习辅导老师。现有编辑部、实践部和八个理论研讨小组,分别负责俱乐部的电子、纸质媒介编辑,读书、研讨、考察活动的实施以及具体学习的落实。

(二)创建品牌活动,提升理论学习自觉性

为破解大学生马克思主义经典理论学习的零散化、松散无序、过程枯燥化、参与局限化、知行脱节化等困局,项目团队指导学生策划和开展"读、诵、研、讲、宣"五大品牌活动,实现从"被动灌输"到"主动学习"的转变。

读:"一月一书益一生"。即用一个月时间,细细品读一本经典著作,举办一场"思享沙龙"。七年来,组织800多名会员阅读了80余篇名作,举办了60多场学习会。近期,学生组织研读改革开放相关文献,邀请了指导教师参与重读党史、国史,感悟党的光辉历程。

诵:"经典著作诵读会"。以理论研讨小组或者个人的形式,挑选出《共产党宣言》《青年在选择职业时的考虑》等名篇,开展诵读比赛。每学期一次,用诵读的形式还原原著,从"学习经典"到"诵读经典",最终"领悟经典"。

研:"时政热点演研会"。用原创的情景剧、小品、相声等形式讨论演绎当下国内外重要的时政事件、热门话题。学生用马克思主义的立场、观点、方法剖析和探讨有关问题,在演中研、在研中用。

讲:"组建学生讲师团"。聘请政治立场坚定、理论基础扎实的学生为讲师团成员,在每年两会和纪念日节点,通过编写课程,到新生以及福州中学团支部开展专题理论宣讲活动。党的十九大召开之后,学生讲师团开设专题辅导报告,在学生群体中巡回宣讲,广受欢迎。

宣:"开发网络文创产品"。指导学生利用网络传播学习成果,开发《小葵说经典》等学习微视频5个;开发线下产品,如以"八个热词看两会"等学习明信片;《不忘初心继续前进》口袋学习读本;《砥砺奋进的五年》折页等。

(三)构建理论增长实时考核机制,精准化保障学习成效

一是设置成长记录袋。由各小组负责学生的建档工作,一人一袋,记录袋包含学生的第一课堂成绩、撰写的学习心得、参加理论类竞赛的荣誉证书、理论宣讲证明等。

二是跟进过程记录。各学习小组负责定期的记录跟档,了解学生的成绩变化、心得撰写的水平等,对学生在俱乐部的理论学习做阶段性地指导。

三是表彰学习典型。面对大四即将参加实习和毕业的成员,项目团队成员进行择优表彰,并举办交流会,引领示范新成员。

三、思考启示

一是理论武装注重第二课堂与第一课堂相结合。思想政治理论课是马克思主义理论教育的主渠道,将思想政治理论课向第二课堂延伸,可以增强教育教学的说服力、感染力和实效性。

二是课外培育注重粗放管理与集约管理相结合。既要鼓励大学生开展喜闻

乐见的课外活动,也要加强对第二课堂的引导管理,善于把中国特色社会主义理论体系的内容融入其中,在全校形成鼓励支持学生开展马克思主义理论学习活动的舆论导向。

三是理论教育注重立足当前与面向未来相结合。既要满足青年学生丰富大学生活、提高综合素质和实现顺利就业的现实需要,也要引导青年学生"仰望星空",增强社会责任感。

(马克思主义学院　金程远)

与大师对话　感受大学大师大爱
——经济学院"对话名师"品牌活动

一、品牌内涵

为推动学风建设与育人工作的广泛深入，引导青年学子在交流互动中走近名师奋斗不止的人生，感悟名师的为人品德与为学精神，学院从2013年起开设"对话名师"论坛，先后邀请李建平教授、卫兴华教授、李闽榕教授、胡培兆教授、黄茂兴教授等极具影响力的著名专家学者，围绕时事政治、经济形势、发展战略等前沿理论和热点问题开设讲坛，与青年学子面对面进行对话。

"对话名师"品牌活动的成立及开展旨在进一步利用好学院理论经济学的传统学科优势，拉近师生之间的距离，增进师生之间的交流，传递大师大爱，对青年学子的专业学习、学术研究起到激励和引导作用，为学生将理论运用于实践指引前行道路、提供优秀范本，充分展现了学院对学术研究、立德树人、人才培养的重视。

二、经验做法

截至2018年5月，"对话名师"品牌活动已经成功举办了9期，活动始终坚持"拉近名师与学子的距离，传递大师的大智与大爱"，致力于实现师生间知识、经验、智慧、人生价值的共鸣与共享。

（一）立足专业特色，理论联系实际

学院依托学科特色优势以及丰富的校内外名师资源，在对话名师系列活动中邀请在经济学领域有杰出贡献与影响力的专家学者，分享学术研究成果与心得体悟，使学生汲取经济学领域最权威、最前沿、最独到的资讯与观点，并启迪学生如何做人、做事、做学问。学院还依托易班、微信、微博等平台，对活动进行实时直播、录制与宣传，并加以视频、音频等立体化形式呈现，积极开辟"第二课堂"，提高学生的参与率与关注度。"对话名师"活动有效激发了学生的主动参与性,实现了学生由被动接受到主动融入的角色转变,并鼓励学生组建与主题有关的学习共同体,在学院老师的指导下开展合作研究,凝练与思考在"对话名师"中收获的学术观点,并以此为基础参加学术科技竞赛、申报课题立项、发表学术论文等。

(二)做足对话准备,确保活动实效

"对话名师"团队通过整合学院资源,摒弃灌输式、单向式的传统讲座教学模式,采用双向、讨论的互动方式,夯实线上与线下的对话平台,消除对话壁垒,畅通对话渠道,力求达到高效率、高质量的学术交流与研讨的目的。活动前期,团队详细收集受邀名师的基本资料并整理、撰写采访纲要,开展实地走访,挖掘名师背后不为人知的求学之路及科研故事。同时,团队还充分利用新媒体宣传平台为活动进行提前预热,向学生征集感兴趣话题,并邀请名师参与线上答疑互动等活动,加强师生间互动交流,提高学生参与学术研讨的积极性。在现场的对话环节,名师可以根据活动前期的互动交流与问题征集更深入地了解现场学生的所需所想,从而给予更有针对性的交流与答疑,为对话的学术研讨提供了有力的抓手和切入点,切实提高对话质量,激发学生参与对话的积极性与主动性。

(三)丰富对话方式,完善对话机制

访谈模式:在师生关系的探索上,对话名师打破传统的"主客配合",注重引领"主主合作"的新型师生关系,由学生代表提前征集热门问题,与名师开展近距离面对面访谈,充分发挥学生的主体性和主导性,更有利于师生间的相互沟通和情感培养,让思想交互碰撞、让智慧绽放光芒。

互动模式:"对话名师"的面对面答疑环节很好地实现了名师"主导"作用与学生"主体"地位的完美融合,师生互动,双向交流。一方面,名师以自身科研经历启发引导学生展开对批判性思维进行探索与创新;另一方面,学生积极的学习兴趣和激情调动着名师的对话热情,同时也为现场营造了和谐温馨的互动氛围。互动内容并不局限于学术科研,而是广泛涉及人生感悟、学习方法、阅读建议等方面,让学生深入体悟名师不唯上、不唯书、不唯风、不唯众的处世哲理与治学态度。

三、思考启示

(一)以大师大爱为核心

对话名师系列活动始终以"大师为根、大爱为魂"为核心。大师是办学的根基,是学校发展与学生成长中最核心的力量,大师们或孜孜以求,或犀利幽默,或稳重深厚,或无私奉献,但是无论以何种方式表现,他们都始终如一地秉持着"传道、授业、解惑"的大爱,用学识、用人格、用真心塑造着一代又一代青年学子。大师们以大爱无声的育人情怀成就着梦想、传递着希望,他们也以大爱无疆的育人理念给予着力量、铸就着辉煌。

(二)以学生所需为导向

当代青年学子是同新时代共同前进的一代,他们既拥有广阔的发展空间,也承载着伟大的时代使命,他们是国家的希望、民族的未来,是社会上最富活力、最具创造性的群体。唯有以青年学子的所需所想为导向,在教育中不断地改进师生交流的多元模式,进一步实现课内外学术教育的良性互动,才能使"对话名师"成为一个具有强大生命力和巨大影响力的品牌,为青年学子带来执着的信念、优良的品德与丰富的知识。

(三)以专业特色为根本

学院被誉为我国坚持马克思主义经济学教学与科研的重要阵地,理论经济学是学校传统优势特色学科,已跻身全国先进前列。"对话名师"活动充分立足学科特色优势,将理论学习与交流探讨相结合,发挥名师在经济领域的领航作用与榜样作用,为学生全方位搭建交流平台,让更多学生接触与专业特色相关的文化理念和科研思想,推动资源成果共享,帮助学生发现学术钻研的新思路与新方向。

(四)以学院扶持为保障

学院注重对青年学生的培养,针对当前本科生、研究生学术水平质量有待进一步提高的现状,对话名师团队根据专业对口原则,通过学院内外丰富的名师资源,邀请不同名师与相关专业学子近距离交流,师生互动交流方式使得教育变得更加丰富多彩,更加贴近学生、走进学生、引导学生,有效促进了学生的成长成才。

(经济学院　张翼　张清国)

以明辨为向度的社会主义核心价值观教育长效机制
——公共管理学院思想政治教育工作特色项目

一、品牌内涵

党的十九大报告指出,中国特色社会主义进入了新时代。思想是时代的先声,在社会思潮纷纭激荡的新形势下,在大学生中培育和践行社会主义核心价值观,当务之急是提升青年大学生的思想鉴别能力。为此,学院立足于服务学生的成长成才,从提升学生思想和政治鉴别能力入手,构建全程全员育人机制,巩固思想教育基础,突出价值导向,创新时政论坛工作品牌,实现思想引领,并通过大力倡导学生参与社会实践和志愿服务,促成知行合一,使社会主义核心价值观内化为心,外化为行。

大学生时政论坛这一学生活动品牌先后被《福建日报》、中国网、中国教育新闻网等媒体报道。此外,学院学生思想政治素质有了极大的提升,其中,2014级本科生林燕玲代表福建师大参加了首届福建省高校大学生学习马克思主义理论知识竞赛,从全省21所高校的168名选手中脱颖而出,夺得了个人总冠军。

二、经验做法

(一)坚持价值导向,巩固阵地建设,着力构建核心价值观协同教育机制,形成育人合力

价值导向的功能在于矫正和倡导正确、健康的价值取向,并引导人们用正确、健康的价值取向规范、约束自己的言行。长期以来,学院着力推进全程全方位育人,将价值观培育与课堂教学有机整合,着力构筑社会主义核心价值观协同教育机制。

一方面,思想政治理论课是高校社会主义核心价值观教育的主阵地,对增强大学生价值观教育起到极为重要的促进作用。政工干部积极加强与思政课教师

的配合,落实课前沟通、课后反馈的联系机制,共同强化教学的实用导向,倡导价值导向下分析和解决问题的训练,从学生关注的当前社会热点切入,针对不同价值取向进行分析和论辩,从而引导学生深化对社会主义核心价值观的认知和内化。

另一方面,专业课是高校第一课堂的主战场,理应成为社会主义核心价值观教育的重要阵地。学院将专业课教师纳入价值观教育队伍,在专业课堂教学中凸显价值导向,发挥学科专业的优势和功能,活用案例教学,引入时政热点讨论,特别是探讨习近平新时代中国特色社会主义思想、中华优秀传统文化传承创新、"一带一路"倡议等当前重要的理论前沿和热点问题,指导学生分析社会现象,探寻现实问题的解决方案,促成学生专业理论基础和理想信念的双夯实。作为课堂教学的延伸,学院还积极拓展第二课堂,鼓励专业教师参与学生时政论坛等活动的设计和过程指导,努力探索"学生自学—教师重点引导—学生参与实践"新模式,收到了良好的成效。

(二)把握问题导向,创新活动载体,把理想信念培育和形势政策教育有机结合起来,凸显学生的主体地位

问题导向的功能在于引导广大青年学生"既要专攻博览,又要关心国家、关心人民、关心世界,学会担当社会责任"。为此,学院打造"大学生时政论坛"工作品牌,活动聚焦时政热点,鼓励青年发声,同时教师则退居二线把好方向,放手让学生自行策划、自主学习、自由展示。

大学生时政论坛基于"班—院—校"三级体系构建,打造全方位、立体化的时政教育新模式,其中班级层面活动重在营造氛围,院级层面活动重在探索模式,校级层面活动重在沉淀品牌。由2013年至今,学院内部累计开展近40场次"大学生时政论坛"。自2016年起,面向全校拓展这一平台,以"新理念·新格局"为主题的论坛共吸引了来自14个学院的31支队伍参赛。2017年继续开创新形式打造大学生的"思想秀"——"福师青年说",围绕"你好,我的中国"主题,用个性演说的形式展示自主时政学习成果,以青年的语言传播主流意识形态,共吸引了全校20个学院76支队伍报名参赛,运用新媒体新技术使工作"活"起来,现场网络直播和过后的短视频传播,拓展和延续了活动的影响面,更切合当下的网络传播生态。2018年学院在原有的基础上探索贴近民生又具有时代感的新形式"模拟市长",要求参赛学生从福州市长的角度,针对市政建设或公共管理的现状提出问题和解决思路,进而引导学生以更宏观的角度去思考问题,鼓励青年学生积极投入美丽中国建设的实践中。

大学生时政论坛是大学生主动了解时政、主动发现问题、主动接受理念的过程,启发学生更加全面客观地认识当代中国、看待外部世界,在关心、关注时事热点的过程中,把握时代脉搏和人生方向,强化使命意识和责任担当,坚定"四个自信"。目前,该活动已形成一定的典型经验、固定的工作平台和长效的工作机制,可示范、可引领、可辐射、可推广。

(三)强化责任导向,构筑实践平台,在社会服务中夯实社会主义核心价值观培育,促使学生形成正确健康的价值取向

"全部社会生活在本质上是实践的",价值体系必须依托于生活和实践,否则只能是空中楼阁。学院将开展社会主义核心价值观教育的一大重点放在推动学生自我服务、自我管理的实践上,着力从细微处、日常事务上帮助学生。

学院通过"公管大家谈"师生交流会畅通交流渠道,开展"情暖公管"年度人物评选,发掘身边的"平凡的暖心人",实施"新鲜人守护计划""大学生青春健康同伴教育""扬帆行动"等精细化的新生服务,在解决学生面临的实际问题的同时,将社会主义核心价值观融入学生情感深处,成为学生自觉遵守的价值取向。

同时,学院立足隐形传播,帮助学生"推导结论",注重充分发挥学科专业特色,主动对接社会,搭建专业平台,引导青年学生发挥所学所长,服务地方经济社会发展,在服务社会中践行社会主义核心价值观。以"深入基层,了解社情,锻炼能力"为目标,以"秉公心,践益行"为号召,积极鼓励和组织学生深入基层开展社会实践和志愿服务,在服务社会中培养学生的社会责任感,有力践行社会主义核心价值观。

三、思考启示

下一步,学院将进一步改进"大学生时政论坛"的活动载体,更深入培养学生的战略思维、团队协作能力,引导学生用更宏观的视野、更专业的视角剖析社会时政热点,提高学生有针对性地解决复杂问题的能力。同时,学院还将着力增强新载体的传播力,通过对学生喜爱的新媒体等使用和利用,进行积极的引导,让学生自觉传播新精神、新理念、新政策,进一步完善自我,更好地实现正确的价值取向,成长为"爱国、励志、求真、力行"的新时代新青年,和"有理想、有本领、有担当"的社会主义建设者和接班人。

(公共管理学院　蔡艺颖　徐挺汉)

"学子讲坛"引领校园学术新风
——协和学院"学子讲坛"品牌活动

一、品牌内涵

（一）活动背景及历史沿革

学子讲坛活动（以下简称"学子讲坛"）是由学院团委主办的学术类校园文化活动，于2005年5月正式启动，举办至今已经达37期。学子讲坛打破了以往高校讲座由权威专家学者主讲的常规模式，转而向在校大学生征集课题，鼓励大学生结合学习生活及社会热点进行自主研究，并走上讲台成为主讲人。

（二）工作成效

（1）与专业融合，助力大学生理想信念教育。通过学子讲坛这个活动平台，有效激发广大学生从学习生活中发现问题、提出问题、思考问题、解决问题的能力以及培养同学们的语言表达、团队协作等综合素质。在学子讲坛活动中，将大学生专业学习与理想信念教育相结合，主讲人通过灵活、有趣的表现形式，给同学们讲授相对理论的知识。《浅析民事诉讼法的修改》《精诚致艺，乐忱为人》等讲座突出了公平法治、拼搏精神、奉献精神等，引发学生的思考，加强了学生的理想信念教育。

（2）"让学生成为主讲人"，激发学生提升专业能力素质。学子讲坛以学生为主讲人的活动模式，良好的活动运作，严密的项目管理，使活动得到广大有志青年、渴望展现自己所思所想的同学的认可，激发了广大同学自主学习，勇于钻研的学习研究热情。每学期开学的课题申报，学子讲坛会收到近百份申报课题，主讲人报名数300余人。学院6个系和国际教育学院参照学子讲坛开展模式中的某一块，纷纷开展了各具专业特色的学术科技活动，使得学院学术科技活动层出不穷、百花齐放，带动了浓厚学术氛围的形成，促进了校园文化的良性发展。学子讲坛的开办，让学生在学习专业知识以外，还可以学习新的知识，感受同龄人的人文素养,进而提升自身整体素质。各种各样的讲座内容,还开阔了学生的视野。

(3)活动形成品牌,带动良好校园学术氛围形成。学子讲坛是协和学院全面贯彻素质教育,建设有独立学院特色校园文化的一个成功范例。学子讲坛自开办以来,在学院的支持以及团委的具体指导下,在选题、指导、组织、形式和宣传上狠下功夫,活动质量不断提高,在活动形式上不断创新,逐步走向成熟。每期学子讲坛不仅本院学生热情参与,还吸引了其他院校的同学前来参加,每场座无虚席,经常出现一票难求的现象,活动品牌效应日渐凸显。

(三)社会影响及媒体报道

学子讲坛是福建省独立学院在开放性教育工作中的一次创新,也是福建省高校首个以在校大学生为主讲人的学术讲座活动。在大学城附近的高校,一提起协和学生学术活动,广大老师同学往往会第一个想到"学子讲坛"。多样的活动形式,良好的活动氛围,紧跟热点的选题,受到了许多社会主流媒体的关注。《福建日报》《福州晚报》、福建教育电视台、东南电视台等媒体多次的关注和报道,扩大了协和学子讲坛活动的知名度和影响力,同时也提升了协和学院的社会美誉度。

二、经验做法

学子讲坛从课题选拔、课题指导、活动组织、表现形式以及活动宣传五个方面入手,吸引同学参与其中,打造高水平学术活动,使学生自觉成为学术研究的参与者,先进文化的传播者,从而带动校园文化的繁荣发展。

(1)从活动组织上下功夫。从学子讲坛开坛论道伊始,在学院领导重视下,每年均会拨出专项经费支持学子讲坛活动,同时在举办学子讲坛活动的教室安装了专业的录播系统,从经费和硬件设施上为学子讲坛提供了有力支持。针对每期不一样的课题,学院团委成立了策划小组,对课题进行跟踪,从宣传包装、表现形式、观众互动等方面全方位参与到活动中。每学年,学子讲坛均会举办两期,相对稳定的举办频率以及每期活动到位的组织,保证了学子讲坛的质量。

(2)从主讲人及选题上下功夫。每学期开学初,学院团委都会面向全院同学征集课题及主讲人。同时参考国内时政、学术热点及当下学生喜闻乐见的话题给予参考题目,报名者也可以自拟题目参与选拔面试。报名结束后,学院会邀请相关专业老师及一些高年级学生代表组成评审小组,对所报课题进行审核,通过初选、复选等多个环节,最终确定课题及主讲人,从源头上保证了每期学子讲坛的质量。每期学子讲坛课题结合热点,贴近生活,丰富多彩。如关于新型科幻文学方面的《赛博朋克》,关于地方文化方面的《武夷岩韵》,关于史学方面的《纳兰背后的女人——卢氏》,关于生活时尚方面的《艺术本心与自我营销》,关于人生梦想的《这一路,且与歌行》等,广受学生们的欢迎。

(3)从课题指导上下功夫。高质量的学术活动离不开老师的指导。聘请专业老师对课题进行全程跟踪指导,从材料的搜集,论点论据等文字材料的书写,PPT等辅助材料的制作,到主讲同学演讲彩排及正式演讲,指导老师全程参与指导。

(4)从讲座表现形式上下功夫。结合学子讲坛课题多样、涉及面广、针对性强的特点,大胆创新,根据每位主讲人的特点,充分结合课题研究内容,策划小组、主讲人、指导老师充分讨论,把多种表现形式运用到讲座中。如设置自由讨论环节,观众可以在讲座后提出与本场观点的不同见解,与主讲人进行当场辩论;采取现场表演,如乐器表演,茶艺表演,情景再现等形式,加深观众对讲座内容的理解;关于新兴体育的《道跆拳》甚至请到了两名专业的跆拳道选手向同学们进行演示,采取户外讲座的形式。多样的表现形式增强了讲座的感染力、表现力,让听众身临其境、感同身受。多样的讲座形式受到了广大师生的欢迎,从形式上保证了学子讲坛的质量。

(5)从活动宣传上下功夫。为扩大学子讲坛活动的影响力,除了宣传海报、横幅等常规宣传手段外,学院团委还建立了学子讲坛专门网站,针对每期活动开设了微博话题和微信公众号的宣传,从活动预告、课题选拔、课题研究到最后正式讲座对每期学子讲坛进行全面跟踪报道。每期学子讲坛都会和社会媒体及各校园媒体主动联系,对每期活动进行宣传。学子讲坛新颖的活动模式及贴近热点的课题,多次被《福建日报》、《福州晚报》、福建教育电视台、东南电视台等主流媒体关注和报道。

三、思考启示

"学子讲坛显睿智,师生共议见真知"。学子讲坛活动带动了学院浓厚学术氛围的形成,促进了校园文化的良性发展。在今后的时间里,学院将进一步与时俱进,开拓创新,不断扩大学子讲坛规模,加强对外交流,努力提高活动整体质量,使其在校园文化建设中发挥更大的作用。

(1)及时总结,不断完善。学子讲坛开办至2018年,已历时13年,一个活动从初创到形成品牌需要不断摸索,不断改进。每期学子讲坛结束后应该及时对活动进行总结,主讲同学、指导老师、相关部门参与活动总结全过程,及时地总结反思,让活动越办越好。

（2）与时俱进，开拓创新。紧跟热点，借鉴其他活动的成功经验，注重积累，不断创新，积极提升活动深度与广度。结合当前时政热点，根据现阶段学生的性格特点，拓展新的课题领域，多引导学生在理想信念教育方面的选题，创新表现形式，让参与的学生在听讲座的同时接受思想的洗礼；让已毕业的学子讲坛主讲人，结合自身的工作、学习、生活经历，对之前自己所讲的课题进行整改充实，让在校学生能够有重新认识学子讲堂的机会，提高广大校友和学生对学子讲堂的认同度；创新现有的主讲形式，一个课题允许多人一起担任主讲人，让有共同兴趣爱好的同学聚在一起，共同探讨学术问题，提高学生的团队合作意识。

（3）加强交流，提高质量。探索与其他高校合办学子讲坛活动，加强与其他高校的合作联系。争创人人皆知、人人皆喜欢、人人想参与的大学生学术活动。

（协和学院　赖沈真）

第三章 03

创新创业

—— 在时代潮流中成就青春梦想

篇首语

加强创新创业教育,培养高素质创新人才,是高校落实创新驱动发展战略的重要举措。近年来,福建师范大学围绕学校顶层设计与学院探索结合、课程改革与课外活动结合、创新能力培养长期效益与项目显性带动结合、面向全体与关注重点相结合、学校教育教学与社会资源开发相结合等,在深化创新创业教育改革上迈出坚实步伐。这其中,以美术学院"教创融合、专业协同"工作思路、生命科学学院"五四三二一"工作体系、地理科学学院"三三四"工作法、经济学院"合作办学、合作育人、合作发展"工作理念为代表,一批学院在着力创新人才培养机制上进行了有益的探索;以福清分校举办的榷场大赛、闽南科技学院建设的"筑梦空间"大学生创业园为代表,学校大学生创新创业保障体系更加完备,为创新创业人才的成长提供更加便利的条件。

厚植创新沃土　培育创业新苗

一、品牌内涵

加强创新创业教育,培养高素质创新人才,是高校落实创新驱动发展战略的重要举措。近年来,福建师范大学把创新创业工作定位为学校未来发展竞争力的关键,将涵养"双创"文化、激发创新活力和强化创业能力融入学校工作全局,积极探索构建富有特色的创新创业工作体系。

学校创新创业工作领导小组组长由校党委书记和校长共同担任,小组下设创新创业指导中心,由专职人员牵头负责日常工作。中心内设综合办公室、课程建设办公室、创新训练办公室、创新创业园建设办公室,共有13位专兼职人员参与相关工作。学校重点建设创新创业教育与研究平台、创新创业实训实践支撑平台、创业扶持与项目孵化平台3个创新创业核心平台,形成上下协同、左右相衔的立体式制度设计。

2015年,学校在福建省省属高校中率先取得"挑战杯"全国大学生课外学术科技作品竞赛终审决赛特等奖。三年来,共获得该项赛事的国家级三等奖以上奖励10项;获得"创青春"主体赛事国家级三等奖以上奖励6项。在中国"互联网+"大学生创新创业大赛上,学校累计获得国家级铜奖以上奖励7项。此外,学生还获得首届"中国青年APP大赛"应用类一等奖(唯一)。"生化精细工业科技创新团队"获得大学生"小平科技创新团队";陈威因自主创业事迹被评为"中国大学生自强之星";丁中贤因突出的创新成绩获评第十二届"中国大学生年度人物";毕业生应向阳继登上福布斯"中国30位30岁以下创业者"榜单后被福建省政府评为"双创之星";毕业生兰文雄创办的福州兰老师教育科技有限公司是中国唯一一家专注高考数学细分领域的教育公司,目前已在行业细分市场中位列第三。截至2018年6月,学生累计注册企业数达150多个,一批涉足网络科技、文化传媒、跨境贸易、生物化工、智能电子等行业的好项目不断涌现,备受市场认可。

二、经验做法

（一）"八个融合"，勠力同心下好创新创业"一盘棋"

（1）校院工作融合。完善顶层设计，鼓励学院大胆探索工作路径，在机制上建成两级分别管理，在政策上构建两级上下相衔，在师资队伍上施行两级齐抓共用，在课程融入上推行两级重心各异，在平台建设上实现两级优势互补。

（2）职能部门之间融合。各职能部门之间"分责不分家，分工不分事"，将各自的资源优势共同汇集在一项项具体的、微观的工作上。大学生创新创业训练计划的三个类别项目由教务处、校团委、学工处分别负责，实现资源的最有效对接，同时在成果对接上又相互打通，对创新训练项目申报、创业训练项目落地为创业实践项目，施行无障碍通行。

（3）"双创"教育与专业教育融合。不仅开设全校统一的创新创业必修课程，还注重在专业教育中嵌入基于学科前沿的创新创业课程，促进学生将专业知识能力体系与社会发展需要融为一体，从而奠定在未来实现知识快速转化、开展自主创业、组合创业或岗位创业的能力。

（4）教学与科研融合。坚持所有科研平台向学生开放，实现教师科研平台向教学平台、人才培养平台的延伸。打通教学和科研壁垒，形成教学与科研深度融合、互相支持的机制，为激发大学生创新创业提供高层次、高质量的平台。教师将学术前沿知识和个人科研成果及时有效地融入课程教学内容中，引导学生在第一课堂和科研中关注社会创新和进步，发现创新创业的契入点。

（5）教师与学生融合。通过推动教师带学生进项目、进课题、进队伍，改变过去教师"重创新、轻创业"，学生"重实践、轻教育"的偏颇认识，实现"创新与创业并重""训练、实践与教育并重"，让师生共同推动创新创业项目发展。一大批学生在老师的带领下深度参与课题研究，在研究中培养创新精神，强化创业意识，提升"双创"能力。

（6）本科生与研究生融合。以培育中国"互联网＋"大学生创新创业大赛等高水平赛事项目为抓手，将本科生和研究生教育全面纳入科研创新体系建设之中，通过创新创业项目合作，培养本科生优良的学风和扎实的学术功底，提升硕士、博士研究生科研成果的转化能力，形成博士生、硕士生和本科生创新创业梯队，共同推进科研成果转化及产业化。

（7）各专业之间融合。适应经济社会发展对人才培养新要求，致力于打通学科专业壁垒，以交叉融合、特色融合、优势互融、长短互补推动复合型创新创业人才培养。

(8)校内资源与校外资源融合。充分挖掘和利用校友以及行业、企业资源，提升协同创新能力。先后与多家社会孵化器合作，共同推动学生创业项目的后续加速发展；与所在地行政部门合作，为学生企业注册、获取政策扶持提供便捷通道；与知名企业合作，寻求校外资本支持创新创业。

(二)注重人才培养长期效益，深化创新创业教育改革

自2016年以来，学校适应信息技术发展革新和创新创业教育改革浪潮，围绕"厚基础、宽口径、强能力、重创新"的高素质人才培养总目标，面向全体学生开展"通识型"和"嵌入型"创新创业教育，形成"1＋N"的"雁阵"课程模式。

"1"指以创新创业类课程为领头雁。在"通识教育课程"模块中，开设《创新创业基础》必修课和创新创业类选修课。面向全体学生讲授市场机会识别、商业计划书编制、创业模式创新、创业企业管理等内容。引进《创业精神与实践》等17门创新创业类MOOCS，自主开发《从零开始的精益创业》等7门创新创业教育公共选修课，并将原仅面向学院内部的《薪酬管理学》等26门课程向全校学生开放。购买"创新创业视频及资源数据库"，全年向师生投放近1400个小时，4000多个视频微课的总资源量，满足师生对创新创业教育的资源需求。

"N"指把创新创业融入各专业课程形成雁群。在"专业基础课程""专业主干课程"模块中，充分挖掘学科专业创新创业教育资源，每个专业至少开设或整合融入1门具有创新性的学科前沿动态和研究方法的创新类课程，不低于1个学分。在专业选修上，增设创新创业教育类课程模块，为各专业立志创业的学生提供个性化学习资源，选修学分可计入专业选修课学分。通过将创新创业教育理念和思想"嵌入"各个学科专业，开发多样化学科创新创业课程，实现创新创业教育与专业教育的"捆携式发展"。目前，各专业累计开设专业教育与创新创业教育融合类课程达175门。

(三)"一二三四"燎原理念，让学生的创新创业之路不单行

(1)一个理念引领。以培养社会岗位的创造者为理念，引领各项创新创业工作。

(2)双轮驱动发展。着力构建一流文科、高水平理科和有特色工科的学科体系，深挖在全国第四轮学科评估中进入AB类和进入ESI全球排名前1%的学科资源，发挥百年学府教师教育特色优势，探索形成文化创意产业项目和科技成果转

化项目双轮驱动的创新创业发展路径。

（3）三个分类指导。坚持瞄准需求，区分不同类型创业项目发展过程中的亮点和难点，因势利导、精准扶持。对在传统产业运用成熟商业模式进行创业的生存型创业项目给予奖励和技能指导；对以创新的商业模式在传统产业进行创业的发展型创业项目予以支持和引导；对拥有核心技术竞争力产品或服务的创新型创业项目进行重点帮扶。

（4）四个梯队建设。实施"十百千万工程"。每年对十个创业项目予以重点扶持，组建百名创业导师团参与帮扶，遴选千名创业大学生参加培训，动员万名大学生参与创新创业活动。让有创业意愿的大学生都接受创业培训；让准备创业的大学生都得到创业指导；让已创业的大学生获得创业扶持；让市场创投资金精准对接校园创新创业项目。

（四）个性化培养周：开启创新创业教育"我的"模式

2017年开始，学校每学年安排2~4周开设个性化培养周。

（1）丰富课程满足"我的期待"。创新创业类讲座带动学生勇于尝试、敢于挑战；教师教育类讲座带给学生真的种子、善的信使、美的旗帜；素质拓展类讲座让学生开阔视野……每学期数百名优秀教师、知名企业家、投资人、青年创业者，为学生提供了自主选择、个性化学习的"营养大餐"。

（2）课程选择服务"我的规划"。"个性化培养周"遵循人才成长规律，以浸入式教育加强基础、尊重选择、分类培养，给予学生更多的学习自由和选择空间，在开设过程中，注重引导学生有目的、有意识地结合自身规划选择活动内容，在积极参与活动中受教育、长才干。

（3）开阔视野发展"我的个性"。"个性化培养周"给予学生宽松和谐、丰富优质的学习环境，丰富的课程带领他们走进全新的领域，拓展认知视野，推翻学生心中许多曾经的"我以为"，成为他们兴趣发展的一块探路板，让他们的个性充分彰显，让他们创新创业激情进一步激发。

（4）未来规划优化"我的选择"。认知的多样，成为创新的源泉，产生创业的点子。学校将在打破学院、学科、专业界限的基础上，进一步整合本区域的优质高教资源，联合其他高校一起进行，通过导入更多资源，让学生的选择越来越多，不断提高学生创新创业能力。

三、思考启示

当代与未来经济增长方式体现着社会发展对人才培养的新要求，致使我们的教育教学模式必须做出深刻变革。作为教育工作者,发挥智力和资源优势培养学生在知识的碰撞中不断产生新的火花,以其敏锐的关注社会的能力和强大的改变社会的能力去辐射和引领社会创新和进步,是我们神圣的职责和使命。

人才培养既是大学功能的历史起点,也是大学功能的逻辑起点。高校服务创新型国家建设,不仅仅是看高校教师取得了多少专利、发表了多少论文,最根本的是看高校培养的人才能否成为创新型国家强有力的建设者。在"大众创业、万众创新"的新常态下,创新创业人才培养成效已成为衡量高校办学质量的重要标准,也是高校掌握未来竞争主动权的关键,我们必须紧紧抓住创新人才培养这一主线不动摇、不放松。

此外,大力推进创新创业教育也是减轻毕业生就业压力问题的一剂良方。创业者就是创造就业机会和岗位的人,培养更多有创新精神和创业能力的人,就等于间接为社会创造了更多就业岗位,激发了经济发展的活力,这是高校尤其是我们这样的地方高校提高服务经济发展能力和贡献度的最有效的现实途径。

(学生工作处　范宇鹏　张立)

深入实施研究生创新工程
提高研究生科研创新能力

一、品牌内涵

人才是国家的财富,高等教育人才是国家创新发展的原动力,而研究生则是国家创新发展的生力军,具有无限的创造力和发展的可能性。研究生教育作为培养高层次人才的主要途径,是科研创新体系的重要组成部分,学校研究生院、研工部通过不断加强顶层设计,创新体制机制,大力推进并深化全校研究生教育综合改革,提高人才培养质量,培育高层次拔尖创新人才,充分发挥研究生在学校科研创新中的支撑作用,助推学校高水平大学建设,服务新时代我国科教兴国战略、人才强国战略、创新驱动发展战略。

2005年,《教育部关于实施研究生教育创新计划 加强研究生创新能力培养 进一步提高培养质量的若干意见》中,提出实施"研究生教育创新计划",旨在建立与社会改革要求相适应的研究生教育体制,为实施科教兴国和人才强国战略奠定坚实的人才基础。2010年《国家中长期教育改革和发展规划纲要(2010—2020年)》把实施"研究生教育创新计划"作为大力推进研究生教育机制改革,提高人才培养质量,培育高层次拔尖创新人才的重要举措。2014年,《教育部 国家发展改革委员会 财政部关于深化研究生教育改革的意见》,提出"以主动服务国家及我市经济社会发展需求、立德树人、全面提高研究生教育质量为主线",研究生教育改革全面迈入"质量时代",推进研究生教育内涵式发展成为时代主旋律。各个时期研究生教育改革精神,核心还是在于提升研究生人才培养质量,对此,研究生院、研工部实施了"研究生创新工程",并一以贯之,始终以提升研究生创新能力为主线,打造研究生核心素养,提升核心竞争力,主动适应加快建设创新型国家的战略需要,把大力培养拔尖创新人才和解决实际应用问题的高级专门人才作为重要的实施目标。

"研究生创新工程"遵循研究生教育基本规律,尊重人才成长规律,推进管理创新,充分发挥研究生院、研究生工作部合署办公的优势,强化学院的主体作用,充分调动研究生、导师和管理干部的积极性,完善学位授权点监督机制、动态调整机制及条件保障机制,完善招生选拔制度、课程制度、导师制度,改革研究生培养模式,创新研究生思想政治教育,全面实施奖助政策,促进科教结合与产学结合,加强开放与合作,把研究生创新工程贯穿整个研究生人才培养过程,形成共同推进研究生创新教育的合力。

从2001年首次举办"研究生科技月",到现在"研究生科技节",该活动至今已连续举办17届,成为学校研究生创新教育的一张靓丽名片,深受广大师生欢迎,营造了良好的校园学术文化氛围,极大提高研究生参与科学研究的积极性和创造性。2005年,国家实施"研究生教育创新计划",研究生院、研工部也随即启动"研究生创新工程",推进研究生创新能力提升,实施"优质研究生课程""研究生科研成果奖""研究生博导论坛""研究生学子讲堂"等一系列举措;2014年,学校全面推进研究生教育综合改革,"研究生创新工程"作为改革的重点工作全面深入推进,形成了以点带面,分层推进,突出特色,注重实效,逐步构建了全方位、宽领域、多维度、立体型的"研究生创新工程"实施体系。目前,学校已建立了较为完善的研究生科研创新激励机制,营造了良好校园创新氛围,全面提升了研究生的创新意识、创新精神和创新能力。

二、经验做法

(一)动态调整优化学科结构,主动适应经济社会发展新常态

建立需求导向的学科结构调整机制,制定学位授权点预警与退出办法。开展学位点自评估工作,全面检查学位授权点的人才培养状况,对于培养质量不高、出现质量问题、社会需求不足或创新能力不足的学科,进行预警和退出。同时,增补社会需求明显和具有创新潜力的学科,优化学位授权点布局,持续提升学位授权点建设质量。为响应国家战略需求和服务海西经济社会发展,主动适应学校着重发展教师教育优势和特色的需求,研究生院积极开展学科结构调整,形成了较为合理的学科结构布局。

当前学校拥有博士学位授权一级学科21个,硕士学位授权一级学科35个,硕士专业学位授权点17个。在教育部第四轮全国高校学科评估中,有3个学科进入A类,12个学科进入B类,A类学科数、AB类学科数均位居福建省属高校第1位,A类学科数并列全国高校第45位。学科建设取得良好的建设成果,也为研

究生创新工程深入实施,提供了高水平的学科支撑平台。

(二)建立高质量生源选拔机制,为创新工程提供优质人才保障

通过吸引优质生源,为学校实施研究生创新工程奠定良好的人才基础。一是努力降低非全日制博士研究生的招收比例。二是加大对优秀生源质量的激励力度,在招生指标分配中,重点向开展"硕博连读""申请—考核"制选拔方式的单位及录取全日制非定向研究生比例高的单位倾斜。三是实施研究生优质生源工程。多渠道筹措资金,设立"推免生奖学金""宝琛创新奖学金"等优秀生源奖助政策,鼓励优秀应届本科毕业生免试攻读本校学术学位硕士研究生,吸引本校优质硕士生源申请"硕博连读";扩大"申请—考核"制选拔博士研究生的学科覆盖面。四是加强研究生招生政策支持,在研究生复试综合素质考查中,对高水平创新活动与成果予以认定,注重考查考生的创新精神、创新能力、专业兴趣等内容。

(三)打破科研与教学的壁垒,形成科教协同创新机制

本着"资源共享、优势互补、协同创新、共同发展"的原则,学校积极与其他高校、科研院所、行业企业等校外单位开展密切合作,改善培养条件,促进优质资源共享,形成了校际、校所、校企协同创新和联合培养机制。

2011年,学校与中科院海西研究院签署合作框架协议,充分发挥双方在科学研究、人才队伍、科研条件等方面的优势,整合、集成双方的优势科技资源,建立协同创新机制,建立了常态化的合作交流机制,扎实推进联合培养硕/博研究生、合作开展科学研究及技术攻关、共建研发平台等方面的工作。目前,该项目实施取得良好的效果,已经有5届联合培养的毕业研究生,培养了一大批适应海西发展要求的创新创业人才。2017年,学校积极与中国社会科学院研究生院、马克思主义学院签署合作协议,以联合培养马克思主义理论博士研究生为突破点,探索科教协同创新人才培养的新机制,为福建提升和建设一支高素质的高校思想政治理论课教师队伍提供保障。

(四)强化研究生分类培养,提升研究生学术创新能力和专业实践能力

学术学位研究生注重培养科研创新能力。借助科研项目统筹硕士、博士等不同层次培养阶段,突出科研方法的指导、科研能力的训练、创新潜能的激发;提高学术学位研究生在学期间科研成果要求;开展研究生科研成果评奖,鼓励研究生积极开展科研训练;鼓励和资助研究生参加国内外学科专业高端论坛和学术会议;举办"研究生创新大讲堂",通过系列高端讲座,让广大研究生领略大家风采,创造研究生良好的科研氛围,逐渐形成以拔尖创新人才为培养目标的学术学位研

究生培养模式,提升研究生教育服务科技创新的贡献力。2014年以来,全校研究生以第一作者在国内七大核心期刊上发表学术论文4800多篇,发表国际期刊论文被SCI、EI、CPCI和SSCI等收录900多篇,研究生获授权专利260多项。

专业学位研究生注重培养实践研究和创新能力。对于专业学位研究生实践创新能力培养,构建了基于提高专业学位硕士研究生实践能力的"赛学融合制"培养模式,坚持以赛促训,以赛促练,依托各学科、专业的各级各类教学技能竞赛的平台,教学竞赛机制引入教学实践能力常态化培养,积极鼓励专业学位研究生参加各级各类专业技能大赛,在大赛中渗透综合素养的养成。2014年以来,全校研究生在国际性比赛中获奖8项,全国性比赛中获奖160多项。通过加强实践能力培养,形成以提升职业能力为导向的专业学位研究生培养模式,提升研究生教育服务产业发展的行动力。

(五)推进研究生教育国际化,提升研究生科研创新的国际视野

将国际化贯穿于面向未来的研究生创新人才培养过程中,树立国际化创新人才培养理念,形成国际化的人才联合培养模式,为研究生拓宽国际视野和提升创新能力创造条件。一是通过支持博士生出席国际会议、聘请海外学者讲学和研究生中外合作培养等方式,开拓研究生科学研究的国际视野。二是开设《英语口语》课程,聘请外教授课,提高研究生英语口语交流能力,为研究生出国(境)访学、参与国际会议交流等奠定扎实基础。三是实施研究生出国(境)访学计划,通过"以奖代补"的形式,支持学院选拔研究生出国(境)访学,学校每年拨款200万元奖补,2014年以来,全校共有122人出国(境)访学,取得阶段性效果。

(六)推进教学质量工程建设,强化研究生实践创新

在研究生教学质量工程上,坚持以深化内涵建设为目标,在深入学科、专业剖析的基础上,加强学科、专业特色建设和优势培育,推进课堂教学改革创新,为研究生创新提供良好的课程教学保障。积极推进研究生教育教学改革,2014年以来,开展了3次研究生教育教学改革立项,13项省级教改项目和18个校级教改项目获立项;修订了教育硕士、艺术硕士等30个专业学位研究生专业(领域)研究生人才培养方案;增强专业学位研究生课程的针对性,加强专业学位人才联合培养基地建设和教学案例库建设,推动专业学位与职业资格有机衔接。2014年以来,共有3项研究生教学成果获得省级教学成果奖,教学案例库、人才联合培养示范基地等20项研究生教学资源项目获得国家级、省级资助。

(七)打造学术文化品牌,营造科研创新文化氛围

自2001年以来,连续举办17届研究生科技节,开展丰富多彩、形式多样的学

术科技创新活动,如科学道德与学风建设主题教育活动、导师讲坛、研究生学术论坛、科学讨论会、学术访谈、学术沙龙、研究生学术之星评选、专家讲堂、院长论坛、"学术人生"讲坛、优秀校友报告会、参观校史馆或校生物标本馆等,营造良好的校园学术文化氛围,极大提高研究生参与科学研究的积极性。例如,2017 年,在第十七届研究生科技创新活动中,学校和学院邀请众多国内外著名专家、知名学者开展讲座、论坛、研讨会 637 多场,科学道德与学风建设主题教育活动 1103 场,参与师生达 5 万多人次。

(八)完善制度顶层设计,建立创新保障机制

适应研究生教育综合改革的新情况,全面梳理研究生教育管理文件,出台和修订了《福建师范大学研究生学籍管理规定(试行)》《福建师范大学研究生优秀学位论文评选办法》《福建师范大学研究生参加学术活动暂行规定》《福建师范大学研究生外出访学管理规定(修订)》《福建师范大学研究生在学期间科研成果要求(修订)》等一系列鼓励、规范研究生科研创新的文件,各类文件紧紧围绕"研究生创新能力提升"作为主线之一来制定,为研究生创新提供制度保障,发挥制度在创新方面的激励引导作用。

三、思考启示

"创新是一个民族进步的灵魂,是国家兴旺发达的不竭动力。"研究生教育的未来取决于创新,而研究生教育的创新是一个系统的工程。在实施研究生创新工程的过程中,主动适应国家和区域经济社会发展,把握时代科技前沿,就等于寻找到了创新的源泉。坚持以服务需求、提高质量为主线,遵循研究生成长成才和教育发展规律,就一定会在研究生教育中赢得主动,实现培育适应社会主义现代化建设的创新型人才的目标,完成研究生教育创新这一系统工程。今后,研究生院、研究生工作部以全面实行研究生教育综合改革为契机,进一步深入推进"研究生创新工程"实施。

(一)全面深入推进研究生教育质量工程

通过支持一批研究生教育质量工程项目,积极探索提高研究生培养质量的有效途径。其一,继续推进研究生教育教学改革立项、研究生教学成果奖评选、专业学位研究生案例库建设、人才联合培养基地建设等质量工程项目;其二,启动研究生学术论坛、研究生暑期学校、研究生参加国际学术会议资助项目、研究生优秀学位论文培育计划、专业学位研究生技能大赛等质量工程项目,形成以拔尖创新人

才为培养目标的学术学位研究生培养模式。

（二）扎实推进研究生科研能力提升工程

继续开展研究生科研成果评奖,举办"研究生科技节""研究生科学道德与学风建设主题教育活动""研究生创新大讲堂"和资助出国(境)访学等,让全校研究生多出成果、出好成果,提升研究生教育服务科技创新的贡献力。

（三）加强研究生课程建设

一是修订学术学位研究生培养方案,打通硕博课程,建立一体化课程体系,最大限度地为学生提供个性化发展空间。二是启动校级研究生课程建设项目,特别是研究生创新课程建设,推进教学模式创新,提升研究生教育教学质量。三是引进和使用国内外优质在线开放课程,引进科技论文写作、文献信息检索等选修课;增设专业学位课《研究生学术论文写作》,培养研究生的科研能力和创新性思维。四是开展双语课程建设,以成立索莱达学院,启动校级双语课程建设项目,争取建设100门专业学位研究生双语(英语)课程。通过研究生课程体系建设,全面提升研究生人才培养质量,为推动全校研究生创新提供优质教学质量保障。

（四）营造良好创新环境和氛围

鼓励有条件的学院设立研究生科研创新专项基金,支持研究生自主提出具有创新价值的研究课题和可操作性的创新实践活动,支持研究生参与"挑战杯""创业之星""数学建模""互联网+"等各级各类创新创业比赛。强化研究生科研诚信引领,积极开展"F·STAR"好研究生展示、研究生高端科研成果展示,培育良好的科研和创新氛围,调动研究生参与创新的积极性和主动性。加强研究生科研成果转化意识,提高导师对研究生科研成果转化的引导力度。

（研究生工作部　汪启思）

以专业为导向 扬双创之风帆
——美术学院创新创业教育体系建设

一、品牌内涵

福建师范大学美术学院始终秉承学院创始人谢投八先生提出"又红又专、一专多能"的人才培养理念,将学院人才培养理念与创新创业教育深度融合,构建创新型人才培养模式,实现具有专业特色的创新创业人才的培养目标;将创新创业教育与学院的相关学科、专业建设相结合,推动传统教学模式及人才培养方式的改变,强化对学生创新创业精神、意识、动机、情感和能力的激发与养成。

为深化创新创业教育改革,激发大学生创造力,推进大学生创新创业成果转化和产、学、研、用紧密结合,推动创新创业实践平台建设,学院立足学科优势和专业特点,建立融"产、学、研、用"为一体的新型创新创业教育体系,培养了大量服务经济社会发展的应用型人才,得到社会各界的好评。

二、经验做法

(一)教创融合,创新培养体系

教创交融的培养体系,重视第一课堂与创新创业工坊结合,更加重视专业指导教师、学生创新创业实践平台与企业的融合,在教学过程中强调与社会接轨,重视对当前市场的把握,强调学以致用的同时,激发学生自主进行创新创业的内在潜力。

美术学专业为培养学生掌握并具备独立的判断能力和独立美术创作能力、较好的艺术鉴赏能力,同时兼具人文学科的科学思维方法、科学研究方法、综合分析能力、求实创新精神和实际工作能力,在保持美术学专业绘画、中外美术历史和美术理论知识等传统优势课程的基础上,不断扩大对外交流的广度与深度;设计类专业始终坚持传授设计知识、提高综合素质、培养创新创业能力的教育追求,采用

"课堂教学＋项目研究＋实践教学"的培养模式,除传统设计基础理论、设计基础知识、现代设计实践(包含各类专业技能)等课程的设置,十分重视专业实践、专业实习等课程,与各类设计相关的公司与机构建立长期合作的实习基地,对学生进行专业实训。通过实践、实习类课程的专业实训,重点提高学生的自主学习能力、研究能力、分析解决实际问题的能力和创新创业能力。

(二)专业协同,搭建孵化平台

学院结合自身学科专业特点,遴选具有实践及市场运作经验的专业教师组成"双创"教育校内导师团队,对接企业,形成校内校外双导师;建设美术学院大学生创新创业基地,建立各类实践区,以此为孵化平台,打破学科界限,更加重视市场分析与实践,培养学生创新创业能力。

(1)数字造型与设计综合实践区。数字造型与设计综合实践区充分整合各专业中的设计综合运用,在计算机辅助设计和虚拟现实、产品制作工艺和工序、制作分工和协调组织等方面对学生进行分类别、多渠道的引导。积极鼓励学生发挥自身想象力,将课堂教学内容进行实践探索运用,同时根据市场需求所选择的创意主题和通过创业教育课堂进行创意主题拟定,让广大大学生在团队合作中进行思维发散创作,以充分激发他们的创新意识和头脑风暴运用能力。

(2)服装与服饰设计实践区。服装与服饰设计实践区实现商业销售作为一个重要的评价指标,使学生在"市场调查与分析—流行趋势对当季中高端服装品牌设计的影响—产品策划案的细化—产品的转化和实现—成品的销售方案与实践"中均增加了与市场内在关系的分析,把对商业的模拟过程变为真实的商业行为。提高学生的学习动力和实践的有效性,让学生在团队合作中进行思维发散创作,在学期间对学习的目标和就业预期更为清晰明确,提前产生职业代入感,引入商业模式,引导学生立足专业创新创业。

(3)综合绘画与材料实践区。综合绘画实践区融合壁画设计、陶艺设计、电脑制作、漆艺、装饰浮雕、装饰雕塑等多学科课程内容,鼓励学生结合产业发展需求创作,生产符合大众消费需求的产品。鼓励本专业学生参加教师横向课题,引导学生结合社会需求热点,交叉学科创新创业。指导学生从单一的浮雕壁画中扩展至墙绘等表现形式,真正立足于专业创新创业从而满足大众消费。

(4)立体造型实践区。立体造型实践区依托雕塑方向的相关立体课程教学实验室与校外教学实训基地对接相关学科的立体成型需求打破学科界限,以"立体造型"为切入点,发挥各学科创作优势,从产品创意、软件应用、实物制作等方面对学生的创新点进行培育辅导,该区涉及美术学与设计专业中的雕塑、产品设计、设计造型、漆立体制作、饰品、动漫手办、陶瓷等领域,实现了各专业中的"立体造型实现课程"的无缝对接,帮助学生从概念设计到立体造型产品的制作生产。

(5)漆艺传承与创新实践区。漆艺传承与创新实践区以跨界的方式令传统漆艺与不同学科、材料融合,提倡多种材料综合应用、多元化的艺术实践,通过方案设计、企业对接、成品制作、成果展示等多种形式强化学生创新实践能力,鼓励学生运用现代科技手段进行现代创新创意实践、传统特色工艺实践,对空间造型、日常生活等领域的多种可能性研发,帮助学生把创意转化为创业,最终实现创意产品带动创新创业。

(三)打造展示平台,完善实践教学体系

2013年以来,学院积极完善实践教学体系,全力打造"阅水成川——毕业季美术作品展"展示平台,向社会展示学院人才培养成果的同时,也展示高校文化创新创意产业独特的人文深度与文化魅力。这不但是学生毕业作品展出的盛会,也是学院创新创业团队的产品发布会,吸引了大量企业、投资公司及艺术专业从业人员和用人单位现场参与,得到了社会各界的充分肯定,成为每年福建省艺术界有影响的一大盛事。

三、思考启示

美术学院将继续依托学科专业优势,进一步完善实践教学体系,将创新精神、创业意识和创新创业能力培养纳入教学,引导学生在专业学习中激发创新创业想法,将课堂所学知识技能应用于创业思考,通过实践实现创意成果转化。建立起多层次、立体化的互动型课堂,推动教师在专业教学中有机融入创新创业教育的理念与思想,促进专业教育与创新创业教育有机结合,从源头上激发学生创新创业的热情与活力。

美术学院将努力打造开放、共享、共赢的跨学科的教学平台,强化创新创业实践,提升创新创业指导水平,加强校企合作,打通最后一公里,继续完善校内导师与校外企业导师相结合共同指导的双导师制。进一步汇聚、整合校外资源,加强校地、校企合作,做到校内外就业创业服务的无缝对接,更好地帮扶项目落地运营。

(美术学院　张栋斌　王鑫)

构建"五四三二一"工作体系
打造创新创业教育升级版
——生命科学学院深入推进创新创业教育改革

一、品牌内涵

长期以来,福建师范大学生命科学学院高度重视创新创业教育工作,以培养创新能力、提升综合素养为核心,立足专业特色,依托学科、科研、平台等优势,扎实开展创新创业教育改革,形成了常态化、制度化的"五四三二一"创新创业教育工作体系。

基于此体系,学院创新创业教育工作取得显著成效。师生在各类创新创业竞赛中屡获佳绩:获"挑战杯"国赛一等奖等奖项13项、省赛一等奖等奖项31项,"互联网+"大学生创新创业大赛国赛、省赛银奖等奖项3项,中国(福建)女大学生创新创业大赛一等奖等奖项2项,全国大学生生命科学创新创业大赛一等奖等奖项3项,全国大学生生命科学竞赛二等奖等奖项3项。学生积极申报创新创业训练(实践)计划项目,累计获国家级立项48项、省级立项47项。"生化精细工业科技创新团队"荣获2015年度大学生"小平科技创新团队"(全国仅有50支),是福建省唯一入选高校。此外,学院积极探索推进科研成果产业化,成立福建净生元环境技术服务有限公司、福州科力恩生物科技有限公司等数十个师生共创公司。

二、经验做法

(一)落实五个保障,提供全面支持

一是组织保障。实施"双组长制"的"一把手工程",成立创新创业领导小组和工作小组。领导小组负责全面统筹规划协调,工作小组负责具体跟进执行,从组织上保障创新创业教育工作的有序推进。二是制度保障。学院先后制定《生命科学学院关于进一步加强学生科技创新实践活动的若干决定》《生命科学学院关于加强大学生创新创业工作和学科技能训练工作的实施办法》等激励制度,充分调动师生参与创新创业的热情。三是资金保障。对实战型项目、初创型项目、实训型项目或其他重点培育项目,分别给予不同经费支持和奖励,对参加竞赛类的团队给予活动经费和参赛经费支持。四是场地保障。为学生开展创新创业活动提供场地支持,组建创业孵化办公室和创新创业工作坊。五是服务保障。主动提供从商业计划书撰写、模拟路演到创业孵化等各项服务。

(二)搭建四类平台,强化"双创"实践

一是科研实验平台。推动学院教育部工业微生物工程研究中心、南方生物医学研究中心等一大批高层次科研平台向学生开放共享。开展"实验室开放日"活动,鼓励学生从大一开始进入实验室,激发学生从事科研创新活动的兴趣与热情。以"个性化培养周"为契机,将低年级学生进入实验室时间前置,高年级学生进入实验室全覆盖。二是社会实践平台。利用校外实践教育基地、创业示范基地、实习基地等,积极开展社会实践教育,让学生在实践中提高创新创业能力。三是竞赛训练平台。广泛开展"科技节""科研之星评选"等科技赛事和活动;提高"挑战杯""互联网+"创新创业大赛等各类竞赛的参与度;以创新创业训练为牵引,扩大项目覆盖面,为后期项目的遴选培育提供基础。四是创智共享平台。通过组织创新创业论坛、沙龙、讲座等活动,分享相关经验心得,为学生积极投身创新创业、提升综合素质与能力提供指导和建议。

(三)形成"三好"模式,汇聚强大合力

动员全院力量,集中优势资源形成"好导师—好项目—好学生"的"三好"模式,这是学院长期坚持的创新团队培养模式。召开创新创业教育工作推进会,积极宣传、广泛动员,激发教师的责任意识;通过个别座谈和深入实验室,充分挖掘具有一定科技含量和市场前景的项目,遴选一批科研能力突出且具有创新创业热情的专业教师负责项目运行。做好导师、项目和学生之间的联结,鼓励硕士生、博士生领衔项目,有组织、有计划地通过"拔尖班""卓越工程师培养计划"等途径选拔一批综合素质高的学生进行项目实验、操作运营。此外,形成创新创业学生库,不断吸纳优秀人才入库,利用教师的科研项目和高年级学生的"传帮带"作用,实现梯度人才培养模式,构建可持续发展的团队。

(四)依靠两支队伍,实现专业指导

整合校内外资源,建立校内—校外"双导师"队伍。由本专业教师提供校内技术支持,包括制定规划和措施、提供指导和服务、组织督促和检查;由擅长企业管理、市场营销的专业教师为创业实践活动进行全程指导,开展"创智"培育工程。

聘请校外创新创业教育专家、杰出校友和企业家担任学院创新创业导师,与多家知名企业签订合作协议,深入推进校企合作,促进学生创新创业能力提升。

(五)聚焦一个目标,推动产业落地

秉持"以创新驱动创业"的理念,鼓励科技创新,倡导将科研成果和专利转化为创业项目,通过有力的保障、多样的平台、良好的模式、专业的指导,联合推动产业落地,有效打通创新到创业"最后一公里"。建立强大的研究、开发、生产一体化的"产学研"优势体系,与企业、科研院所等通力合作,促进技术创新所需的各种生产要素有效组合,促使更多专利成果投向市场、转化为产品和商品。实施分类考核评价,鼓励教师积极参与科技成果推广,在企业中担任技术顾问,并按规定享有相应的收益和奖励。

三、思考启示

(一)创新创业教育要以立德树人为导向

基于立德树人根本任务,构建知识传授、能力培养和价值塑造"三位一体"的教育模式。注重对学生的价值引领,培养学生的创新创业意识和精神,引导学生在创新创业中增长智慧和能力,自觉增强责任感和使命感,主动用所学所长服务国家战略需求和经济社会发展,为社会和民众谋福祉。

(二)创新创业教育要贯穿人才培养全过程

创新创业教育是一项长期、系统的工程,需要贯穿人才培养全过程。积极推进创新创业教育与专业知识教育的深度融合;转变"创新创业教育只是少数老师或部门的任务"的观念,引导每位教师自觉担负起培养创新型人才的使命和责任;扩大创新创业教育对象覆盖面,普及每位学生,而不仅仅是部分有创新创业意愿的学生,努力造就大众创业、万众创新的生力军。

(三)创新创业教育要坚持"三创"融合

创新创业教育要坚持创意、创新和创业"三创"融合的教育生态系统。发挥产学研合作教育模式优势,充分利用企业、科研机构等单位在人才培养方面的优势,把传授知识为主的教育与直接获取实际经验、实践能力为主的生产、科研实践有机结合,从根本上解决学校教育与社会需求相脱节的问题,增强学生的社会竞争力和创新创业能力。

(生命科学学院 苏筱薇 吴志锋 陈晓峰)

深入实施"三三四"工作法 扎实开展创新创业教育

——地理科学学院创新创业工作实践

一、品牌内涵

福建师范大学地理科学学院在学校的正确领导和大力支持下,紧紧围绕立德树人根本目标,深入实施"三三四"工作法,扎实开展创新创业教育,学生的创新精神、创业意识和创新创业能力明显增强,投身创业实践的学生显著增加,学院学生在各类创新创业竞赛中取得突出成绩。其中,在第十五届"挑战杯"全国大学生课外学术科技作品竞赛中获一等奖和三等奖各1项,省级一等奖、二等奖各1项;在近两届中国高校地理科学展示大赛中共荣获人文地理组一等奖1项、二等奖2项,自然地理组二等奖1项,同时在第三届大赛中还荣获最具学术性主题奖及最佳组织奖;在校第四届"互联网+"大学生创新创业大赛决赛中获得二等奖2项、三等奖2项、优秀奖1项。三年来,学生获批大学生创新创业训练计划项目139项,连续三年申报数和立项数均为全校第一。

二、主要做法

(一)营造三种氛围,形成强大合力

(1)激发学生主体性,营造自觉投入氛围。学院加强思想引领,通过"新时代新青年新使命"专题辅导报告,深入学习领会习近平总书记给第三届中国"互联网+"大学生创新创业大赛的重要回信内容和有关讲话、指示精神,切实增强学生责任感和使命感,激发学生内生动力,让投入创新创业成为学生的自觉行为。以2018年为例,2016级生态学专业全班共33人,几乎全员主持和参与申报了校大学生创新创业训练计划项目,获批17项。

(2)调动教师积极性,营造参与为荣的氛围。学院一方面通过教职工大会等广泛宣传、组织学习,让教师们充分认识创新创业教育工作对于学生及学院发展的重要性以及教师参与指导学生创新创业教育的必要性;另一方面,将学院教师创新创业指导工作与绩效考核、职称评聘相挂钩,树立鲜明导向。

(3)增强学院主导性,营造重点品牌氛围。学院将创新创业教育,尤其是学生科技创新大赛作为学院学生工作重点扶持和培育的品牌。学院成立创新创业工作领导小组,由党政主要负责人担任组长,高质量地做好顶层设计,统筹决定重大事项;实施政策照顾和资源倾斜,在人员、场地、经费等方面予以优先保证;突出创新创业宣传,充分发挥美丽地理微信公众号、微博、《青年地理学刊》、学院宣传栏、宿舍文化走廊等线上线下载体作用,以大幅版面提供大量信息、大量报道,形成强大的舆论氛围。

(二)夯实三大基础,提供源泉动力

(1)健全课程体系,夯实专业基础。一是积极调整人才培养方案和专业课程设置,增加与创新创业教育相关的课程,开设创业政策解读、创业技巧训练等课程或专题讲座。二是积极促进专业教育与创新创业教育有机融合,引导和要求教师挖掘各专业课程中的创新创业教育资源,在传授专业知识的同时加强创新创业教育,实现创新创业课程到课程创新创业的转变。三是在教学和考核方式上积极开展探索和改革。在教学上,提倡和广泛运用启发式、讨论式和参与式教学;在考核上,注重考查学生运用知识分析、解决问题的能力,激发创新创业灵感。教学改革的成果之一"生态地理学科融合,构建'五位一体'协同育人的创新型人才培养体系"获校优秀教学成果特等奖、福建省教学成果一等奖。

(2)搭建基地平台,夯实实践基础。一是加强实验室和各类平台建设,学院现有国家级地理学实验教学示范中心,国家级大学生校外实践教育基地、湿润亚热带山地生态重点实验室省部共建国家重点实验室培育基地各1个,另有省部级教学科研平台8个。二是加强实践基地和实习基地建设,学院现拥有福建省长汀县水土保持科教园、闽江河口湿地等校外各类实践基地和实习基地18个。三是依托"挑战杯"大学生课外学术科技作品竞赛和创业计划竞赛、"互联网+"大学生创新创业大赛、大学生创新创业训练计划项目、中国高校地理科学展示大赛等学科专业类竞赛,不断提升学生创新创业意识,激发其创新创业热情。

(3)加强科学研究,夯实学科基础。学院目前拥有地理学、生态学两个一级学科博士点和两个博士后科研流动站,自然资源学、地图学与地理信息系统等7个二级学科博士点,城市与区域规划、土地资源管理、学科教学(地理)等8个硕士点。在教育部组织的全国第三轮(2012年)学科评估中,地理学位居第九名;在全国第四轮(2017年)学科评估中地理学、生态学分别进入B+、B-的行列。

(三)建立健全四大机制,促进成效显现

(1)建立健全上下结合的项目产生机制。经过多年的积累和探索,学院建立了"自上而下"与"自下而上"相结合的项目产生机制,即挖掘教师研究项目与学生创新创业项目的结合点,以自上而下的传导形式产生项目;另一方面,关注收集学生日常学习后的反思及反馈,及时发现其创新创业思想的闪光点,并将其进行整合梳理,由专业相关教师加以提点指导,自下而上地推动项目产生。

(2)建立健全帮传带科学传承机制。一是在研究生进导师团队和实验室的基础上,遴选优秀低年级本科生进入学院省部级以上实验室,与导师、研究生共同学习研究,形成"导师+研究生+本科生"共同体。二是加大本科生导师配备力度,全体学生实现全员配备导师。三是对于重要比赛,学院每届都会召开宣讲会、推介会和总结会、交流会,通过这些活动,反思不足、传承好经验好做法。

(3)建立健全榜样示范典型带动机制。针对在创新创业方面取得突出成绩的师生,一方面通过学院官方媒体(网站、微信公众号、微博等)、表彰大会等方式给予广泛宣传,深入人心。另一方面,将其创新创业历程、科学方法途径等形成经验,汇编成册,用于启发指导其他创新创业团队。再者,汇集这些师生组建成学院"创新创业智库",邀请其担任"朋辈创新创业训练导师"。

(4)建立健全组织保障机制。一是制度保障。学院制定了《地理科学学院学生科技创新活动管理暂行办法》《地理科学学院学生学年综合考评评分细则》《优秀毕业生评选实施细则》,在学生中树立了鼓励创新创业的鲜明导向。二是经费保障。学院对于参加校级以上比赛的项目给予1000~5000元的资助;对于获奖的学生,根据获奖不同层次,给予800~10000元的奖励;对于指导教师根据学校的奖励办法予以相应配套奖励,为创新创业活动的开展提供了充足的经费保证。三是场地保障。学院斥资数万元建设了创新创业工作坊,在学生宿舍区装修了5间多功能教室,较好地满足了学生创新创业的场地要求。四是渠道保障。学院搭建了创新创业贴吧、创新创业QQ群、创新创业微信群等信息平台,拓宽信息发布和经验交流的平台,让广大学生能够及时了解掌握校内外各类创新创业信息,积极投身创新创业活动中去。

三、今后将进一步加强和改进的计划

(一)充分发挥第二课堂作用

通过第二课堂多样化的创新创业实践活动,实现不同专业、不同年级学生的自由交流,在全院形成浓郁的创新创业文化氛围,扎实推进学院创新创业教育工作的深入发展。

(二)建立大学生创新创业孵化基地

发挥地域优势,依托学院校外实践实习基地,创建大学生创新创业孵化基地。通过组织特色社会实践活动,打造一个学生与社会全方位接触的平台,努力做到培养一批、推荐一批、带动一批。

(地理科学学院　邱海锋　林峰)

聚焦双创教育 培育双创人才
——经济学院双创人才培养体系建设

一、品牌内涵

党的十八大以来,国家高度重视创新创业教育,要求把双创教育融入高等学校人才培养,为建设创新型国家提供人才智力支撑。福建师范大学经济学院紧随时代主旋律,主动适应发展新趋势,围绕"资源共享、合作办学、合作育人、合作发展"的基本思路,形成了以创新创业为导向,以学生科技创新协会为主角,以"挑战杯"竞赛为龙头,以校园文化建设为载体,以校地企多方共建为平台的长效运作模式,致力于创新创业人才的培养。

几年来,经济学院创新创业团队在各类高水平竞赛中屡获佳绩,成功地蝉联了第八届、第九届、第十"挑战杯"全国大学生创业计划竞赛金奖,获得了第十四届"挑战杯"全国大学生课外学术科技作品竞赛特等奖,在福建师范大学办学史上率先实现高级别竞赛最高奖项零的突破。此外,在福建省首届青年创新创业大赛二三产业意向创业组和第五届全国大学生电子商务"创新、创意及创业"挑战赛福建赛区选拔赛上,经济学院队伍均斩获一等奖,在全国大学生沙盘模拟经营大赛中同样力拔头筹,屡获佳绩。

学院还涌现出了一大批优秀的青年学子典型,其中,2010级学生苏丽惠获2013年度"中国大学生自强之星"、福建省大学生"创业之星"标兵;2017年中国大学生年度人物丁中贤荣获第十届中国青少年科技创新奖并在人民大会堂接受了刘延东、李源潮等党和国家领导人的亲切接见;毕业学子郑旺泉创立"福建富民云咖信息科技有限公司",深耕院校合作,为企业和学生搭建优质服务的"才咖"平台,成功解决了毕业生"双创"与企业用人需求问题,在创造大量就业岗位的同时也产生了较为长远的社会影响。

学院创新创业成果取得了良好的社会反响,得到了中国青年网、福建日报、新浪财经等主流媒体的多次关注和报道。《光明日报》《中国青年报》等权威媒体和搜狐、新浪、海峡网等门户网站,还对学院苏丽惠、丁中贤、鲍春洲等同学创新创业的典型案例进行了专题报道。

二、经验做法

(一)完善配套支持体系,健全人才服务机制

一是整合校内资源。学院通过组建优质的导师团队,依托福建师范大学区域经济综合竞争力实验中心、经济与管理实验中心等为学院社会型创新服务团队提供环境优越、设施完备的研究和活动场所。学院每年还拨付专项经费用于团队活动开支,健全软硬件配套设施建设。二是加强院企合作。学院联合中大期货、道名资本等一些校外企业携手成立了"福建师范大学 E 青年创业学堂",实施"大学生创业导师计划"。同时,邀请知名企业家、投资人、行业专家等担任创业导师,定期举办专题讲座,加强学生与企业精英交流互动,为学生提供基本经验和实践指导,营造创新创业实践的良好氛围。

(二)发挥协会主体作用,深入推进双创实践

一是结合专业特色开展有针对性的课外科技创新活动。学院目前已形成了各具专业特色的 5 个创新协会,并由专业负责人带领指导,通过财经精英沙龙、沙盘模拟训练、电商创业沙龙等各种实践活动,锤炼学生的创新创业能力。二是通过学科交叉融合激发学生创新思维。协会积极推动跨学科人才的交流融合,通过举办各类比赛和定期分享会,激发学生创新思维的火花。

(三)紧跟国家发展战略,服务经济社会发展

学院将创新创业人才教育培养、学生创新创业实践与国家发展战略、技术和产业发展趋势紧密结合,比如,响应国家工业理念创新农业生产方式的政策号召,学院创业团队成立了服务于发展现代农业的麦克艾格生物工程有限公司,解决了生猪生产面临的精饲料紧缺和粪便污染问题;响应环境保护市场化政策号召,学院依托校微生物发酵技术创新团队开发了净生元项目,取得了良好的实际效益。

(四)构建有效激励机制,传递双创精神火炬

一是设立奖学金支持双创人才。学院设立了创新创业类专项奖学金,陈征学术基金等,在评定奖学金时优先考虑科研竞赛获奖者,鼓励学生积极参与"互联网+""挑战杯"等创新创业竞赛,在竞赛中不断学习成长。二是树立典型鼓励双创实践。通过开展"经院好学生""创业之星"评选等活动,选树创新创业典型,发挥示范效应,激励学生将双创精神火炬传递下去。

三、思考启示

（一）顶层设计是关键

学院把大学生创新创业教育作为重点工作摆上议事日程，成立了以党委书记、院长为负责人的领导小组，统筹教学、科研、学生工作等各个系统，对创新创业工作进行顶层设计、指挥协调和督促检查。通过制订年度工作计划、遴选创业项目、确定项目清单、组建参赛团队、选聘指导教师、制订实施方案，不断完善创新创业教育工作体系。学院的高度重视提高了资源整合的效率，也推动了学院内部的创新活力，使创新创业工作焕发生机。

（二）内部合力是基础

在项目指导方面，学院辅导员团队全程参与指导学生创新创业活动，帮助学生团队建立组织架构、工作制度、工作计划，结合顶层设计协助学院构建一批具有实践经验的高质量导师队伍，并对接专业导师指导学生开展学术创新、课题立项、项目调研、商业路演，形成从学术创新到实践调研再到商业实践的完整辅导体系，为学生点亮创新创业明灯。在后勤保障方面，学院通过建立和完善参加创新创业活动学生的学业激励、物质奖励和资源保障机制，切实解决学生的后顾之忧，确保学生专心参赛和创业。

（三）外部力量是支撑

创新创业教育绝不只是高校内部的事，还需要社会各界的大力支持。学院在国家创新战略的推动下，积极深化创新创业教育改革，并与企业进行人才合作，助力双创人才落地实践，推动创业团队项目孵化。通过校内外资源的整合，使学生获得更好的设施条件和更高的创新平台，在创新创业的道路上走得更稳、更快、更远。

（经济学院　许琛　张清国）

独立学院大学生创新创业培养模式新探索
——以"筑梦空间"大学生创业园为例

一、品牌内涵

福建师范大学闽南科技学院"筑梦空间"大学生创业园成立于2014年12月,包括美林校区文化创意园和康美校区科技创业园,共有3000多平方米,累计投入250余万元进行软装,可容纳创业项目40多个,共有100个工位。园区内设立"创意室""综合服务大厅""创客办公区""路演区""洽谈区"等功能区。学院大学生创业园区的组长由院长和党委常务副书记担任。创业园的58名创业导师,16名校外创业指导教师由学院辅导员团队专门负责管理,学院每年为创客开设40多场创新创业讲座。目前,创业园内正在孵化的创业项目共27个,其中毕业生人数48人。

闽南科技学院"筑梦空间"在2014年4月被评为南安市大学生电子商务创业孵化基地,2016年9月被福建省人社厅认定为"福建省高校毕业生创业孵化基地",并给予40万元扶持资金。2017年12月被授予福建省巾帼众创空间示范基地称号。2018年1月认定为泉州市B级众创空间示范基地。

(一)创业孵化成果显著

"筑梦空间"大学生创业园先后孵化了50多个项目,其中20个项目已走向市场。学院2017届英语专业学生黄文英,其结合南安水暖行业开发创办的南安康美奈斯卫浴洁具厂,年营业额1500余万元,该项目获得2017年福建省大中专毕业生创业省级资助项目。2014级服装设计与工程专业学生陈诺创办泉州两个人贸易有限公司,年营业额近300多万元。2014级电子信息工程专业学生张长泉同学研发的"智启锁帖"项目被评为泉州市"2016年度十佳创客项目",并于2017年1月获得专利。2015级电子信息工程专业学生刘礼洋同学研发的"智能型扭转传感器检定仪"专利实现了南安光伏产业对接成果转化。

(二)开展创新创业竞赛

让学生通过参加校内创业大赛"以赛代训"。引导学生参与"挑战杯"等各大竞赛,近三年来,闽南科技学院学生在"挑战杯"大学生创业计划竞赛中获国赛铜奖1项、省赛金奖2项、省赛银奖6项、省赛铜奖6项,以及省赛优秀奖若干项;获"挑战杯"大学生课外学术科技作品竞赛省赛"二等奖"3项,省赛"三等奖"7项,优秀奖若干项;获31个国家级大学生创新创业训练计划项目及202个省级大学生创新创业训练计划项目。在各类竞赛中学生荣获国家级奖项380多项,其中在第三届全国大学生光电设计竞赛中荣获一等奖1项、三等奖1项;在第七届"华为杯"中国大学生智能设计竞赛全国总决赛中荣获一等奖2项、二等奖1项(唯一一所获得一等奖的独立院校);在"新华三杯"2017年全国大学生IT技术大赛中荣获一等奖1项、三等奖5项。

(三)打造新型创业模式

与南安及周边近180家企业建立校企合作关系。探索出特色校企合作的两种模式:一是实体公司运作模式,泉州闽腾网络科技有限公司是学院"筑梦空间"与泉州速腾网络科技有限公司合作的创业实战训练平台,学生在企业管理人员指导下,完成相关的实践任务,毕业后共同合资创业。二是校企联合设立研究所,如与恒安集团联合研发出的"脱硫灰资源化"促成了企业经济转型升级。

(四)通过创业带动就业

"筑梦空间"大学生创业园每年与泉州市科技培训中心等机构举办多种创业培训活动,为更多有创业意愿的学生提供创业指导和支持。学生的就业竞争力不断增强。2015届、2016届毕业生就业率高达100%,2017届毕业生一次性就业率达98.62%,就业质量和就业层次稳步提升。

(五)构建创新创业文化

"筑梦空间"大学生创业园形成了政策扶持、创业培训、创业服务"三位一体"的工作机制。并由校内外联动指导学生创新创业,以项目为载体组建创新创业团队开展实战,通过园区孵化,在经营管理等方面让创业者得到锻炼与提高。

二、经验做法

(一)以课程为基础,夯实知识结构

学院从2016级新生开始开设《创新创业》必修课。不仅组建了一支专兼结合的创新创业教学师资队伍,而且在教学方法上采用分组、合作、探究的教学模式,培养学生的创新能力,提升创新创业的综合能力。

（二）以园区为平台，加速创业孵化

学院在"筑梦空间"大学生创业园区内着力打造"创意室""创业苗圃""创客区"的"三点联动"平台。学生创新创业的灵感在"创业苗圃"中经过校内指导老师的专门指导，形成创业商业计划书后又经过校内外导师两轮评审筛选和路演评估等环节后最终可进入"创客区"。对入驻项目，除配备导师进行实战演练孵化，还会进行精准帮扶和创业基金支持。

（三）以社团为依托，构建筑梦平台

"筑梦空间"大学生创业园以系为单位组建创业俱乐部，并组成校内创业导师团队，由学院为每个校内创业团队配备校内创业导师和校外企业导师各一名。每年，优秀创业团队可入驻"筑梦空间"进一步孵化培养，并通过募集创业基金等方式，为青年学子的创业梦想提供有力支撑。

（四）以作坊为阵地，打通专业壁垒

"筑梦空间"大学生创业园设有电子实验作坊、服装设计作坊、影视传媒工作室等。"作坊"式的创业平台，打破大学生创新创业的专业局限性。在"作坊"中把创意设想转化为现实，有效地提高学生的创新能力。

（五）以激励为导向，营造良好生态

入驻期限（一个学期）内项目合格者，给予相应的学分置换和资金奖励，促成项目转化；而考核不合格者则退出创客区，这种优胜劣汰的竞争机制提高了创客积极性，促进创业项目落地。对每学期筛选出的"十佳创客"进行重点孵化，催发创业项目的生根发芽。

三、思考启示

"筑梦空间"大学生创业园在目前取得的初步成效，是广大创业学子、创业导师、校外企业单位共同努力的成果。下一步学院将在创新创业人才培养工作上采取"双重保障"措施。一是"空间保障"，整合完善各系（部）工作坊，进一步完善创意室，助力学生创业成长。二是"孵化保障"，利用"点、线、面"结合的校企合作模式，开展政、校、企三方联动的产学研合作，合力打造优质创业导师队伍，与南安市工商局、国税局、南安农商银行等单位密切合作，对接创客项目工商注册、免息贷款、政策引导、资金扶持等，更好地实现孵化创业项目落地，为青年学子"筑梦""逐梦"保驾护航。

（闽南科技学院　俞建群　陈章宫）

新时代创新创业教育平台的建设与探索
——福清分校榷场大赛活动品牌建设

一、品牌内涵

(一)品牌背景及历史沿革

榷场大赛作为福建师范大学福清分校的全校性营销技能竞赛,自2009年以来已成功举办十届。榷场大赛由在校生自行组队,通过市场分析寻找适销对路的货源,并综合运用各种营销方式进行产品宣传和销售。榷场大赛致力于增强学生的实践能力,营造一个理论教学和专业实践有机结合的校园学习氛围,提升学生整体素养。不仅如此,榷场大赛还是学生奉献爱心的平台,深入贯彻了"敢拼会赢,乐善好施"的福建精神,体现了学校学子重实践、好拼搏、献爱心、知感恩的美德。2016年,榷场大赛获福建省首批大学生思想政治教育创新示范项目立项支持。

(二)榷场大赛的工作成效

一方面,学生通过亲自参与榷场大赛,在实践中真正领悟创业的艰辛及创业所需的顽强拼搏、公平正义、诚实守信等精神,这也是社会主义核心价值观的重要体现,进一步加深大学生对社会主义核心价值观的理解,使社会主义核心价值观能够真正内化于心,外化于行。同时,通过让学生参与榷场大赛,使学生走出宿舍,加强人际交流,缓解学习压力,丰富校园生活。另一方面,榷场大赛着重于"关爱社会,回馈社会"的爱心活动。每一届的榷场大赛都致力于爱心活动的宣传,激发大学生乐于助人、乐善好施的社会责任心。

(三)榷场大赛的规模效应

榷场大赛不仅在规模上一届比一届庞大,在交易盛况上也是一届比一届红火。第一届开办于2009年,共有参赛队伍60支,交易额为2.3万元。2010年参赛队伍扩展到89支,两日间交易额增至12万元。2012年,主办方在宣传方面做足了准备,参赛队伍达到了 180 支,在交易额上获得了 16.3 万元的进步。2014 年,参赛队伍高达 196 支,两天交易额达到空前的 17.5 万元。往后几年,主办方都将参赛队伍控制在 70 支左右,交易额稳定在 16 万元左右。

(四)榷场大赛的媒体效应

榷场大赛自 2009 年开办以来逐步受到各界媒体的关注,先后在中国青年报、福建日报、人民网、福建省教育厅网站、东南网、福建教育台等媒体上转载报道,对校园文化建设以及学校的对外宣传起到了极大的促进作用。2011 年中国青年报上刊登的《校园练摊比赛体验"微创业"》报道福建师范大学榷场大赛赢得了各大报纸和网络的广泛转载。榷场大赛不仅对在校大学生专业实践以及体验"微创业"具有重大意义,它同时在实践中教育学生回馈社会,关怀弱势群体,担负起大学生所应承担的责任。

二、经验做法

(一)榷场大赛的组织架构

每届榷场大赛专门成立筹备小组,设定相关岗位,分工明确,各司其职。筹备小组以市场营销专业的学生干部为主,由经验丰富的大三学生牵头举办,大二的学生作为主力军,大一的学生作为辅助。榷场大赛有专门的指导老师作为筹备小组的顾问,主要负责指导榷场大赛举办过程中遇到的困难,同时关注榷场大赛的举办进程并控制预算经费的开支等情况。

(二)榷场大赛的比赛环节

学校历届榷场大赛流程主要分为五个环节,分别是"预赛""开幕式""限时销售""人气比拼"和"参赛日志"。

"预赛"环节要求每个参赛队伍提供较为全面的项目市场分析,主要展现参赛团队的营销策划能力。"开幕式"则是主办方现场安排形式多样,精彩纷呈的节目。"限时销售"是榷场大赛的"重头戏",要求参赛队伍两天内在主办方搭建的"店铺"进行产品销售,主办方抽取部分营业额作为爱心基金捐赠给市光荣院和孤儿院。"人气比拼"环节,消费者可根据消费情况进行现场抽奖并为参赛者投票。最后一个环节是"参赛日志",要求参赛团队提交参赛心得总结经验供下一届做参考,同时优秀的作品团队还能得到相应的加分。2018 年第十届榷场大赛首次开发网上榷场大赛,参赛者可通过微信报名、线上投票、线上商城进行销售,同时新增"黄金摊位"概念,提高了参赛选手的积极性及宣传力。

三、思考启示

榷场大赛是学校有效贯彻落实中央和省关于"大众创新,万众创业"战略部署的具体实践,传承"敢拼会赢,乐善好施"的福建精神,提升学校青年学生专业素养,促进大学生思想道德健康成长。为了使榷场大赛更好地发展和完善,最大限度地给予学生专业实战历练的机会,满足学生"微创业"的需求和渴望,加强高校校园文化建设,在往后榷场大赛的举办以及运作中狠抓落实以下四大方面:

(一)把握方向,加强指导

指导老师作为榷场大赛的引领者和监督者应该加强对榷场大赛的指导,特别在活动负责人的选定上,应该对其领导能力、榷场实战经验、群众认可度等进行全面审核,并对其进行必要的引导和培训,鼓励其大胆、富有创造性地开展榷场大赛工作。同时作为榷场大赛的引导者和监督者还应该把握好榷场大赛发展的方向,引导榷场大赛以专业实践和回馈社会为重点来开展工作,为校文化内涵建设增添浓重一笔。

(二)优化分工,加强合作

榷场大赛作为学校的品牌活动,它在未来的发展趋势势必朝着更高水平,更高层次的方向发展。优化分工是榷场大赛良好运作的基础;加强合作是榷场大赛圆满开展的要求。团队的凝聚力要求榷场大赛总负责人在团队的管理上要具备一定的经验和能力,良好的管理人员能将团队的战斗力提升到更高的层次;而团队的配合则要求榷场的主办团队应该具备良好的沟通能力,在负责本职工作的同时能更好地协助其他团队人员的工作。

(三)做足宣传,完善制度

榷场大赛成功举办了十届,在校内外引起了极大的反响。许多同学都发出"大学没有参加榷场是不完整的"感慨。所以为了榷场大赛更好地发展,在最初宣传上,应积极宣传榷场大赛对参赛选手的实践意义;在参赛选手方面,主办方应加强对活动形式、活动内容的宣传;在赞助商方面,应与赞助商明确合同协议,积极为同学们谋取福利;在外媒方面,积极宣传活动实践意义以及社会责任意义。同时榷场大赛在现场的安全用电、车辆和人流量规划等也应该做出更行之有效的应变措施,以保证活动有序开展。

(四)创建品牌,增添内涵

一个品牌的成功推出,最关键的还是品牌内涵的升华。榷场大赛一贯的宗旨是提升学生实践能力和爱心行动,除了"微创业"在第三届榷场大赛将榷场大赛的品牌内涵进一步提升外,如今榷场的品牌内涵发展又再升级为"创客"阶段,新的品牌内涵是榷场大赛的宣传点,更是榷场大赛发展的关键点,未来我们将进一步升华榷场大赛的品牌内涵,紧跟新时代对人才素质的新要求,传承好优良创业精神,打造文化育人精品活动。

(福清分校　庄金勇)

第四章 04

学风建设

——在勤学善思中激活成长动力

篇 首 语

　　学风既是大学精神和文化的集中体现,是衡量和评价一所大学办学品位、育人环境、社会声誉的重要标志,是大学的立校之本、发展之魂。习近平总书记指出:"要坚持不懈培育优良校风和学风,使高校发展做到治理有方、管理到位、风清气正。"优良学风是大学提高教育教学质量的根本保证。福建师范大学一直致力于优良学风建设,坚持教育引导与规范管理、严格要求与人文关怀相结合,扎实推进辅导员巡课与联系任课教师制度、"免监考班级"制度、学业预警制度等制度建设,积极开展第二课堂活动、学术诚信教育、"两早一晚"活动和学风建设督导等学风建设活动。多年来,福建师范大学充分发挥制度的约束、激励和干预作用,各学院积极响应,一线教师大力支持,广大同学全员参与,全校上下逐渐形成共建优良学风合力,勤奋、严谨、求实和创新的良好学习风气,已外化为学生的学习行为习惯,内化为自觉的学习行为准则,从而构建了学风建设的长效机制。

让校园开遍诚信之花
——免监考班级建设

一、品牌内涵

为进一步培养并强化学生的诚信自律意识，充分调动学生学习的积极性和主动性，培育良好班风、学风、考风，2007年5月，福建师范大学在广泛调研的基础上，开始启动"免监考班级"建设，经过11年的实践与探索，学校先后共有406个班级被评为"免监考班级"。这些免监考班级充分发挥了在学风建设方面的榜样作用，培育学生诚信自律的品质，优化考风、校风，展示了学校学生良好的精神面貌，让诚信之花在校园盛情绽放，成了学校思想政治教育工作中一道亮丽的风景线。

大学阶段是培养大学生自主管理、诚信自律和伦理道德等思想品格建设的关键期。免监考班级制度的建立和推广，从应试方法上加以创新，通过"自律"的方式树立大学生的诚信意识，同时也逐渐成为学校加强学生思想政治教育的一项重要举措，成为培养高素质人才的重要路径。

（一）有利于培养大学生的诚信意识

心理学家马洛斯的心理层次需求理论认为，被人尊重是人类心理需求的最高层次。诚信、信任和尊重体现了新时期大学生心理健康成长的需求。实行免监考班级制度，作为学校诚信教育的一部分，实际上是让大学生自己管理自己、自己监督自己。这是一种信任的复归，也是一种自律的检测。通过实行免监考班级制度，让广大同学充分认识到诚实守信的品德是立身之本、做人之道。

一位免监考班级的同学说道："免监考既是一种荣誉，也是一种无言的鞭策。它是学校、老师对我们的尊重与信任，也是学生诚信度的集中体现。它能让我们在诚信所赋予的广阔天空中收放自如，像雄鹰那样去展翅翱翔，从中磨炼意志、陶冶情操、培养品格。走进了免监考的教室，就是被赋予了一种神圣的责任，就应该义无反顾地去维护诚信。"实行免监考班级制度就是把对大学生严格考试纪律的外在要求,转化为自己的内在发展需求,为广大学生提供一块检验自身道德的试金石。

(二)有利于打造良好的学风氛围

学风建设是学校办学的基础性工程,学风的状况反映学校办学思想、教育质量和管理水平,也是学生思想品质、学习精神和综合素质的重要体现。对于考试作弊的现象,我国各级教育主管部门都给予了高度重视,高校也制定了具体的监考制度,并逐年加大对考试作弊的处罚力度。但不可否认,考试违规作弊现象并没有得到根本转变。免监考班级制度的推行是高校监考方式的转变和创新,它淡化了考试和分数意识,在学风上树立榜样典型,引导学生正确认识考试和分数的意义。抓好学生班级的免监考工作,实际上就是学校加强学风建设的一项重要举措。通过"润物细无声"的影响力,让优良考风促进学风,并固化为学风的一部分,进一步巩固和发扬。

(三)有利于优化高校思想政治工作环境

在以习近平同志为核心的党中央的领导下,我国各项事业的发展都取得了举世瞩目的成就,为高校思想政治工作营造了十分有利的环境。在习近平总书记教育领域综合改革的系列重要论述中,更加明确了新时代高校建设所应具有的精神面貌、治学态度和工作作风。教风是学校软环境建设的基础,优良的教学风气,让高校在校园软环境上发生转变,为良好的学习风气和氛围的形成起到促进作用,为培养社会主义合格建设者和可靠接班人打造优化的育人空间。学风是重点、是中心,是激发学生学习积极性、培养良好品格和坚强意志的集中体现。在信息爆炸的现代社会中,传统学风的养成已有固定模式和基础,新媒体的发展更能影响学校软环境的建设。新形势下,免监考班级制度的建立和不断推进深化发展,为新时代高校学风建设增添了又一重保障,适时地满足了学生的自尊需求、归属需求和成才需求。

二、经验做法

学校自 2007 年起推行无人监考制度,每年申请免监考的班级已从最初的 9 个增加到 70 多个。学校推行的免监考制度,从申报条件、考试管理到违规处理等都作出了明确规定,以规范的制度体系及全面的奖励机制引导学生自觉遵守考场纪律,推进学校学风建设的深化发展。

（一）免监考班级的申报

"免监考班级"是以自然班级为单位，在全校全日制本科学生的各种考试中，实行无人监考，由学生自我监督、诚信考试的班级，这是学校加强考风考纪教育管理的重要制度。要求申报的班级班风、学风端正，班级两委战斗力、凝聚力强，班级成员积极上进，学习氛围浓厚，班级成员均能严格遵守《福建师范大学考场规则》等考场纪律和有关规定，在申请前一学期各种考试中没有出现过违纪和作弊现象。由班级两委全体成员会议共同讨论提出，征得全班同学的同意后进行申报，由学院审核推荐，学校审批后予以公布。

（二）免监考班级考试管理

"免监考班级"自批准之日起，该班级所有成员参加的所有校内考试（公共课除外），不再安排专人监考，由班级所有成员互相监督，诚信考试。学校对"免监考班级"考场地点予以公布。学校对免监考班级授予"免监考班级"旗帜，并悬挂在该班级所在考场，同时在校内各种媒体予以宣传。"免监考班级"考务工作（含试卷发放回收等）由班长、团支部书记配合任课（主考）教师完成，考场记录单由任课（主考）教师和班长、团支部书记共同填写。学校安排专人对"免监考考场"进行抽查巡视，同时欢迎广大师生的自愿监督。

（三）免监考班级的激励

为了充分发挥免监考班级的示范作用，学校对"免监考班级"保持一学年及以上者，给予形式多样的奖励：（1）在省、校级先进班集体、"五四"红旗团支部等各项先进集体评比中，在同等条件下给予优先考虑；在校"三好学生""优秀学生干部"评选中比例增加3%，在"优秀共青团员"评选中比例增加2%，在"优秀共青团干部"评选中比例增加1%，同时在校部分先进个人评选中在同等条件下给予优先考虑。"免监考班级"保持两学年、三学年者，在校"三好学生""优秀学生干部""优秀共青团员""优秀共青团干部"评选中比例分别再增加1%、2%。（2）对班级所有成员颁发"免监考班级诚信考试证书"，并记入学生个人档案。（3）在学校年度优秀学生表彰大会上公开表彰，并一次性奖励班级活动经费1000元。（4）在下一年度的各类贫困家庭学生资助中给予优先考虑，并适当倾斜。（5）该班班主任和所在年级辅导员在年度评优中给予优先考虑。

（四）免监考班级违规处理

"免监考班级"若有考试违规现象或举报有作弊事实并经查实的，给予如下处理：（1）撤销该班级"免监考班级"资格，并予以校内通报。（2）取消该"免监考班级"当学年度各级各类班集体评优评先资格。(3)在校"三好学生""优秀学生干部""优秀共青团员""优秀共青团干部"评选中增加的比例予以取消,并按原增加的比例降低同样百分点。(4)考试违纪或作弊的当事人根据错误事实及认错态度,给予从重或加重一级处分。

(五)免监考制度执行情况

学生工作处、教务处、校团委等有关职能部门,以及各学院高度重视学生班级免监考工作,通过宣传栏、校电台、广播、校报、微信、微博等宣传媒体和召开各个层次的动员会等形式,广泛宣传发动,使广大同学比较好地理解实行"免监考班级"的目的、意义和做法,许多班级积极申报免监考班级。11年来,学校有406个班级被评为"免监考班级",发出班级奖励金406000元。相关做法得到新华网、福建日报等媒体集中报道。

三、思考启示

(一)以规模化带动示范作用

学校对免监考班级的大力宣传,在班级所在考场悬挂"免监考班级"旗帜,以点带面,树立典型示范班级,不断增加学校免监考班级数量,发挥规模化的引导作用,让免监考制度作为一种优秀的监考制度被更多人所接受。2017年在修订文件时,增加了对免监考班级数量的要求。要求各学院要将"免监考班级"作为学院学风建设的重要抓手,在学生班级中加大宣传、培育"免监考班级"的力度。要求每个学院的每个年级至少有1个班级申报。学生总数达到800人以上的学院,"免监考班级"数达到本学院非毕业班班级总数的50%以上、学生总数在800人以下的学院,"免监考班级"数达到本学院非毕业班班级总数的70%以上,且未出现考试违纪情况的学院,在年度优秀学生表彰大会上予以公开表彰。随之,在2017年,学校免监考班级数量达到73个,为历史最高值。让"免监考班级"不再"稀有",以规模出效应,让更多的"免监考班级"以点带面,成为带动学院学风的标杆。

(二)以过程化提升教育效力

"免监考班级"的管理,要注重过程化的教育。在学生入学伊始,辅导员就应在年级会议上,向全体同学强调考试管理方面的相关制度并传达"免监考班级"相关政策,加强对学生的诚信教育;随后,班级两委会议讨论是否参加"免监考班级",这是第一次的自我教育;班级全体成员共同讨论并在《福建师范大学"免监考班级"申请表》上签署名字,这是第二轮的自我教育;学校公布"免监考班级"名单,学生班级荣誉感增强,这是第三轮的潜在教育;每一场考试的考务工作由班委配合教师完成,全体班级成员化他律为自律,这是第四轮的现场实践;在"免监考班级"保持一学年以上,班级获得一系列奖金和荣誉,这是第五轮的激励教育。随着免监考的逐步推广,学校把诚信教育融入了学生自律和自我管理的全过程。"免监考班级"制度不仅仅是一纸文件,他体现在该项工作的每一个环节当中,保证"免监考班级"制度有效地发挥作用,提升教育效力。

(三)以人性化推动制度完善

免监考作为一种教育管理制度,需要人性化,也需要在实践的过程中不断完善。很多学校在开展"免监考班级"工作的早期,都使用了俗称"连坐"的制度,即"免监考班级"若有考试违规作弊现象的,该班级参加该门课程考试的全部学生当科考试成绩无效,都必须参加补考;同时取消该班级所有成员当学年的所有评优资格(含奖学金)。类似"一人犯错、全班受罚"的条例不仅伤害了学生的积极性、认可度,也容易引起对免监考制度可行性的质疑。学校于2014年取消了"一人作弊全班补考"的规定,在奖惩方面更加平衡,让学生卸下心理负担,自愿参与,也吸引了更多的班级申请报名,这样真正意义上达到培养学生良好品质的初衷。从2007年《福建师范大学关于试行"免监考班级"制度暂行规定》到2017年《福建师范大学"免监考班级"管理办法(修订)》,学校免监考班级建设工作在总结中不断前进,也形成了日益完善的制度,为学校优良学风的形成奠定了坚实基础,提供了有力保障。

(学生工作处　陈今园　杨晶)

明德惟馨　知行相济
——研究生科学道德与学风建设教育活动

一、品牌内涵

"大学之道,在明明德,在亲民,在止于至善"。科学道德和良好学风是大学精神的集中体现,是高校的立校之本、发展之魂。研究生是科学技术发展的生力军和后备军,加强研究生科学道德和学风建设意义重大。2011年9月,中国科协、教育部要求在全国开展科学道德和学风建设宣讲教育活动,努力营造良好的诚信学风。以此为契机,研究生工作部随即启动研究生科学道德与学风建设工作,每年定期开展主题教育活动。从2011年开始,研究生工作部按照"全覆盖、制度化、重实效"的目标要求,主题教育活动力求内容丰富、形式多样,贴近研究生教育实际,有效将科学道德和学风建设主题教育与研究生思想政治教育相结合,将科学精神、科学道德、科学伦理和科学规范宣讲融会贯穿于整个教育活动进程,融入研究生培养全过程,构建主题教育工作长效机制,强化了主题教育工作实效性,优化了学术环境,弘扬科学道德,大力推动学校研究生科学道德和学风建设工作步入新台阶。

六年来,学校科学道德与学风建设主题教育得到各学院的积极响应,研究生导师大力支持,广大研究生全员参与,学校承办省级科学道德与学风建设宣讲会,开展校院两级各类"科学道德和学风建设宣讲会""党支部、团支部、班级集中学习"、科学讨论会、学术沙龙、专家讲堂、院长论坛、"学术人生"讲坛、优秀校友报告会、风采展示、主题演讲等教育活动累计4700多场次,参与师生达30万人次。其中,不乏国内外著名专家、知名学者开展各类大型的讲座、研讨会,提升了整体学术交流水平。针对学院开展情况,研究生工作部每年都开展学校"科学道德与学风建设优秀组织奖评选暨研究生学风建设工作经验交流会",搭建各学院沟通交流的平台,对做得好的学院、个人进行奖励,在全校中形成了"比、学、赶、超"的良好氛围。

通过探索有效的科学道德与学风建设主题教育模式,形成科学道德和学风建设的长效机制,全校师生上下已形成了尊重科学道德、遵守学术规范的良好风气,科学道德和学术诚信观念逐渐内化为师生的坚定信念,外化为主动学习和科学探究的自觉行动,自觉抵制浮躁的学术风气和行为,科学道德与学风建设主题教育活动取得明显成效。福建科学技术协会以"福建师范大学扎实推进科学道德与学风建设工作"为题进行了报道宣传。

二、经验做法

（一）加强领导,建长效机制

校长直接分管研究生院,高度重视研究生的培养,为研究生教育的发展提供了强有力的保障。研究生院、研究生工作部合署办公,在研究生学风建设中,能够紧密配合,形成合力,开展了富有成效的工作。据此,学校成立了以校长为组长的研究生科学道德和学风建设宣讲教育工作领导小组,下设办公室挂靠研究生院、研究生工作部,负责开展宣讲教育活动,并对各学院宣讲教育活动进行指导、协调、督促、检查。各学院成立研究生科学道德和学风建设宣讲教育领导小组,学院领导担任组长,指导学院根据实际情况,开展形式多样、内容丰富、意义深刻的主题教育活动。校研究生会也成立"研究生科学道德与学风建设自律委员会",发挥研究生在学术规范和学风建设中的自我教育、自我管理、自我服务作用,形成自律行为。

校领导高度重视研究生科学道德与学风建设,历届科学道德与学风建设优秀组织奖评选会上都出席会议并作动员讲话,将讲话作为科学道德与学风建设的一堂课,力求把科学道德和学术诚信观念内化为师生的坚定信念,外化为主动学习和科学探究的自觉行动。

（二）持之以恒,抓宣讲教育

随着时间的推移,研究生院、研究生工作部更积极、更重视科学道德与学风建设工作,全面推进学风建设工作精细化,建立了三级宣讲机制。一是成立学校宣讲团。由校长任主席、国家有突出贡献专家为主体的宣讲团开展全校性宣讲。二是成立研究生学术诚信教育主题讲师团。成员主要由研究生院、研究生工作部工作人员组成,编印《福建师范大学研究生学术诚信教育辅助资料》,开展研究生学术诚信教育讲座,作为学院教育活动的补充。三是学院品牌宣讲教育。以"国学大讲坛""归国学者讲坛""学子讲坛""对话名师讲堂"等品牌活动作为载体,邀请国内外专家学者分享科学研究和人生体会。

六年来,共邀请菲尔兹奖获得者 Efim Zelmanov 教授、澳大利亚 Chengrong Chen 教授、澳大利亚 Wollongong 大学穆怡教授、美国纽约州立大学 David Laibman 教授、美国麻省大学 David Kotz 教授、美国伊利诺伊州立大学张宏霖教授、英国社会科学院院士孙来祥教授、澳大利亚 Monash University 高集体教授、UTS Jinjun Chen 教授、中科院院士姚建年教授、中科院院士林学钰教授、中科院院士陈木法教授、中国工程院院士方滨兴教授、北京大学龚旗煌院士、上海交通大学邓子新院士、中国科技大学郭光灿院士、教育部社科司司长杨瑞森教授、香港中文大学黄永成教授、台湾大学杨志忠博士、北京大学中文系原主任温儒敏教授、复旦大学生命科学学院周旭辉研究员、厦门大学李绍滋教授、浙江大学郑强教授、东北师范大学高夯教授等 30 多位院士、400 多位国(境)外知名专家、650 多位国内专家学者前来宣讲。

(三)因地制宜,做特色活动

科学道德与学风建设主题教育活动中,各学院结合学科专业特点,以科研学术和学风道德建设为首要任务,以学科交叉与协同创新为切入点,开展了寓教于乐、内容丰富、形式多样、各具特色的学术科技创新活动。例如,数学与计算机学院开展"eye"数学沙龙、数独竞赛,经济学院开展"对话名师",地理学院定期开展野外实地调研,文学院推行读书会与专业硕士技能提升工程、公管学院开展"大话时政"活动、化工学院开展"化学达人"知识竞赛、美术学院作品展览、海外学院开展汉语沙龙、生科院开展硕博论坛等。

(四)一体两翼,促学风建设

在长期的实践中,研究生工作部不断总结经验、积极探索,创新打造出"一体两翼"的学风建设模式。一是开展主题教育活动。包括成立学校宣讲团、研究生学术诚信教育主题讲师团和学院品牌宣讲教育。通过报告会、专家讲座、师生研讨以及其他特色活动等形式为载体,组织开展科学道德与学风建设主题教育活动;支持跨学院、跨学科联合开展专题报告、学术规范技能培训等;二是开展班级学风建设精品目标项目。实施研究生班级学风建设目标管理,开展研究生班级学风建设目标立项申报工作,分精品项目和一般项目,以精品目标带动一般目标建设,促进优良学风的形成。通过目标管理机制,提高研究生的团队意识和创新能力,发挥参与科学研究的积极性、主动性和创造性。

(五)砥砺思想,造学术氛围

借助科研平台,科学道德与学风建设主题教育活动依托多样的学术团队,创新管理制度，不断提高研究生的科研、创新、实践能力，引导研究生树立学术诚信理念，发挥研究生参与科学研究的积极性和创造性，营造良好的校园学术氛围，取得了显著的成果。

为了进一步加强科学道德与学风建设，弘扬尊师重道的学术氛围，2013年开展第一届"我心中的好导师"征文大赛，2015年与2017年分别开展第二届、第三届的征文，三次共征集高质量征文近700篇，深刻反映了学校研究生导师爱岗敬业、勤学重教、关心学生、甘为人梯的高尚形象，抒发了学校研究生与研究生导师之间浓厚、真实、感人的师生情谊。研究生工作部同时通过研究生工作部网站、研究生教育微信、师大官方微信等进行"F·STAR——师大好老师"微展示，曾有学生在学校研究生教育微信留言："看到你们师生其乐融融的，让我有了也要报考你们学校的冲动"。

六年来，学校研究生共发表学术论文9500余篇，有320余篇被SCI或EI、ISTP收录，在学校A类期刊上发表学术论文160余篇；在国际著名期刊发表学术论文27篇，被JCR SCI一区收录；有33位研究生申报44项实用新型专利或软件著作获得授权，114位博士的学位论文荣获福建省优秀博士学位论文奖。

（六）建章立制，聚工作合力

研究生院、研究生工作部将科学道德与学风建设主题教育活动贯穿于研究生学习始终，并积极探索构建研究生思想政治教育与管理模式新机制，不断强化制度供给，完善制度建设，制（修）订了《福建师范大学研究生学术道德规范管理条例》《福建师范大学学位论文作假行为处理实施细则》《福建师范大学存在质量问题硕博士学位论文处理办法》等办法，在研究生评优评先中，融入了对科学道德的要求，用科学、合理、有效的制度来教育管理研究生，培养研究生优秀的品格和良好的精神风貌。同时，发挥榜样的力量，在研究生中营造热爱学习、争当先进的浓厚氛围。

此外，研究生院、研究生工作部努力形成研究生学风建设与思想政治教育工作的合力，充分发挥研究生导师的育人和学术安全教育职责，开展导师培训，强化导师是研究生培养的第一责任人的责任意识，明确研究生科学道德和学术规范教育的重要性，加强师德师风建设，导师们坚守职责，努力做研究生学术生涯的引路人、学术成果的审核人、人格修养的榜样人，成为研究生心中的好导师。

三、思考启示

科学的大门永远向勇于思考、敢于创新、不断进取的人敞开。对于众多的莘莘学子来说,福建师范大学是一个追梦的舞台,科学道德的形成和优良学风的建设需要全校师生共同用心投入、积极营造。

  非学无以广才,非志无以成学。科学道德与学风建设主题教育一直在路上,未来,我们将继续坚守:一是遵守学术诚信这一"红线",以"零容忍"的态度对待一切学术不端行为,教育广大研究生恪守科学道德,坚守学术规范,坚决抵制学术不端行为。成为良好学术风气的维护者,严谨治学的力行者,优良学术道德的传承者。二是增强科教兴国的历史使命感和社会责任感,教育广大研究生牢固树立家国情怀,将个人的事业发展与国家、民族的发展需要结合起来,不断锤炼意志品质,培养高尚人格,追求高深学问,永攀科学高峰,为建设世界科技强国拼搏奋斗。

(研究生工作部　翁荔丹)

"严教乐学"齐抓共建优良学风

——外国语学院学风建设特色品牌

一、品牌内涵

优良的学风是提高教育教学质量的重要保证,加强学风建设是切实提升学生综合素质的重要方法。多年来,福建师范大学外国语学院通过精心完善课堂教学、科学开展课外活动、大力倡导专业实践和积极寻求其他教育资源来培育良好的学习风气,以"以人为本,立德树人"和高等教育内涵式发展的教育理念,着力提升学生综合素质,积极服务学生成长成才,取得显著成效。

福建师范大学外国语学院自1907年成立以来,秉承良好的学风教风,努力营造教师爱岗、学生好学的氛围和环境。扎实的学风建设带来了喜人的累累硕果,自2015年1月至今,共有约150人(集体)次获得省级以上专业竞赛奖项,其中32人(集体)次获得国家级奖项。在历年全国高校英语、日语专业四级考试中,学院一次性通过率超过90%,远超全国平均水平;历年来在全国高校英语、日语专业八级考试和非英语专业公共英语四级考试中,一次性通过率也远超兄弟院校。

学院始终坚持考风是第一学风的理念,"诚信考试"已成为一种学院文化融入每个学生的血液中。截至目前,学院已连续9个学期做到考场零违纪、零作弊。学院各班级积极申报免监考班级,仅2017—2018学年就有24个本科班级申请免监考,占学院班级总数的54.55%。

二、经验做法

(一)质量为先:课堂教学培育学风

外国语学院通过一系列有力措施,切实保证课堂建设成效,重点实现:

(1)组织制度指方向。抓住"学院党政领导、各系(部)主任、教研室主任、教师"和"分管学生工作副书记、辅导员、学生干部、全体学生"这两条主线,形成了全院上下齐抓共管的局面。

(2)班级课堂为基础。加强教师队伍建设,变"你们的学生"为"我们的学生",对学生的不良学习习惯齐抓共管。坚持外语专业小班教学、班主任制度等,促进师生课堂和课下的交流。

(3)自我管理为保障。紧紧抓住学生干部和学生党员,起到示范辐射带动作用。积极倡导、坚持鼓励、切实抓好学生早读、早自习、早锻炼和晚自习、按时熄灯的工作,进一步营造浓厚的学习氛围。各年级学习部、学习委员认真做好每一堂课的点名工作,做好记录。对于迟到、早退、旷课等违反学校纪律的学生,及时进行批评教育并给予适当处理。

(二)良性竞争:第二课堂营造学风

学院党政班子、政工队伍、各系(部)教研室和各级学生会依据学院《第二课堂活动方案》,积极组织开展第二课堂及其他与专业学习相关的活动,丰富校园文化,补充学生课堂学习的不足。

(1)精心打磨专业技能。学院结合学科专业特点,举办外文演讲比赛、阅读比赛、写作比赛、汉外翻译大赛、外文书法大赛、师范生演讲比赛、课堂模拟大赛、多媒体课件制作大赛、教具制作比赛、商务系学生知识竞赛、日语文化知识竞赛等活动,将第一课堂和第二课堂合理结合、互相补充,使第二课堂成为第一课堂的延续,让学生在第二课堂活动中发挥长处、发现不足,提升兴趣、提高技能。

(2)文娱活动寓学于乐。学院依托学生干部团体组织开展各类文娱活动,寓专业学习于乐趣之中。外文电影配音大赛上,参赛语种包含英、日、西、葡语;日语系师生忘年会,学生和外教、老师其乐融融;外文十佳歌手赛上,英、韩、日、西、葡、法语等多国语言演绎经典天籁。通过把丰富多彩的文娱活动与专业学习相结合,学生既感受到了地道的外国文化,又提升了对专业学习的认同感和积极性,还锻炼了他们的综合能力,提高了个人的语言素养。

(三)引进来、走出去:校外资源引导学风

近年来,外国语学院加强对外交流合作,邀请校外相关领域的专家学者进校园,也积极推动学生境外访学,让社会成功人士的经验和故事、国(境)外学校截然不同的教学环境和理念,更大限度地引导、教育广大学生努力学习、追逐梦想。

(1)校外专家碰撞青年思维。学院依托"博闻讲堂""研究生科技节"等活动,邀请校内外教授学者与学生交流、对话,所涉内容包括专业学习、技能提升、人生规划等。中国ACD高官陈明明大使、新东方集团战略规划部总监夏鹏、在师大外院实现"轮椅上的大学梦"的郑声滔教授、外交部干部司参赞、中国驻蒂华纳总领事王坚等名人名师的经验和学识让学生在交流中迸发梦想、追逐理想。

(2)外出交流拓宽学生眼界。学院通过多渠道、多方式组织学生外出交流学习。组织部分师范生赴杭州建兰中学参加中国名师大讲坛——全国初中英语名师经典课堂教学观摩研讨活动;组织经贸英语方向学生前往五星级酒店、大型企业参观实习;设立"外国语学院本科生赴国(境)外访学专项奖学金",鼓励学生前往日本、美国、英国、西班牙、葡萄牙、匈牙利等国(境)外大学或研究所学习交流。同时,学院组织学生积极参与大型国际赛会的志愿者活动,在"首届全国青年运动会""金砖国家政党、智库和民间社会组织论坛""中国—小岛屿国家海洋部长圆桌会议""海上丝绸之路·中国—东南亚互通共享国际论坛"等大型赛会中,均能看到外语志愿者的身影。

三、思考启示

常年以来,学院的学风建设工作得到了各级领导的高度重视和高度赞扬,但同时,学院学风建设仍然存在一些有待提高改进的地方。

(1)尽管学院在专业竞赛中取得了一定成绩,但大部分学生对需要上台展示的大型学科专业竞赛仍普遍带有畏惧心理,自信心不足。在提升学生利用外文演讲、辩论、授课等方面能力的工作还需加强。

(2)日语、西班牙语、葡萄牙语作为中小语种,学习资料相对缺乏。尽管学院专门开辟了资料室方便学生查找资料、借阅图书,但相比于英语工具书丰富的种类,中小语种的参考用书还是显少。

外国语学院良好的学风教风,得益于党政领导的高度重视,得益于专业教师的严抓敢管,也得益于全院学生的严谨自律。在今后的学院发展和建设过程中,外国语学院将继续加强学院良好学习风气的培养,督促广大教师群体用严格的课堂纪律规范教学过程、用生动的课程讲解引导学生学习、用专业的学科竞赛促进学术交流,要求政工干部队伍用丰富的舆论宣传倡导优良学风、用身边的先进典型激励学生向上、用科学有效的办法培养学生良好的学习习惯,带领全院学生为继续营造学校优良的学风出一份力。

(外国语学院 徐昕旸)

创建"五位一体"协同机制
助推优良学风显现

一、品牌内涵

学风是高校人才质量的重要标识,也是人才培养的重要手段,集中反映大学精神积淀和文化底蕴。长期以来,福建师范大学社会历史学院将学风建设作为学院人才培养的生命线,遵循教育教学和学生成长规律,积极探索践行"五位一体"学风建设协同机制,以制度规范养成良好学习习惯,以专业教育筑牢专业学习思想,以良好教风助推教学相长,以职业规划催化成长内生动力,以文化建设营造自主学习氛围。从外控力量和内控动力激活学生学习的主体性,助推优良学风,助力人才培养质量。

五年来,"五位一体"学风建设实践,取得明显成效,学生专业思想牢固,学生申请转专业报名率从20.31%下降到4.18%;学生考研升学率逐年上升,从14.21%上升到25.12%;学生免监考班级申报率位居全校第一,其中本科2016级、2017级均为免监考年级;学生参加国家级、省级专业竞赛及文体赛事累计获奖400余人次。

二、经验做法

(一)完善制度管理,注重学生行为养成

深入有效开展学风建设不仅要建立学风建设体系,更要建立完善的管理制度和运行机制,学院探索出"常态化管理、普及化激励、制度化干预"的学风运行机制,对学院学风起到有效的监督、激励和干预作用。

构建学风建设常态化管理运行机制。采用刚性规范、刚柔并济的模式,从基础入手,常抓不懈,强化过程管理,注重反馈评价。通过"两早一晚"、常规检查、出勤统计、课堂听课、学风通报、定期研讨等多种措施,建立起常态化学风外控管理机制,通过外控力量促进学生养成良好的学习习惯。

构建学风建设普及化激励机制。学风建设人人建,建设学风为人人,以班级为单位,广泛开展"学习自律月""自律标兵""文明班级"等评选表彰活动。通过以点带面的激励,充分调动起学生的学习积极性、主动性、创造性。

构建学风建设干预机制。通过严格落实规章制度,对学风建设存在的问题及时给予预警和干预。坚持不懈地做好重点学生的转化工作,辅导员对旷课、迟到、早退及降级学生跟踪检查、重点督促,做好谈话谈心、思想教育、家校沟通,做好学生的转化工作;对基础差、学习方法不当的学生,有针对性地组成"一帮一"学习帮扶对子。同时,狠抓考风考纪,铲除考试违纪的土壤,消除考试作弊的幻想,对于个别考试不听劝告、无视纪律的学生,坚决做出处理,倒逼优良学风形成。此外,积极鼓励自主申报"免监考班级",利用集体的约束力和荣誉感助推优良学风落地生根。

(二)强化专业教育,牢固树立专业学习思想

学风是学习者世界观与人生观的具体表现,直接反映学生的专业思想和精神面貌。深化学风建设,首先必须加强专业思想教育,在教育广度、深度和效度上做文章,从源头上解决认识问题,从而为学风建设提供思想保证,激发学生学习的主体性。学院根据每年以调剂生为主的生源现实,了解、分析学生实际需求,准确把握学生特点和思想轨迹,探索符合实际又富有成效的专业思想教育。

大学一年级上学期侧重加强专业思想教育,引导学生明确学习目标,提升学习兴趣和自觉性。通过"四个一"工程来打造专业思想教育组合拳,即召开一场庄重盛大的开学典礼,邀请学院全体博导、系主任和优秀专家集体在新生面前亮相,发挥这些名师大咖强大的磁场吸引力和感召力;举办一场专业负责人、班导师面对面座谈会,为学生答疑解惑并明确专业成长方向和路径;提供一份翔实的往届毕业生就业质量报告,透过大数据分析引导学生看淡冷热门专业,阐明条条大路通罗马的道理;邀请一位优秀院友现场开讲,以真实的成长蜕变故事启发学生心灵,并为其树立正导向和坐标轴。

大学一年级下学期侧重学习观培育,引导学生立足课堂,拓宽视野,着重培养科学的学习观,养成良好的学习习惯,提高核心竞争力,具体落实成才目标的阶段性目标,如英语水平、计算机过级、专业素质竞赛、专业技能、考研准备等。

(三)树教风促学风,助推教学相长同频共振

学风,由教与学两条主线贯穿其中,本质上是学生对教学培养过程的一种反

映。学生的学习风气、状态、发展与教师课堂教学密切相关。学院通过多举措加强师德教风建设,发挥教师的主导性作用,牢固树立以生为本理念,注重在全员育人中突出教书育人。

规范课堂教学管理,强调教师课堂教学效果,督促全体教师严抓课堂教学考勤制度,规范上课点名制度,学院领导定期听课查课,开展课前辅导员与任课教师联系制度等措施,从根本上保障和监控课堂教学。

开展"砺青之师"评选,让学生选出自己"最喜爱的老师",加深学院师生情感,进一步激励教师更好地发挥育人主导作用,进一步促进教风学风。

重点加强青年教师的师德教风建设。学院时刻关心青年教师的思想、工作和生活情况,将师德教风建设工作同解决教师的实际问题结合起来,增强师德建设工作的感召力和影响力。

重视学生评教工作,将评教活动中学生的意见及时反馈给任课教师,形成双向互动,促进教师全面掌握学生课堂学习情况和实际需求,优化课堂教学,助推教学相长。

(四)明晰大学规划,催化成长内生动力

良好的学风需要外控力量的约束,制度规范教育引导不可或缺,但更重要的是需要激发学生的内在动力。学院探索将职业生涯规划与学风建设结合起来,将职业生涯规划理论引入学风建设。国家高级职业指导师、学院党委副书记牵头狠抓学生职业生涯规划,通过选派辅导员外出学习、适时集中研讨等途径,提升团队对职业生涯规划的指导能力。

辅导员以职业生涯规划理论为指导,构建以职业生涯规划为主线,以良好学风建设为目标的学生工作模式,帮助学生做好职业规划,明晰职业愿景,了解职业要求,分解各阶段目标,制订科学的实施方案,大大地激发学生学习的动力。学院始终坚持团体指导和个性化咨询有机结合,要求学生做到一人一规划,需要提供一份职业测评报告,一份大学阶段学习目标实施方案,一份职业生涯人物访谈,帮助学生明晰并坚定自身职业规划,朝着预设目标和方向奋力拼搏;学院每年举办"职场面面观"等职场文化节活动,邀请行业专家、杰出院友、优秀学长学姐与学生交流对话,帮助学生找准职业定位,树立正确的人生目标。通过职业生涯规划,学生学习更有目标,学生的执行力、动力大大提升。几年来学生包揽学校职业生涯规划大赛奖项,均获得省级职业生涯规划大赛一、二等奖。

(五)厚植校园文化底蕴,营造自主学习氛围

校园文化具有潜移默化的熏陶作用,对于大学生的成长成才至关重要。学院

根据学生学习与发展需求,打造融专业文化、竞赛文化、社团文化等"多元文化"和基地共建、专业实习、志愿服务等"多方实践"及考研辅导、求职交流、发展咨询等"多层服务"于一体的文化工程,发掘校园文化的整体塑造和育人功能。

加强对"第二课堂"管理和引导。通过建立专业岗位实习基地、课外科技文化创新、社会实践活动等途径,培养学生自学、合作、探究、实践的能力,做到知行合一,促进学生形成良好的自主学习风气。

建设专业性社团和学习团队。学院学生社团开展融思想性、知识性、趣味性于一体的丰富多彩的文体活动,用活动感染人、启迪人、教育人,如树人协会举办主持人大赛、三笔字大赛、多媒体课件制作大赛、片段教学大赛;演讲与辩论协会举办师范生演讲比赛、学习十九大精神演讲比赛、各级各类的辩论赛;风信子爱心义教团开展暑假支教行动,将理论与实践相结合,积极投身社会实践,增长才干;此外,DIY梦想协会、汉风史韵、阳光运动协会举办形式多样的寓教于乐的有益活动。学生自主组成学习团队,研究生牵引本科生,开展课外科技作品申报,以兴趣为导向开展学术研究、运用研究,将理论运用于实践,形成自觉钻研的良好风气。

三、思考启示

习近平总书记在全国高校思想政治工作会议上强调:"一所高校的校风和学风,犹如阳光和空气决定万物生长一样,直接影响着学生学习成长。好的校风和学风,能够为学生学习成长营造好气候,创造好生态。"学风建设是一项长效工程,要久久为功,常抓不懈,在落实、落细、落小上下功夫,发挥制度的约束、激励和干预作用,将制度要求转化为学生的日常行为要求,转化为优良的学习行为习惯,内化为自觉的学习行为准则。

学风建设是一项系统工作,要协同治理,齐抓共管,形成合力。学风建设不仅仅要治标,更要治本。优良学风不仅需要外控力量的推动,更需要内生力量的自控;不仅需要突出学生的主体性,也要强化教师的主导性;不仅要抓好第一课堂学习,也要营造第二课堂氛围。只有多方协同、一以贯之、标本兼治,才能真正取得学风建设的实效。

(社会历史学院 钟兴言 李志平)

构建"精细化"模式　精准育人出实效

——生命科学学院六大举措助力学风建设

一、品牌内涵

福建师范大学生命科学学院历来高度重视学风建设工作,坚持统筹谋划,多管齐下,将学风建设作为学院内涵发展的重要保证。近年来,学院根据学科专业特点和理工科学生需要,紧紧抓住生物工程专业认证契机,在全院师生的共同努力下,形成了一对一导师制、卓越拔尖人才培养制、博伊特勒书院交流学习制等创新做法,为推进学院学风建设发挥了重要作用。一是端正学生对专业的认识,提升学生专业认同感,增强学生对未来发展的信心,促进学生在学业上不断进步;二是为学生提供广阔的科研实践平台,让学生真正参与到科研实践活动中,锻炼学生的科研能力,提升其专业技能水平;三是充分依托微格教学等资源优势,开展师范生技能大赛,积极培养师范生的教学技能,有效提升师范生的教师专业素养。

以此为基础,学院的学风建设水平不断提升,精准育人成效日益凸显。截至2018年,学院共培养78名拔尖人才班学生,现有5人赴博伊特勒书院学习,其中3人保送至厦门大学攻读硕士研究生,涌现出美国国家科学院院士陈志坚、国润天虹公司董事长王芳辉、厦门迈诺泰医疗科技有限公司董事长张章荣等一大批优秀人才与杰出校友;学生在各类竞赛及科研立项中脱颖而出、屡获佳绩,在全国大学生生物学教学技能竞赛中斩获特等奖6项、一等奖6项、二等奖3项,在各级挑战杯竞赛中斩获一等奖等奖项44项,在各级各类创新创业训练中完成立项108项;"生化精细工业科技创新团队"荣获2015年度大学生"小平科技创新团队"(全国仅有50支),是福建省唯一入选高校,也是学校首次获得该荣誉。2017年10月,生物工程专业顺利通过IEET工程及科技教育认证,是学校首次通过国际工程教育学位互认协议——《华盛顿协议》正式会员的认证,标志着生物工程专业的人才培养符合EAC国际认证规范,毕业生学历受到国际认可,将进一步提升毕业生的竞争力。学院先后荣获"省五四红旗团委""全国大中专学生志愿者暑期'三下乡'社会实践活动优秀团队""省优秀青年志愿服务集体"等荣誉称号。

二、经验做法

(一)推行一对一导师制,落实因材施教

从本科新生入学当学年开始,学院提供学生与导师之间双向选择的机会,实现一对一指导,帮助学生尽快适应大学生活。导师坚持因材施教的原则,充分尊重学生的主体地位,通过平等交流、启发引导等方式,积极挖掘不同学生的个性特点和潜能,培养学生良好的道德品质,注重对学生学业和职业规划的指导,关注学生实践技能的锤炼和创新能力的提升,构建起全员育人、全过程育人、全方位育人的思想政治教育大格局,培育更多能够担当民族复兴大任的时代新人。

(二)开展卓越拔尖人才培养,孕育一流人才

在本科新生入学当学年,学院选拔各专业优秀学生,进入拔尖人才班,为其配备一流师资,提供一流条件,创造一流学术环境与氛围,构筑学科拔尖人才培养的绿色通道,让学生在更优质的学术环境中学习,努力造就更多一流人才。根据生物工程和生物科学的专业特点,学院确立卓越人才培养制度,组织选拔学生,由专业教师对其进行专业技能强化提升训练,旨在培养更多卓越工程师和卓越教师。

(三)选拔进入博伊特勒书院,拓宽学生视野

博伊特勒书院是厦门大学生命科学学院暨细胞信号网络协同创新中心与诺贝尔生理学或医学奖获得者布鲁斯·博伊特勒先生合作创办的创新学习平台。近年来,生命科学学院每年向该书院输送1~2名大三学生,旨在开拓学生学术视野,提升学生国际思维,协同培养生命科学领域的杰出人才。学生在该书院有机会与众多全球顶尖的生物学教授面对面交流,在国际化的平台上学习到更加尖端的生物学专业知识,并在学习结束后将优秀经验传递给学院更多学生,推动学院生物学科向更加专业化、国际化的方向发展。

(四)开设教师Office Time,促进教学相长

为密切师生联系,加强师生交流,便于解决学生疑问,形成良好的学风教风,学院开设教师Office Time,学生可在办公时间与老师进行面对面交流咨询,教师在最大限度上帮助学生解决学业相关问题,积极解答学生在课堂和作业中产生的疑问,促进学生学业进步。同时,教师以Office Time为契机,深入了解学生思想动态,征求学生对教学的意见与建议,进一步改进和优化课堂教学的方式方法,实现教学相长。

(五)鼓励参与科研活动,培养创新能力

学院立足学科专业特点,发挥学科专业特色优势,积极搭建"国家级工业微生物发酵技术国家地方联合工程研究中心""国家级生物学实验教学示范中心"和"教育部工业微生物工程研究中心"等国家级、省部级科研创新平台,为学生创造优良的科研环境,引导学生主动加入科研团队,参与科研创新项目,最大限度地激发学生的科研创新潜能。鼓励和支持学生参加大学生挑战杯、创新创业大赛等各级各类科研竞赛,以赛促学、以赛促教、以赛促研,让学生在竞赛中进一步提高创新意识、增强创新能力。

(六)丰富充实第二课堂,提升专业素养

学院根据各专业特点,积极开展丰富多彩的专业实习,如生物科学专业前往武夷山进行动植物实习;生物工程、生物技术、食品科学与工程专业进行金属加工工艺实习,了解熟悉各类工种和生产技术,并深入工厂生产一线参观,进行专业见习。同时,学院积极组织各类专业竞赛,如师范生技能大赛、实验技能大赛、仪器操作大赛等;创立烘焙、酿造等专业社团,配备专业指导老师,开放专业实验室,鼓励学生立足专业:学以致用、用以促学。

三、思考启示

(一)加强学风建设,需要统一思想认识

学风建设的基础是统一思想、提高认识,充分意识到加强学风建设的重要性和必要性,完善工作机制,突出规划引导,加强教育宣传,营造良好氛围,积极动员全体师生同心同德,共同参与、共同建设,打造全员参与、全员重视的学风建设格局。

(二)加强学风建设,需要健全制度体系

学风建设的保障是完善各项规章制度,以制度保学风,以科研促学风,逐步建立健全师德教风评价考核机制、学术道德问责制度、师生参与科研创新激励制度等,形成完善的学风建设制度体系,认真落实各项创新做法,为构建优良学风保驾护航。

(三)加强学风建设,需要坚持统筹兼顾

学风建设的关键是既抓学生的专业知识学习,也抓学生的思想道德教育和创新精神培养,坚持以生为本,全面抓好学生课堂学习、科研立项、竞赛实践等各环节,在专业知识学习、思想道德教育、创新精神培养中,塑造良好学风,助力学生成长。

(生命科学学院　王依　吴志锋)

践行"工匠精神" 培育优良学风

一、品牌内涵

学风建设是提升大学品位的重要途径,是积淀大学文化的必需环节。学风主要体现在教学过程各个方面和环节,直接影响学习环境和学生成长过程,最终必然影响人才培养质量,体现一所学校的教育教学质量,也是提高学生素质、涵养大气、完善人格的重要条件。

作为理工科学院,福建师范大学数学与信息学院注重将"工匠精神"融入学生培养的各个方面和环节。工匠精神起源于制造业,但并非只有制造业需要工匠精神。工匠精神不仅代表一种高度敬业的精神,更是一种专注、执着、一丝不苟,不断超越自我,追求完美的人生态度。作为人才培养的摇篮,高校也应该培育和弘扬工匠精神,工匠精神对于大学生学风建设有着独特的价值。它是从容独立、踏实务实的学习态度,是严谨的作风和精益求精的精神特质,是稳定专业思想和激发专业兴趣的手段,是正确的职业理念。

截至 2018 年,学院已为国家共培养了两万多名本、专科生和八百多名研究生。他们走上工作岗位后,积极工作、奋发向上,为国家经济建设和社会进步做出了积极的贡献。有的成为省内外教育界的领军人物,有的成为工商、金融、税务、信息产业等行业精英,有的成为各级党政领导干部。众多校友获得"福建省杰出人民教师"荣誉称号。

二、经验做法

(一)将"工匠精神"融入学生精细化管理,营造"愿学"氛围

1. 齐抓共管,建立健全学风建设工作机制

成立学风建设工作领导小组,形成以院党委书记、院长为组长,其他领导班子

成员为副组长的领导机构,制订了学风建设总体规划和年度工作计划;同时,成立学风建设督查小组,形成以分管副书记为组长,辅导员为副组长,院学生会学习部、自律会为成员的督查体系,主要督查学生考勤情况、师生互评情况和课堂表现情况,为学风建设提供有力保障。

2. 建章立制,不断完善学风建设制度体系

从学院、教师、学生三个层面入手,先后出台和完善一系列有关规定,形成以《数学与信息学院关于加强学风建设的办法》《数学与信息学院学生办关于加强学风建设的方案》等专项制度为主,其他如《数学与信息学院学生考勤实施细则》《数学与信息学院本科生学业警示实施细则》为辅,各班相关配套措施为补充的学风建设制度体系,实现学风建设工作的常规化和全覆盖。

3. 强化措施,扎实推进辅导员日常管理工作

学院注重发挥辅导员在学风建设中的引领作用、督导作用和服务功能。落实一周两次以上听巡课制度,深入课堂,与学生和任课教师进行思想交流、掌握学生的基本学习情况;创新考勤管理模式,采取课前逐个点名、创建考勤QQ通报小组、考勤短信通报等方式,完善学生考勤;抓住"四率四人数",即上课出勤率、自习率、考试通过率、研究生报考率;考试不及格人数、留级与劝退人数、考试进步和退步明显人数、学习心理障碍人数。同时,通过学习心理辅导,指导学生制订学习计划和生涯规划等载体来发挥服务功能。

(二)以"工匠精神"促进精准化学业指导,夯实"能学"基础

1. 以赛促学,锤炼学生"工匠"技能

制定《数学与信息学院课外科技三年规划》,着重加强科技节、个性化培养周、创新创业训练营、院校合作等模块建设。注重将梯队式培养和平铺式培养相结合,实现一级一特色、逐级逐提高的培养目标。同时,学院积极组织学生参加各类专业技能竞赛、创新创业竞赛,并主动搭建青年学生交流的平台和比拼的平台,让学生在大大小小的比赛中不断提升技能。学院在各类赛事中,喜讯不断,捷报频传。

2. 以考带学,以优良考风促进优良学风

注重诚信考试宣传教育,通过辅导员班会、晚点、学院网站、院团委微信、微博等渠道,不断加强诚信应考的宣传,加强对学生的思想政治教育。广泛开展以"诚信考试、文明青春"为主题的诚信考试承诺签名活动,大力营造"诚信光荣、作弊可耻"的舆论氛围。加强考场纪律监督,严肃处理考试作弊行为,对作弊学生所在班级、寝室及个人实行评优"一票否决制",以优良考风促进优良学风的形成。

3. 以讲育学,营造良好的学习氛围

针对专业学习和学风建设,学院组织专场报告会,邀请院内外学者做专题讲座,通过案例分析、模拟演示等环节深入浅出地分享相关专业知识,旨在让学生能够对相关专业知识从不同领域去认识、比较分析并吸收。邀请知名专家学者或学有所成、学有所长的院友回院做报告等,激发学生的自信心、事业心和社会责任感。

(三)用"工匠精神"完善精准化学业帮扶,拓展"善学"空间

1. 注重宣传,发挥先进典型引领示范作用

积极发掘各类先进典型,树立学习榜样。广泛开展分享会等活动,讲述优秀典型。开展"年度十佳学院人物"评选活动,编纂《榜样——数学与信息学院国家奖学金获得者先进事迹材料》。在学院内展开三好学生,优秀学生干部,文明校园建设优秀集体、个人等项目评选和表彰,充分发挥示范引领和"朋辈教育"作用。

2. 加强联动,推进班主任和师生党支部共建

落实班主任要求,不断丰富班主任工作内涵。通过开展师生趣味运动会、师生篮球交流赛等系列活动,加强班主任与学生的沟通交流,鼓励学生积极加入导师的科研项目。加强同专业师生党支部共建,通过活动、座谈会、具体指导等方式,依托学院重点实验室、特色实验室等平台,指导学生参与科研、撰写毕业论文、创新创业训练计划等。

3. 互帮互助,搭建多层次帮扶小组

组织开展"高年级帮带低年级"的学习经验交流会,邀请高年级优秀学生与低年级学生就专业学习、大学英语四六级考试、课外科技竞赛、硕士研究生考试等方面分享经验、进行交流,引导低年级学生掌握正确的学习方法。通过QQ、微信等平台成立互助小组,如以外语考试和口语训练为主要内容的"语言互助小组",以专业学习、竞赛为主要内容的"学习兴趣小组",以相约图书馆自习为主要内容的"网格互助小组"等,形成互帮互助、共同进步的氛围。

三、思考启示

李克强总理在2016年政府工作报告中提出要"培育精益求精的工匠精神","工匠精神"自此成为全国上下关注的话题。工匠精神有助于大学生培养从容独立、踏实务实的学习态度,工匠精神有助于大学生培养严谨的作风和精益求精的精神特质,工匠精神有助于稳定大学生专业思想,激发大学生对专业的兴趣和热爱,并确立专业发展目标。

　　加强学风建设,是大学落实科学发展观、实现可持续发展的永恒主题。今后,学院将继续将工匠精神渗透到教学和社会实践中,不断探索理工科专业学风建设模式和途径,构建科学合理的学风建设体系,弘扬理论联系实际的作风,用工匠精神指导大学生的学习和实践,扎实推进学生学风建设,培养德才兼备的高素质人才!

(数学与信息学院　张晨辉　杨柳惠　陈梦薇)

第五章 05

志愿服务

——在奉献互助中引领青春风尚

篇首语

　　志愿服务是提高大学生综合素质的重要载体、是促进和谐校园建设的重要手段。多年来,我们围绕"党政关注、群众需要、力所能及"的总体思路精心设计志愿服务项目;坚持立足基层,打造一批为群众解难事、办实事的志愿服务品牌;发挥专业优势,把志愿服务和专业优势相结合,做到学以致用,不断提高志愿服务专业化水平;因地制宜、贴近生活,把志愿服务与基层所需紧密结合起来,与创新社会治理结合起来,广泛开展内容丰富、形式多样、新颖实用的志愿服务活动。树立了如"我是化学人"、"外语+志愿服务"、"Bridge"专注研究、"特奥融合"计划、汉语教师志愿者、"旅之风"校园文化服务中心等一批志愿服务工作品牌。

引领志愿新风 激扬青春力量

一、品牌内涵

大学生志愿服务是提高大学生综合素质的重要载体,是促进和谐校园建设的重要手段。学校高度重视大学生志愿服务活动,在实践中不断探索完善优化大学生志愿服务组织的管理,构建了由校到院,由院到班,由校团委专职教师进行指导、校青年志愿者协会集中管理的组织架构,整合校内外各项资源,带领各学院系统有序地开展志愿服务活动。至今,产生了小葵爱心纸工程、志愿服务项目评选、十佳志愿者评选、"夕阳知晨"进社区、阳光支教、爱心福利院、地铁志愿者、无偿献血等品牌活动。学校还重点开发拓展各类独具特色的志愿服务项目,其中化学与材料学院"我是化学人"的儿童知识科普项目、体育科学学院"Bridge 志愿服务队"、生命科学学院"青芽"性教育志愿服务队曾荣获国家级、省级志愿服务项目大赛奖项。学校青年志愿者协会曾荣获第十一届中国青年志愿者优秀组织奖、全国无偿献血促进奖、福建省新长征突击队称号等多项国家和省级以上荣誉。

二、经验做法

(一)夯实志愿服务组织的队伍与基础

(1)推动志愿者网络注册。积极推动团员注册成为志愿者,建立健全各级志愿服务组织的志愿者网上注册程序。以"福建青年志愿服务网"为中心,推动全校各志愿服务组织在网上建立阵地,积极引导全校师生在网上注册登记成为志愿者。截至目前,系统注册志愿者达28800多名,覆盖率达90%以上,志愿者参与志愿服务总时长达513900小时。

(2)规范志愿者服务时长认证。学校制定《福建师范大学青年志愿者志愿服务时间认证条例》,规范志愿者服务时长认证,审核志愿服务活动内容,严格把握签到、签退的时间,通过管理员后台审核的方式,严格落实各项活动服务时长。

(二)打造志愿服务工作的特色与精品

(1)落实常规活动的有序进行。秉承志愿服务活动"长期化、规范化、品牌化"的理念,学校志愿者积极开展"阳光支教""爱心家教"活动,为乡村青少年与教职工子女送去宝贵的知识与真诚的关爱;同时协同创新,关注时下热点,积极探索新的志愿服务项目模式,开展"夜跑寄存""校园文明志愿者督导"等志愿服务项目,服务好每一位受益对象。据统计,学校在福州金洲社区、金河社区等地开展25次夕阳知晨活动,参与志愿者达460余人,为社区的老人和小孩带来太极拳教学、美术绘画、手工剪纸等课程;在南门兜、地铁南站共开展400余次地铁站志愿服务活动,维护地铁站秩序、引导乘客文明出行,参与志愿者达5000余人次。

(2)保证品牌活动的有效开展。重点做好每年"3·5学雷锋日""12·5国际志愿者日"等重要节点的活动。开展好校内"小葵爱心纸工程""夕阳知晨""无偿献血""小葵科普计划"等传统优秀志愿服务项目,打造志愿服务新名片,推动志愿服务的精品化建设。其中,"小葵爱心纸工程"结合学校研究生支教团,将募集得来的爱心纸款带到西部地区;"小葵科普计划"联合闽侯县团委,在留守儿童学校开展化学科普知识普及等系列活动;"互联网+乡村少年宫"与省内中央彩票基金支持的乡村少年宫和贫困小学建立联系,通过网络授课、一对一帮扶、文创设计等方式进行帮扶。

(3)组织管理大型志愿服务活动。学校积极配合各单位,通过网上报名、面试选拔、岗前培训,推送大型赛会所需的优秀志愿者。在2017年"福建师范大学110周年校庆志愿者活动"中,共选拔630名同学为110周年校庆志愿者,积极配合学校相关部处的要求,圆满完成志愿服务任务。此外,在2015年"全国大学生青年运动会"、2016年"'让青春在禁毒中精彩'主题大型志愿活动"、2017年"金砖圆桌小岛屿会议"、2017年"福建省第五届大学生艺术节展演决赛"、2018年"首届数字中国建设峰会"等活动中也踊跃出一张张学校学子热情洋溢的青春面庞。

(三)做好志愿服务队伍的建设与管理

1.加强志愿者的队伍建设和培训管理

(1)开展各级各类志愿服务交流活动。积极与校院级公益组织交流,完善志愿者管理体系。开展榕城高校志愿服务工作交流会、校内青年志愿者团队联席会和"志愿汇"操作分享讲座等,增进青年志愿者组织之间联系,加强合作与资源共享,探索志愿服务发展新模式。

(2)举办志愿服务系列讲座。进一步培养学校大学生志愿精神,提高青年志愿者服务技能水平,提供志愿者通用知识、专业理论知识,引导志愿者从盲目参与向有序服务的转变,塑造志愿者自我约束意识;树立志愿者正确的服务意识和拓展志愿者的服务理念;培养骨干志愿者的专业素养、理论知识和实践水平,培养出一批优秀的福建师范大学青年志愿者中坚力量。

2. 完善志愿者工作考核与评价机制

进一步完善《福建师范大学青年志愿者服务管理办法》,依托网络注册与认证平台,在志愿服务组织内部建立以服务时间和服务质量为主要内容的星级认定制度。推进青年学生星级志愿者认证制度,根据学生志愿者参加志愿服务的时间累计,认定其为一至五星志愿者。在每位学生大三学年结束时,由校团委统一为学生颁发星级志愿者认定证书,五星级志愿者由学校予以认定表彰。

3. 建设和完善志愿者服务工作的激励机制

将志愿服务纳入学生评优评先工作。落实学生综合考评认证办法中关于志愿服务加分的规定,积极参加青年志愿者活动者,按照每学年服务时间满 20 小时加 1 个思政分,满 40 小时加 2 分,满 60 小时加 3 分的办法给予加分认定,上限为 5 分。每年"五四青年节"前夕,开展"校十佳优秀志愿者"以及"志愿服务项目大赛"评选;每年年底开展最美志愿者、最美志愿服务项目、最美志愿服务组织、最美志愿服务社区"四个最美"先进典型推选活动,积极利用 QQ 空间、微信、微博、校报等媒体,全方位宣传学校志愿服务的典型先进个人和优质项目,传播志愿服务,营造良好氛围,激励更多师生投身志愿服务工作。

(四)促进志愿服务平台的升级与转型

1. 构建志愿者服务沟通平台

为加强各高校志愿者服务工作交流,构建志愿服务平台至关重要。学校积极主动参与交流平台的构建,与在榕兄弟院校积极沟通联络,共同学习,致力搭建各高校志愿者沟通交流的桥梁,让所有志愿者了解实时信息。此外,2018 年 5 月加入仓山区志愿服务孵化基地,与优秀公益组织进行交流,一同构建高效的管理模式,从而满足志愿服务需求和供给的对接。

2. 促进沟通平台升级与转型

随着互联网技术的发展,志愿服务交流的平台也需随之发展。为顺应时代潮流,学校积极促进志愿服务平台的升级与转型,力求实现志愿服务联结线上线下,创新沟通方式,提高服务效能。志愿者通过"志愿汇"等软件,时刻关注各大组织志愿服务的活动动态和相关新闻,致力实现与各志愿服务单位的时效性沟通,促进志愿活动的顺利开展。同时鼓励志愿者通过微信、QQ 等社交平台实时分享志愿服务经历，与各高校志愿者互通有无，形成良好的沟通模式。

三、思考启示

志愿服务是现代社会文明进步的重要标志，党的十九大报告提出，"中国特色社会主义进入了新时代""要推进诚信建设和志愿服务制度化，强化社会责任意识、规则意识、奉献意识"，这是党和国家对志愿服务发展提出的新要求、新期望。高校志愿服务是志愿服务体系中的重要组成部分，是引导师生树立社会责任意识、加强思想政治教育的重要载体，大学生志愿服务活动在思想政治教育过程中的激励、凝聚、引导、检验、协调等功能，对于提升思想政治教育的实效性具有重要意义。

学校以志愿服务工作为纽带，全面整合区域资源，引领大学生志愿者走出校园开展社会实践活动。通过活动引导学生将书本知识与实践相结合，在活动中培养学生个性。为加强本校志愿服务体系的规范性、创新性、长效性，将从以下三个方向入手，进一步加强和完善本校的志愿服务体系。

（一）坚持科学建制、规范管理

进一步完善学校志愿服务工作的制度建设，在志愿者注册与管理、组织实施、认证表彰、培训教育等方面做出明确规定，提升志愿服务科学水平，推进志愿服务制度化、常态化，引导广大师生通过志愿服务投身于和谐社会与文明校园的建设中。

（二）坚持公益初心、打造特色

坚持志愿服务活动的"长期化、规范化、品牌化"理念，发挥优势，积极开展思想性与科技含量并重，形式创新、内容丰富的志愿服务活动。继续打造有学校优势、专业特色的志愿服务品牌，探索网络新媒体时期志愿服务组织建设与工作开展的新模式。努力做好"3·5 学雷锋纪念日""12·5 国际志愿者日"等重要节点的活动，同时注重协同创新，发挥优势，继续深化学校在服务政府与社会民生、大型会议、赛会与外事活动，开展关爱留守、助残扶贫、文明倡导等方面的志愿服务项目。

（三）坚持工作创新，服务转型

积极探索"互联网＋志愿服务"，充分发挥学校的新媒体工作优势，积极探索志愿服务项目与工作转型，力求实现联结线上线下，创新服务方式，提高服务效能。同时,加强对网络社团等新型组织的志愿服务规范管理。积极利用网络资源和新闻媒体,大力宣传学校的志愿服务先进项目和个人,普及志愿服务知识,传播志愿理念,弘扬志愿精神,不断扩大影响。

学校将会秉持初心,在新时代背景下,不断与时俱进,开拓创新,提高志愿者队伍素质,契合新时代社会服务需要,推动本校志愿服务体系优化转型及升级,坚持在志愿服务的道路上步履不停,砥砺前行。

(校团委 谢静杨)

探索"1+3+1"研究生支教团支教扶贫模式

一、品牌内涵

大学生志愿服务西部计划研究生支教团(以下简称"研支团")成立于2002年,已经连续16年派遣131名免试硕士研究生志愿者到甘肃省定西市漳县、武威市古浪县参与支教工作。研支团秉承"责任与使命同在,青春与理想同行"的信念,开展了一系列教育、扶贫工作,打造了"一对一帮扶优秀贫困生助学金""温暖一冬""小葵课堂"等品牌活动,并取得了显著的成绩。研究生支教团成为当地群众最受欢迎的支教团,成为当地政府最放心的支教团。

在教学方面,研支团任教中学课程,受到学生的广泛欢迎,教授的班级与科目,普遍成绩良好。研支团积极参与当地教育改革工作,同时为当地教育事业建言献策。在助学扶贫方面,研支团联合学校西部爱心联盟等爱心社团,联系社会各界爱心人士筹集物资、善款,常规性开展助学扶贫活动,为西部山区贫困学子提供物资。据不完全统计,16年来研支团捐助范围已遍布服务地14个乡镇的41所乡村中小学,"一对一"助学帮扶贫困学生3000多名,组织倡议捐款捐物折合人民币超300万元,捐赠图书超20万册,衣服3万余件,课桌椅725套;筹建漳县殪虎桥乡风景村福建师大支教团希望小学和四族乡曾家河希望小学共2所小学、漳县教师培训中心1所。目前常规帮扶的"一对一"学生人数仍在1000名左右,每年为他们筹集助学资金近百万元。

16年来,研支团不断深化建设,完善服务,各项工作取得长足进步。支教活动曾被《光明日报》《中国青年报》《中国教育报》《福建日报》等重要媒体多次报道;团队也曾在2006年被授予"福建省新长征突击队",2007年入选"2007感动福建年度十大人物",2008年被授予"福建省十佳志愿服务集体奖"。

二、经验做法

（一）优化顶层设计，制度保障有力

学校高度重视青年志愿者工作，将志愿服务工作作为学校德育工作的重要抓手，全面开展青年志愿者扶贫助学计划。学校专门成立了研究生支教团工作领导小组（以下简称"领导小组"），由校主管学生工作的党委副书记担任领导小组组长，校分管教学副校长担任副组长，校团委、研究生院、教务处、学生工作部、财务处等相关部门的负责人为领导小组成员。设立学校研究生支教团项目管理办公室（以下简称"项目办"）作为领导小组办公室，认真做好志愿者选拔、培训、考核，研究生入学、学籍保留、人事档案关系安置，服务期间志愿者生活补贴、交通费用等各项工作。

领导小组按照团中央要求制定了《中国青年志愿者扶贫接力计划研究生支教团项目福建师范大学管理办法（试行）》《福建师范大学研究生支教团章程》《关于建立福建师范大学与研究生支教团服务地两地联系平台的方案》和《福建师范大学研究生支教团培训方案》等一系列规章制度规范研支团的各项工作。

此外，学校主要领导专门出席研支团出征、交流等活动，倾听需求、分享经验、解决困惑、鼓舞士气，增强研支团成员的仪式感和荣誉感。研支团领导小组坚持落实校地联系制度，定期与研支团服务地团委、服务学校联系，了解研支团工作状态，落实制度保障等问题。

（二）严守选拔关卡，全面跟踪培养

研支团组建工作严格按照全国大学生志愿服务西部计划项目管理办公室、团中央青年志愿者工作部、学校研究生院相关文件要求，通过自主报名、学院推荐、材料审查、临场面试、体质检测等6个环节，在各个学院招募思想觉悟高、学业成绩好、工作技能强、身体素质硬、志愿经历多的优秀本科应届毕业生作为研支团候选人，经过公示、个人意愿及试用期考核监督，最终确立新一届研支团成员名单。

领导小组连续多年探索支教志愿者岗前培训模式，现已形成较为完备的支教志愿者岗前培训模式。具体操作如下：

（1）职前实习：每一位研支团成员积极参与校团委各部门组织的相关工作，积极配合学校完成"三下乡""校教职工子女冬令营"等大型志愿服务活动。通过理论研习、交流讨论、调研考察、实践服务等形式落实支教队的岗前培训工作，磨砺工作态度，提升工作技能。

（2）主题培训：学校项目办定期召开培训，邀请学校领导、志愿者代表及校外成功人士为研支团成员培训技能,交流经验,强化团队的思想建设和能力发展。

(3)新旧队员传、帮、带:学校项目办定期开展新旧研支团成员交流座谈会,设立了新老研支团"一带一"的支教工作模式。通过老队员的言传身教,明晰新队员的工作方向,深化服务宗旨与服务意识,提升新队员做好支教工作和解决复杂问题的能力。

此外,研支团建立团长、支书等多种队内人才培养储备机制,加强干部梯队建设。自觉接受服务学校、服务地项目办与学校项目办的共同领导,以从严从实作风认真抓好各项工作,积极与服务地进行交流,学习好经验、好做法,保持清醒的头脑,不断进取,致力于打造一个行动高效、服务为本的优秀团队。

(三)加强内部建设,强化自我管理

为加强研支团队伍建设,培养研支团成员的能力,发挥其管理、教育、服务等作用,充分调动积极性、主动性,保证工作质量,提高工作效率,研支团在管理细则的基础上建立内部规章制度。各规章制度中详细规定了研支团队员开展工作的要求、研支团内部财务登记公示制度以及队员个人工作考核标准。

与此同时,学校不断健全远程管理研支团机制。建立研支团述职制度,利用寒暑假集中现研支团队员返校汇报工作情况;设置周会周表、月终大事记等工作汇报制度,实时监测研支团工作动态、跟进工作进度、调整工作方向;建立研支团个人工作量化制度,将各支教队员工作进行量化,及时有效地对工作状态、心理变化出现问题的队员进行谈话疏导;鼓励研支团内部定期开展团队建设,努力建立一支和谐民主、团结协作、实事求是、规划完备、落实责任的队伍。

(四)创立品牌活动,精准教育扶贫

扶贫工作作为支教团教学工作之外的中心,多年来已逐步形成以服务地为中心,以服务学校所在学区为深度扶贫区域,以个别深度贫困地区的学校为重点扶贫对象的,有品牌和有极点的同心圆式扶贫圈、有体系和有针对的扶贫模式,以及常态化、稳步化、精准化开展扶贫工作。主要包括"一对一助学"和"温暖一冬"等。

"一对一助学"全称"一对一帮扶优秀贫困生助学金"。按照《福建师范大学研究生支教团"一对一"资助对象评定细则》,通过个人申请、学校推荐和队员走访落实,确定下来一批家庭条件困难且品学兼优的学生为受助对象。同时,通过微博、微信等媒体对活动进行宣传,与有意愿的资助人联系后,根据资助人要求,在确定受助学生名单中为其配对,最终确定一对一帮扶名单。每学期研支团成员会和资助人联系,资助人会将资助款转至支教团指定账户,由支教团代转交给受助学生。助学金发放后,研支团会将学生情况登记表、助学金签领表以及受助学生签领照片以邮件形式发给各资助人。

"温暖一冬"也是研支团长期坚持的公益活动。每年8月份开始持续到次年3月,研支团积极联系和发动爱心企业、社会各界爱心人士、母校以及母校各学院为服务地贫困学子捐款捐衣物,帮助缺少过冬衣物的孩子们度过漫长而又寒冷的冬天,为孩子们带去一抹冬天的阳光。近两年,研支团筹集到爱心衣物2500余件,暖冬物资1900余件,为几千名孩子带去冬天的温暖。

研支团还积极拓展"温暖一冬"的外延活动。研支团曾在2016年发起"这个冬天,我想喝杯热水"的众筹,为甘肃漳县及古浪共计11所学校配上20台加热饮水机,保障孩子能够在冬天喝上热水。2017年,研支团为数百名山区孩子筹集"温暖水杯",改善孩子的饮水和卫生习惯,提高孩子的健康饮水意识,保障孩子身体健康。除此之外,研支团会在走访过程中,积极了解帮扶学校或学生的需要,为其捐助教具和文具等物资。对于特困家庭实行队员一对一负责,及时了解学生情况,解决力所能及的生活、学习问题。提高帮扶成效,为打赢脱贫攻坚战贡献力量。

(五)扶智并重扶志,筑梦小葵课堂

"扶贫先扶智"。为西部带去先进的教育教学一直以来都是团中央开展研究生支教团活动的目的。16年来,研支团所有成员都在服务地担任一线教学工作,凭借扎实的基础和认真的工作态度,在岗位上探索实践教学改革新思路、新思维,出色地完成了教学任务,所教授的班级与科目,普遍成绩良好,得到了服务地师生和学生家长的一致好评。研支团受到学生的广泛欢迎;始终致力于提高当地教育水平,曾联合当地教体局建成漳县教师培训中心,定期聘请专家举行各类讲座;引入教改新风,曾参加由县教育局牵头的各学科"同课异构"课程具体教学改革的评价交流会;主动向当地政府部门提交调研报告,曾提交了《漳县基础教育现状》,为漳县教育事业奉献心智。

"扶贫必扶志"。为拓宽扶贫渠道,拓展学生眼界,明确学生志向,项目办与研支团通过实地调研、场地考察了解到服务地学生对于现代化新媒体团课认识的缺乏以及对"第二课堂"的迫切渴望,决定在西部贫困山区中、小学中援建一批"小葵家园",旨在进一步提升贫困青少年学生课外活动质量,共享东西部教育资源,为其提供现代化新媒体团课教学场所,加强宣传和增强学校共青团的影响力。

依托小葵家园,研支团各队员发挥自己专业特长在各自服务地开展了团课、常识课、心理辅导课、素质拓展课、艺术兴趣课等"小葵课堂"系列课程。古浪分队结合当地黄沙肆虐,呼吸道疾病多发的实际情况,在当地学校开展了"小葵课堂之口罩行动"。漳县分队联合母校青协和青芽性教育志愿服务团队,打破传统思想对性教育课程偏见,通过远程教育方式开展性教育心理课活动,填补了山区教育中此类课程的空白。

"小葵课堂"是历届研支团在偏远山区进行支援教育工作以来的一大突破,获得了甘肃团省委等各级领导关注与肯定,多次被中青网及服务地市县媒体报道。

三、思考启示

(一)坚持顶层设计,强化经费保障力度,确保支教工作稳步开展

进一步坚持顶层设计与基层实际相结合,定期联系服务地,听取了解研支团工作表现,有针对性地指导研支团工作,强化监督,深化学校对研支团的远程管理,力推支教工作改革落到实处。进一步强化研支团经费保障力度,扎实研支团后勤服务,确保支教工作稳步开展。

(二)落实立德树人,深耕"以学生为中心"理念,探讨"1+3+1"的支教扶贫模式

为更好地落实立德树人的根本任务,发挥研支团在学校志愿服务工作中的引领和示范作用,结合研支团多年工作积累,深入探讨建立"1+3+1"的支教扶贫模式,即"一个中心、三个品牌、一个创新"的支教工作方案。

一个中心:牢记育人使命,以教学工作为中心,积极参与服务地教育改革工作,在有质量完成教学工作的基础之上,力争教学突破。

三个品牌:坚持开展"一对一帮扶优秀贫困生助学金""温暖一冬""小葵系列课堂"这三项研支团品牌活动,在原有的基础上力求突破;重点打造"小葵系列课堂",拓宽"精品扶智"覆盖面。

一个创新:在品牌活动的基础上,每一届研支团结合自身实际情况组织开展一个特色活动,丰富支教团活动内容,提高当地学生参与活动的积极性。

深化改革创新,每届研支团在上届基础之上,不断加强团队建设、推进工作创新、完善人员管理,切实把工作重点和资源配置放在提高教学质量和学生成长上,助力研支团不断走向卓越。

(三)深化校地共建,发挥高校力量,实现学校与服务地的合作共赢

扶贫要扶根,充分利用学校资源,探讨服务地教师教学提升工程,定期协助服务地组织服务单位教师进行计算机、教学语言、教学技能培训,定期选拔输送一批服务单位优秀教师、骨干教师与青年教师到学校进行学习培训,帮助服务地写好人才培养的关键之笔,实现学校与服务地的合作共赢。

(第20届研究生支教团　校团委　谢静杨)

"我是化学人"科普志愿行

——化学与材料学院科普志愿服务工作综述

一、品牌内涵

(一)品牌创建的时代背景

十八大以来,为进一步贴近青年学子成长成才需求,增强团学工作的凝聚力,实现团学工作"品牌化",化学与材料学院团委自2012年起就率先在学校范围内奋力打造符合学院青年学子专业特色的"我是化学人"团学工作品牌,不断奋发向上向善,以"思想带团、服务立团、文化兴团、创新强团"的四维驱动力,迸发出了凝心聚力创新功、同心同德书华章的强大正能量。

尤其是十九大以来,我国进入社会主义新时代,"我是化学人"科普志愿服务工作在习近平新时代中国特色社会主义思想的引领下,不断凝聚新青年的青春力量,继续开展新实践、开拓新征程。

(二)品牌凝练的内涵蕴意

"我是化学人"团学工作品牌紧抓人才培养这一核心,带好团委学生会队伍和"我是化学人"志愿服务团队两支队伍,按照"化学人的素养""化学人的技能""化学人的责任"三大框架,用好组织建设、科技创新、素质技能、志愿服务四个抓手,培养青年明辨、勤学、求是、笃行、创新五种精神。

(三)悠久的历史沿革

"我是化学人"科普志愿服务团队由从2012年做简单的科普志愿服务活动,发展到后来的与福建省科技馆,福州市科技馆等十多个校外单位共同合作开展科普志愿服务活动,并在校团委的关心和指导下,学院团委与福州市闽侯团县委深入开展校地合作,建设了闽侯县上街浦口小学科普体验中心、闽侯县上街实验学校科普体验中心、闽侯县青少年宫科普体验中心、闽江师专附属实验小学科普体验中心四所科普体验中心。学院团委积极打造动漫、漫画等线上线下科普文创产品35件,完成了1部宣传片,1部《萌葵化学游园寻梦记》科普动漫作品,《小葵"八不"巡城记》《小葵捉妖记》等9册科普系列漫画,《你不知道的化学》科普手册及苯宝宝马克杯、U盘、钥匙扣等诸多科创文化产品。

(四)显著的工作成效

在学院"我是化学人"团学工作品牌的引领下,学院各项工作全面开花:2015—2016年连续两年获得中国青年志愿服务项目大赛银奖、2016年获"创青春"创业大赛国家级铜奖等国家级荣誉91项;2015年获福建省"五四红旗团委"、2017年获第二届福建省高校学生社团嘉年华"百佳社团项目"银奖等省级组织荣誉11项;2016年获全国化工设计赛二等奖等专业竞赛国家级荣誉37项、省级荣誉22项;2015年获全国啦啦操联赛第一名、2015年获福建省大学生排球联赛金奖等文化体育类荣誉国家级5人次、省级10人次、校级特等奖和一等奖6项;2名同学获得中国大学生"自强之星"提名奖。自2012年以来,福建师范大学化学与材料学院"我是化学人"科普志愿服务团队连续5年获福建省"三下乡"社会实践活动"优秀团队"称号。

(五)广泛的社会影响

学院团委不仅在校园内打响了"我是化学人"品牌,还在福州市各大高校范围里引起了"品牌效应"。"我是化学人"科普志愿服务活动得到了众多包含人民网、中国青年网、搜狐网等有影响力的主流媒体的大力宣传报道,国家级43次、省级54次,为学院和学校赢得了较好的社会美誉度。

二、经验做法

(一)高位嫁接强强联手,开展科普志愿服务活动

学院团委在校团委、学工处和学院领导的关心和指导下,在地方团委、地方企业的帮助下,学院和诸多教育组织进行密切合作,如福建省科技馆、福州市闽侯县团委等强强联手以宣传学院品牌形象,实现"我是化学人"品牌的推广,帮助闽侯地区中小学建设四个小葵科普体验中心,并通过开设科普公开课,组建课外兴趣小组,设置科普宣传栏、科技文化墙、科技展示体验区,以周末"科技人才展示周"、"全国科普日"、六一、寒暑假社会实践等节假日为契机,向社会大众开展科技展示、手作体验活动。

(二)实行线上线下联动,打造学院专属品牌形象

学院充分发挥校团委"五微五阵地"新媒体体系优势,依托网络平台全面推广科普文化产品。学院依托专业优势创作小葵科普系列文化产品,以动漫、漫画、涂色明信片、台历等方式提供具有丰富营养的精神食粮,实现线上线下联动。

"苯宝宝"作为学院团委学生会专属品牌形象,充分体现了化学人勤奋认真、刻苦钻研、敢爱敢拼的优良品质,也象征着学院脚踏实地、敢于创新,为社会培育新型人才而不懈努力的精神。

三、思考启示

(一)团学品牌建设对开展思想政治教育工作的启示

(1)团学品牌建设要与专业相契合。"我是化学人"团学品牌立足学院专业特色,利用化学技能传播科普知识,具有内在的生命力,获得了学生群体的广泛认同和参与。

(2)团学品牌建设要与时代相吻合。"我是化学人"科普志愿服务活动理念和新时代宗旨相吻合,通过科普志愿服务活动帮助解决我国留守儿童问题,并为他们传播科学文化知识。

(3)团学品牌建设要借助新媒体平台。学院团学品牌建设依托新媒体时代这个大背景,充分利用微博、微信等有影响力的新媒体平台进行线上宣传"我是化学人"品牌。

(二)对团学品牌今后将进一步加强和改进的思考

(1)拓展科普体验中心建设,实行小葵科普推广计划。现如今,学院已建设有四所科普体验中心,学院团委还计划将科普体验中心进一步拓展到闽侯县乃至福州市周边地区,形成示范效应。学院立足民生、关注社会热点,针对留守儿童焦点问题,以"我是化学人"科普志愿服务项目为蓝本基础,协同闽侯地方团委、地方企业、校团委及各学院团委的力量,面向闽侯县农民工子弟小学,共同开展执行小葵科普推广行动计划,力争在未来6年内,整合多方资源,将科普计划推广至闽侯县70%的地方农民工子弟学校。

(2)科普漫画产品结集成册,编写科普相关的教科书。学院团委筹划将小葵科普漫画系列产品整合成册,一方面,漫画结集成册方便青年朋友进行阅读,促进同学们更好地了解科普文化,另一方面也传播了科学文化知识,拓宽了同学们的视野。同时,学院将同闽师专附小合作编写一份科普相关教材,进一步加强推广力度。

新时代、新征程、新挑战、新作为,化学与材料学院全体青年将高举团旗跟党走,坚持习近平新时代中国特色社会主义思想,积极培育和践行社会主义核心价值观,全力建设"我是化学人"这一团学品牌,努力使团组织真正成为联系和服务青年学生的坚强堡垒,在向上向善的道路上凝聚力量,奋勇向前!

(化学与材料学院　郑瑜辉)

打造"外语+志愿服务"品牌
发出福师青年"青春最强音"

一、品牌内涵

(一)品牌背景

外国语学院顺应改革开放和时代发展潮流,力争走在志愿服务前列,将外语特色与志愿精神、专业优势与服务内容相结合,通过"外语+志愿服务"特色活动,服务海西建设。积极组织学院志愿者参加各种大型赛会和外事活动等翻译志愿服务工作,努力搭建交流沟通桥梁。在多年的志愿服务活动中逐渐形成"以专业知识为基础、外语优势为媒介、志愿精神为本心、高效服务为内涵"的具有国语学院特色的青年志愿服务品牌。

(二)历史沿革

外国语学院历来高度重视学生参与翻译志愿服务工作,力求在高水平的专业服务中提升学生的专业视野、职业素养和学习潜能。从最初每年主动承担"5·18海交会"和"6·18成果交易会"的翻译工作,到2016年主办方主动邀请学校外语志愿者服务亚洲合作对话(ACD)暨青年企业家创新峰会和中国福建省—非洲国家合作对接会,外国语学院外语志愿者已经能够独立承担外语翻译和嘉宾接待工作,他们充分利用自己优秀的专业知识水平和技能,在会议中尽职尽责地服务,展现了中国青年、师大青年、外院学子的良好形象。

2017年为更好地迎接和推进金砖国家政党、智库和民间社会组织论坛暨福州"三合一"会议的顺利开展,学院选派了170名志愿者为大会提供了礼宾和涉外事务保障、会务保障、中联部保障、酒店服务质量保障、旅游服务提升、基层交流翻译解说、宣传文艺和配套保障等服务。同年,应平潭组委会邀请,学院派出156名志愿者参与了平潭——中国·小岛屿国家海洋部长圆桌会议及海岛论坛服务。2018年福州迎来首届"数字中国"建设峰会,学院志愿者积极参与,承担着一对一嘉宾陪同、外语翻译、媒体采访沿线服务保障、媒体酒店咨询引导、新闻中心运营服务等多项服务,成为志愿服务舞台上一道亮丽的光芒,为"一带一路"的倡议添砖加瓦。

(三)工作成效

外语志愿服务已经成为外国语学院一张极具影响力的名片。学院积极响应习近平总书记在十九大中所倡导的"推进志愿服务制度化,强化社会责任意识和奉献意识",大力践行社会主义核心价值观,不断发展壮大志愿服务队伍,不断改进完善组织管理和培训制度。

学院志愿者数量每年稳步增加,含本科生、研究生及教职工在内的成员结构呈现多样化,骨干人才占比多,报名与参与大型志愿活动的人数逐年增加。志愿者具备良好的专业知识水平和技能,整体素质大幅度提高,具备大型赛会各种岗位、各项工作的经验,执行力增强,服务效率和质量全面提升,为各式大型赛会服务岗位提供源源不断的有效供给。志愿服务项目领域不断拓宽。志愿服务管理体制逐步健全,运行效能不断增强,可持续发展能力逐年提升。

(四)社会影响

在大型赛会志愿服务中,外院学子走出校门,志愿之花处处盛开。志愿者们谨记志愿服务要求,遵守志愿者纪律,在展现良好青年志愿者形象的同时,激发了社会人士参与志愿服务的热情,志愿服务得到了主办方在内等社会各级的广泛赞许和响应。

以创建"志愿名片"为契机,以志愿服务作为践行社会主义核心价值观的有效载体,外院人用温情服务他人,演绎正能量故事,为魅力榕城的建设助力添彩。

(五)媒体报道

匠心打造志愿服务品牌,媒体报道传递外院志愿声音。在外国语学院志愿服务工作不断发展、志愿队伍不断壮大的同时,校内外主流媒体聚焦并跟踪报道外院志愿服务事迹。

中国青年网、搜狐网、福州日报、福州晚报、平潭时报等媒体都对外国语学院外语志愿者的工作做出过报道。在上海世博会中,志愿者周倩同学的表现突出,被《福州晚报》等媒体赞誉为世博会福建馆的"第五宝";在"中国福建省——非洲国家合作对接会"上,外交部非洲司司长林松添称赞志愿者们是"最美的花朵";亚洲合作对话临时秘书处秘书长班迪·林沙军与青年志愿者畅谈,为外国语学院青年志愿者的热情和积极点赞,他说:"大会期间,我受到了志愿者们热情的欢迎与周到的接待,这将成为我永远美好的记忆。"

二、经验做法

(一)健全机制,让青年志愿服务更加有序

外国语学院坚持按照规范化的标准加强青年志愿者组织建设,按照学院青年全员参与的原则加强志愿者队伍建设,按照无缝隙覆盖的目标加强志愿者网络建设,建立起由一个总协会、四个分会、数十支志愿服务队伍和约1400名青年志愿者组成的志愿者工作运行管理体系。

同时,学院有着完善的志愿服务认证体系,利用线上记录和线下核实相结合的方式,保证每一份志愿服务得到妥善认可和记录。此外,学院每年定期对志愿活动达到既定标准而且有示范性效果的志愿者们给予表彰奖励,激励青年向优秀个人学习,促进青年更好地加入志愿服务中。

(二)拓展阵地,让青年志愿服务生根、开花、结果

学院领导高度重视,立足实际,青年志愿活动扎实推进。通过积极努力推进,为学院志愿者提供更加广阔的服务平台。同时,学院紧扣专业特色,将志愿精神、专业实践与服务内容紧密结合,提高了青年的参与度,也锻炼了青年志愿者的服务能力。同时,注重新媒体的运用,充分利用QQ空间、新浪微博、微信公众号、学院网站、青年之声等媒体平台对活动进行广泛的宣传报道,努力营造广泛参与的良好气氛,扩大活动的传播范围,提高活动影响力,进一步推动青年志愿服务活动深入持续开展。

三、思考启示

现如今,青年志愿者已然成为中国志愿服务的"主要创办者、重要推动者、活跃排头兵",推进青年志愿者工作,有利于促进"奉献、友爱、互助、进步"的志愿服务精神深入人心,也有利于帮助青年树立正确积极的价值观。增进青年对瑰丽的中华文化的认识,使他们在贡献知识、服务社会的同时,增强自身文化自信。在众多大型外事服务项目中,外国语学院志愿者作为中外文化交流的桥梁,在锻炼专业水平的同时,增强了自身跨文化交际能力,让更多"中国故事"传向世界,让中国声音传播到世界的各个角落,让更多国际友人了解中国、爱上中国。

党的十九大报告中曾明确提出"推进志愿服务制度化,强化社会责任意识、规则意识、奉献意识"的要求,而当代青年正是志愿服务的中坚力量。青年们"生逢

其时,重任在肩",肩负着民族复兴的责任与使命。为了更好地发挥青年在社会服务中的力量,外国语学院将会继续推进青年志愿服务系统化、多样化、专业化,将志愿服务精神深深扎根学院青年心中,让青春之花绽放在社会需要的地方,以青春梦想、用实际行动,为实现中国梦做出新的、更大的贡献。

(外国语学院　陈晗霖　张以琛　张丽君)

"Bridge"助残服务队开创志愿服务新模式

一、品牌内涵

体育科学学院"Bridge"助残服务队成立于2011年3月15日,是福建省首家大学生专业助残志愿服务团队。团队成立7年来,始终秉承"有爱无碍,共享生命阳光"的服务宗旨,积极践行"奉献、有爱、互助、进步"的志愿者精神,以"专家""专业""专心"为落脚点,努力打造志愿服务新模式。服务队的助残事迹得到了《福建日报》《福建公共频道》《福建综合频道》等新闻媒体的报道。

二、经验做法

(一)专家指导,强化志愿服务顶层设计

"Bridge"助残服务队建队7年来,骨干管理成员共99人,其中教授3人、副教授2人、讲师2人、博士生10人、研究生26人、本科生56人。亚洲残疾人体育协会副主席、体育科学学院原院长梅雪雄教授、福建省残疾人体育研究中心秘书长、博士生导师吴燕丹教授长期担任团队指导老师。两位教授在充分分析当前社会残疾人体育发展需求的基础上,将"Bridge"服务队精准定位于通过开展残障人士大型赛事、日常健身指导、助残宣传等志愿服务改善和提高残疾人群体身心健康,帮助残疾人实现社会融合和体育运动共享。同时结合学院体育教学研究、运动心理分析的优势和残疾人的特定需要,找准切入点,制定出"研究—服务—实践"三位一体的品牌发展战略,形成了富有个性和特色的高校专业的志愿助残服务品牌。

(二)专业引领,推动志愿服务质效提升

一是注重"服务规范",建立培训长效机制。首先,抓专业培训。针对助残服务特点,根据志愿者的服务意愿与能力特长,结合残疾人的特定需求,举办各类志愿助残培训班,对志愿者进行助残服务技巧、礼仪以及相关专业知识与技能的培训,切实把助残志愿者的岗前培训抓实抓好,提高志愿助残的服务质量与专业水平。其次,抓骨干力量。服务队通过选派志愿者骨干参加残疾人健身指导员资质认证,发展助残健身指导员队伍,使他们成为志愿服务的中坚力量。最后,抓平台建设。学院在全国首创"特殊人群体育服务与管理"的体育教育本科平台课程。该平台吴燕丹教授长期担任志愿助残服务队指导老师。吴老师结合学生专业学习,设计志愿服务项目,把课程与助残服务结合在一起,在教学中渗透志愿服务培训内容,将志愿服务过程作为课程教学实践,教学与服务相得益彰。

二是"量身定制"内容,培育助残实效项目。服务队师生从自身专业出发,针对残疾人群体量身定制了"残疾人健身操""轮椅八段锦"等助残、助障服务项目。七年来,坚持每周六下午到东湖大院为残疾阿姨们教授健身操。2013年5月6日,《福建日报》第6版政文版《中国梦 我的梦》专栏以《我们用青春的梦想装点校园》为题,报道了学校学生为实现梦想而执着奋斗的逐梦故事,其中一个突出的亮点就是"Bridge"助残服务队与东湖大院残疾阿姨之间的故事。另外,服务队师生在长期助残服务实践的基础上,根据残障人士的生理特点,不断调整,反复打磨,创编了五套轮椅健身徒手组合操,获得全国第一届残疾人康复体育服务大赛一等奖(该项成果已被中国残疾人联合会购买)。2018年6月,受中国残疾人联合会和福建省残联委托,将在福建师大举办轮椅健身操培训班,向全国推广。

三是专注"特奥融合",打造助残服务示范性。目前全国近百所学校加入特奥融合计划,学校第一批入选。体育科学学院被授予"中国特奥运动研究基地",每年都承接国际特奥东亚区的大型赛事或融合活动。"Bridge"助残服务队核心骨干专注研究"特奥融合"计划,连续7年参与该计划大型赛事或融合活动的策划组织等相关工作。同时,服务队招募的志愿者为活动提供专业的志愿服务。鉴于核心骨干团队常年致力于特殊奥林匹克融合学校计划等活动实施,效果甚佳,经验丰富,"Bridge"助残服务队于2018年受聘为东亚区特奥融合学校计划技术指导团队,将到全国8个省市的特教学校进行技术指导,开展东亚区特奥融合学校活动,打造了助残服务的示范性。

(三)专心服务,提升志愿服务育人成效

1. 参与人数多

服务队成立至今,招募志愿者超过6000人次,策划组织各类大型赛会及日常社区服务,锻炼了一大批优秀志愿服务骨干。服务队与福建省残疾人联合会、福州市第二福利院、福建省残疾人福利基金会等6家助残单位签订了长期合作协议,建立了5个固定助残服务点,开辟了福州市杨桥路河南社区、东湖大院两个体育助残试点社区,参与大型残障人士体育赛事服务31场,如全国聋人运动会、东亚区特奥大学计划融合活动、全国残疾人田径锦标赛等赛事、2018年全国特奥足球比赛暨全国第十届残运会等,提供志愿者5873人次、总时长约28000小时的志愿服务,帮扶残障人士约11000人次。

2. 社会反响好

项目实施至今受到社会各界的关注与肯定。2014年12月,"Bridge"爱心助残志愿服务项目作为福建省14个参赛项目之一,参加了全国"首届中国青年志愿服务项目大赛",荣获银奖,该项赛事为国内最高级别的志愿服务评比。2016年荣获"福建省首届品牌志愿服务项目"金奖。

3. 育人效果佳

通过长期、多样的志愿服务锻炼,志愿者们学以致用,用以促学,增长了才干,提高了能力,在各方面都取得了喜人的成绩。一是志愿氛围更加浓厚。在"Bridge"服务队品牌效应的影响下,学院全体本科生均为注册青年志愿者,志愿服务蔚然成风。除了助残服务外,学院平均每年有1000人次参与各类志愿活动。二是榜样人物不断涌现。在助残服务的砥砺下,服务队涌现出全国大学生社会实践先进个人、"福建师范大学首届道德模范"等一大批优秀学生典型。

三、思考启示

回首过去,"Bridge"服务队七年的助残工作提升了学院服务社会的影响力,扩大了学校的社会影响,为学校、学院赢得了荣誉。"Bridge"助残服务队充分展示了青年学生用所学知识改善和提高残疾人身心健康,为社会、为他人乐于奉献的高尚情操。同时,通过志愿服务提高了大学生志愿者的精神凝聚力和文化凝聚力,加强了对大学生志愿者的思想引导和行为引导,协调了学校教育与社会教育的关系。

面对新时代、新征程、新任务,学院将继续不忘初心、砥砺前行,发挥专业优势,弘扬志愿服务精神,践行社会主义核心价值观,倡导扶残助残的社会新风尚,为帮助更多的残疾人自强自立、融入社会,再立新功,谱写更加绚丽的志愿助残服务新篇章。

(体育科学学院　彭艳　钟晓波　吴燕丹)

汉语教师志愿者 传播中国文化的使者

一、品牌内涵

(一)首开先河,花开香远

2003年,在国家汉办的指导下,学校与菲律宾菲华商联总会商议合作开展"赴菲汉语教师志愿者活动",并于6月6日首次向菲律宾派遣17名汉语教师志愿者,就此拉开了海外汉语教师志愿者项目的帷幕。如今15年过去了,学校汉语教师志愿者队伍不断发展壮大,派出人数从首批17人增至886人次(至2018年6月);派出目的国也逐渐扩展为菲律宾、泰国、越南、印度尼西亚、韩国、智利、柬埔寨、美国、尼泊尔、蒙古、印度、西班牙、多米尼加、澳大利亚、缅甸、英国、坦桑尼亚17个国家。

(二)秉承精神,誉满全球

一批又一批汉语教师志愿者传承和发扬优良传统,在汉语国际推广的一线岗位上勤勉执教,展现了中国志愿者的风采,以良好的精神、扎实的作风、饱满的热情和突出的业绩给各国人民留下了美好的印象,得到了任教国和华文教育界的广泛好评,得到了我国驻外大使馆和国家汉办的赞扬与肯定,为学校赢得了声誉。在菲律宾他们被誉为"来自中国的天使""最可爱的人"。2007年1月16日,正在菲律宾访问的时任国务院总理温家宝亲切会见了我校志愿者师生代表并合影留念。著名学者余秋雨更为学校志愿者题赠赞词"海外华语教育,是一项令人感动的伟大事业"。

二、经验做法

(一)以品牌特色为目标,高度重视志愿者选派工作

一是精心组织。学校高度重视是多年来汉语教师志愿者工作得以顺利开展

并取得丰硕成果的根本保证。由分管校领导任组长的工作领导小组,每年精心组织国家汉办委托的志愿者选拔考试和岗前培训工作。汉语教师志愿者项目,日渐成为学校的名片之一。

二是长效关怀。学校经常组织安排慰问志愿者,关心关注其在外的安全和教学情况。每年为任满回国志愿者颁发校长嘉奖,举办赴任志愿者出征仪式,以回国志愿者在海外辛勤执教、弘扬中华文化的奉献精神和模范标杆作用不断激励新一批志愿者。

(二)以实习实践为形式,有效激发志愿者参与热情

一是提供就业机会。汉语教师志愿者选拔对象是大学本科应届毕业生、在读或应届硕士毕业生,重点针对汉语国际教育、英语、中文、教育等相关专业进行选拔。汉语教师志愿活动,既成为在读研究生实习、实践的机会,也为应届本科、研究生提供就业岗位,激励他们为汉语国际推广事业奉献青春、建功立业。

二是激励成长成才。志愿者在国外面对复杂的形势和局面,独立开展教学改革、传播中华文化,任满回国后,许多志愿者明显地感受到自己的成熟与成长。许多有志从事汉语国际推广事业的志愿者,在毕业后选择重返志愿者岗位,继续加入海外汉语教师的队伍中。

(三)以赴任安全为重点,严格规范志愿者教育管理

一是不断完善管理制度。为做好志愿者的海外教育管理工作,学校积极落实国家汉办的要求,专门制定汉语教师志愿者的"教学生活管理规定""志愿者守则""遭遇突发事件预案"等一整套规章制度并编印成小册子,人手一册。

二是重视党员意识教育。海外教育学院作为汉语教师志愿者工作的具体实施单位,为每一批志愿者召开行前动员会,强调党员的原则底线,明确志愿者的身份和工作性质,时刻注意自己的言行举止,妥善处理"传播中华文化"与"尊重本国习俗"之间的关系,既做文化的坚定传播者,又做祖国的忠实拥护者。

三是畅通信息反馈渠道。海外教育学院通过电话、短信、QQ、微信等多种网络平台与志愿者建立起沟通、交流渠道,安排志愿者赴任前、赴任中和回国后的各项事宜,确保每一位志愿者顺利派出、安全回国。适时与志愿者们取得联系,跟踪、了解志愿者在海外的动态和情况,从思想政治、组织纪律、行为规范等方面进一步对志愿者提出要求。

(四)以专业培训为抓手,有效提高志愿者能力水平

一是建立分类教学的培训体系。学校每年承担国家汉办汉语教师志愿者岗

前培训项目,针对不同专业受训志愿者的需求,实行差异化教学。如外语专业志愿者加强汉语教学能力培训,赴任小学、幼儿园的志愿者加强中华才艺培训,从而帮助志愿者及早适应教学实践中出现的问题。

二是深化经验传承的应用推广。学校每年召开汉语教师志愿者回国经验交流会和新任志愿者出征仪式,邀请回国志愿者与新任志愿者座谈交流。通过总结、梳理每一批志愿者一线教学的做法和文化交际中的经验,搭建新老志愿者沟通交流的平台,及时掌握海外汉语国际教育的发展趋势,共同探讨、改进海外汉语教学和管理方法。

三、思考启示

(一)坚定信念,加强文化自信教育

志愿者们作为推广汉语和传播中华文化的中坚力量,必须具备绝对的文化自信,才能在当地社会文化环境的交流交融交锋、互动互通互鉴中,以爱国为国的理想信念为"压舱石",坚定自己的政治立场,展现中国人应有的风采。应该重点挖掘、收集志愿者展现中华文化自信和国人风采的先进案例,如传播中华文化的先进做法、遇到文化偏见时如何正确做出文化解释等。通过用朋辈成功的真实故事和志愿情怀感染、激励他人,发挥志愿者群体中先进分子的带头作用,也为一批又一批的志愿者提供彰显文化自信的具体做法。

(二)坚守立场,加强适应冲击教育

志愿者身处任教国与本国的多元文化冲击中,容易产生焦虑、失落和挫败感,应该积极关注志愿者的文化适应问题,开展"跨文化教育"和"跨文化训练",让志愿者了解中西方文化差异,帮助其熟悉跨文化交往中所需的行为、认知和情感,才能在多元文化的交流交融交锋、互动互通互鉴中,坚守自己的政治立场,展现志愿者应有的风采。

(三)坚强后盾,加强就业保障服务

汉语教师志愿者项目的持续发展不可能一直依靠学生的奉献精神来维持,唯有良好的归国保障机制才能让志愿者队伍不断壮大。所以汉语教师志愿者任满回国后的再就业或继续深造问题成为学校、学院今后努力的重点。如针对志愿者的专业和经历建立就业信息平台,及时为志愿者提供就业信息服务;邀请国家汉办管理人员、个人事业发展良好的志愿者及职业规划师与志愿者沟通交流,为志愿者的就业发展拓展思路。

学校力求进一步改进、加强和创新汉语教师志愿者工作,充分发挥汉语教师志愿者在"一带一路"倡议中的积极作用,充分利用自身优势,为汉语国际推广与发展贡献出自己的一份力量。

（海外教育学院　涂怡弘　吴铁坚）

健全"四导"模式　引领志愿新风

改革开放40年来,国家经济快速发展,国家对于旅游业的发展愈加重视,旅游业在国家扶持政策以及社会经济发展的影响下,发展势头迅猛。学校作为一所历史悠久的百年名校,抓住改革开放的时代潮流,科教兴国、人才强国的发展机遇,凭借建设海峡西岸经济区的春风,锐意进取、开拓创新,为国家培育出众多优秀人才,旅游学院旅之风校园文化服务中心便在这一时期应运而生。

一、品牌内涵

(一)服务中心发展历史沿革

旅之风校园文化服务中心在旅游学院党委和团委的领导下,全体成员精神风貌良好,中心思想始终与党中央保持高度一致,切实践行知明行笃、立诚致广的校训精神,形成了爱国爱党、荣校爱生的团队文化。结合专业教学,中心师生积极利用所学知识,学以致用,将专业与实践相结合,奉献和创新相结合,既锻炼了实践动手、与人交往能力,又用实际行动诠释了当代大学生"奉献、友爱、互助、进步"的志愿服务精神,成为提升学生专业素质、展示教学实践成果和青年大学生良好风貌的一个实践平台。自2009年成立至今,服务中心成员长期服务于校园各类志愿接待活动,成为展示学校历史文化与校园风景的独特窗口。

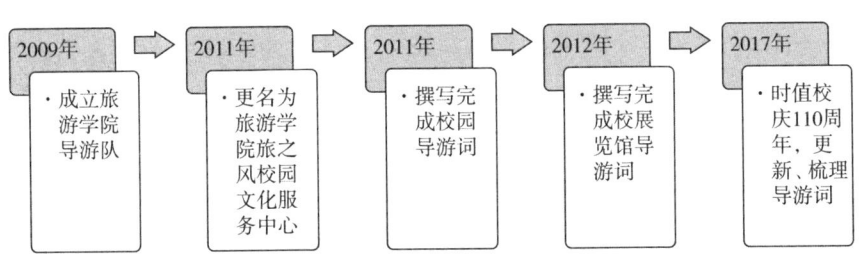

旅之风校园文化服务中心发展历史沿革

（二）服务中心制度建设

服务中心建立了严格的培训、考核制度，定期开展志愿导游员的实操培训和实践锻炼，每周一到周五定期定点开展晨读训练，全员打卡报到，训练内容包括普通话练习、导游词、形体礼仪培训和模拟讲解等；每周三下午为导游队例会时间，学习总结、查漏补缺，组织团队素质训练和拓展；定期邀请全国、省、市十佳导游员等专业导游、老师为成员进行导游讲解技能培训，提高导游服务中心导游员的专业素养；积极与行业组织、各大景区、其他高校建立合作，拓展校外第二课堂。

（三）服务中心所获荣誉

服务中心是学校的特色精英队伍，涌现出一大批优秀人才，先后荣获多项荣誉：学院 2011 年暑期社会实践一等奖；2012 年陈俊杰同学获福建省"未来导游之星"大赛一等奖（本科组第一名），陈彦墅获二等奖（本科组第三名），李文祥老师获"优秀指导教师奖"，并于 2012 年获福建省"天翼杯"第二届海峡之星导游大赛中文组二等奖，被授予全省十佳导游员、海峡导游之星、青年岗位能手称号、省巾帼建功标兵称号；2014 年苏伟锋同学获第六届全国旅游院校服务技能大赛（导游服务）大赛二等奖，高耀鑫和温歆怡同学获英文组三等奖，邱丽娜荣获中文组优秀奖；2016 年苏伟锋和王嘉茉同学荣获第八届全国旅游院校服务技能（导游服务）大赛中文组三等奖，黄鑫和曾韵熹荣获英文组三等奖；2018 年吴小强、陈黎静同学分别获第十届全国旅游院校服务技能（导游服务）大赛中文组、英文组二等奖，侯愉熙、吴鹏程同学分别获中文组、英文组三等奖。

二、经验介绍

（一）建立健全"四导"模式

校园文化服务中心作为校园内的特色学生团队之一，应努力落实"党委领导、团委引导、分类指导、课程辅导"的"四导"管理模式。一是党委领导应把握导游队发展方向；二是团委引导，助推导游队发展；三是实行分类指导，提升导游队服务工作水平；四是加强课程辅导，规范导游队活动。

（二）准确定位，高效运作

校园文化服务中心的工作与政府公务接待在性质与特点上有诸多相似之处。对于导游队伍的建设应进行准确定位，力争做到高标准、高起点，积极争取校各级部门如校办公室、校学工处、校团委以及旅游院系的大力支持与帮助，唯有如此才可能为校园导游队争取到各种支持和实践锻炼机会。

(三)健全激励、奖励机制

为维护学生服务的积极性、培养学生主动服务意识,应建立健全激励、奖励机制,如开展团队内部和外部评比,适当对学生给予通报表扬和相应的物质奖励,适当增加综合测评比重,设立勤工助学岗等。

(四)寻求各方援助,写好导游词

向学校各级机关征求资料,组织学生对校内相关人员进行访谈,凝练校园景点,打造校园特色景观,使中心成员加深对学校历史、学科建设、特色内涵等的理解,同时尽量将区域文化、民族风情、地理历史文化以及学生的日常生活、学习感受融入导游词中。导游词撰写力求做到准确、生动而富有特色。

(五)精于锻炼,打好基本功

定期开展晨读,邀请播音主持专业老师或学生,指导团队成员进行发声练习,讲好普通话,背诵导游词;定期组织学生在校园内进行实地路讲和车讲,控制讲解内容和讲解时间,以量化为基础,同时做到活泼生动,形成个人讲解风格。鼓励导游队员主动为校内外人员提供讲解服务。

(六)做好宣传,提升学生集体和个人荣誉感

当代大学生处在一个信息高速发达的时代,微博、QQ、网站论坛、微信公众号等各种网络平台为学生提供信息交流平台,应注重利用现代网络媒体等宣传平台,及时发布信息,组织好宣传活动,营造学生集体和个人荣誉感。同时良好的宣传可以让更多人了解校园文化服务中心,为各位成员带来更多锻炼机会,从而实现良性循环发展。

(七)定期开展相关培训课程

开展诸如校园文化传播巡礼月等活动,邀请社会知名导游、旅游专业教师、礼仪培训老师、化妆培训老师等开展系列讲座,指导学生开展实践,注意礼貌用语,采用公务接待标准礼仪,学习彩妆化妆和服饰搭配等。

(八)探索创新,形成特色

树立创新理念,以科学发展观为指导,勇于探索,大胆进行改革和试验,不断总结实践经验,推陈出新,构建新的运作模式,结合学校特色,融入当代大学生积极健康元素,组织征求设计校园导游队标、队服、导游旗、导游帽,配备便携式扩音器、旗杆、激光笔等相关配套设施,拔高队伍精神,统一形象,实现校园导游队标准化发展。

三、思考启示

随着校园景观艺术审美性的增强,公园化校园的大量涌现,以及近年来旅游院校和旅游产业的不断发展,以高校为主体的各类院校已经开始积极筹建校园导游队,旅之风校园文化服务中心无疑已经成为学校历史文化的传播者,扮演着校园形象大使的重要角色,成为展示学校形象的亮丽窗口。恰逢改革开放 40 周年之际,学院立足于现在,放眼未来,力争将校园文化服务中心的工作阵地由校内向外拓展,积极培养各类高素质优秀旅游业从业者。

(旅游学院　李文祥)

第六章 06

| 社会实践 |

——在力学笃行中促进知行合一

篇 首 语

  学校高度重视实践育人工作,坚持"广覆盖、促发展、提能力、获真知"的社会实践工作理念,紧跟时代需求、立足专业特色、强化助力科创,不断完善运行机制、规范实践流程、构建激励机制、打造品牌活动。近年来,学校社会实践呈现出专业优势凸显、资源共建共享、社会影响广泛的良好局面,促进了学生综合素质的全面提升,真正实现了大学生在社会实践活动中"受教育、长才干、做贡献"的育人目标。

搭建实践育人平台　助力青年成长成才

一、品牌内涵

社会实践是高校人才培养体系的重要组成部分,也是高校科学研究的重要支撑和社会服务的基础平台。近年来,学校通过不断完善制度、创新措施,开创了课余经常性实践、双休日重点性实践和寒暑假期集中实践"三种模式"齐头并进的组织形式,搭建了社会实践国家级重点队、省级重点队、校级重点团队、院级团队、个人分散实践"五级梯队"的组织体系,确保社会实践活动的覆盖面和实效性。每年学校组织百余支社会实践重点队,依托专业实践,内容覆盖广,共有2万余人次参与,各类重点队在国家级、省级、校级以及专项评选中荣获佳绩。

二、经验做法

(一)组织有力,打造实践运行机制

学校高度重视实践育人工作,校党委成立社会实践工作领导小组,形成了党委统一领导、校团委全面协调、各职能部门积极配合、各学院具体实施、大学生主动参与的社会实践工作格局。

学校重视专业实习与社会实践相结合,推动第一课堂与第二课堂的优势互补和有效衔接,出台各类文件,把社会实践纳入学校教学、大学生素质拓展计划,制定了以专业优势为基础、倡导重点团队带动全校积极参与的指导方针,对大学生参加社会实践提出时间和任务要求,使社会实践成为大学生在校期间的必修课,成为记录和评价大学生综合素质的重要指标。

同时,建立多元化的经费筹措机制,加大学科专业经费的合理配置,鼓励教师积极参与指导大学生社会实践,在工作量考核、职称评定、评先评优等方面给予倾斜,完善学生社会实践的考核评价机制,重在考察实践过程中的具体表现和活动成效,有效防止"重热闹""走过程"。

(二)严格管理,规范实践全流程

严格管理社会实践队伍,系统开展社会实践活动,是充分发挥实践活动及夯实实践育人的基础,为进一步提高学校人才培养质量提供重要保证。作为社会实践协调部门,校团委制定社会实践手册,完善规范社会实践流程。在队伍组建上,各实践队由校团委统筹,院团委直接管理,形成以专业重点实践队为主、个人分散实践为辅的运行机制。学校根据团中央、团省委文件精神,发布学校社会实践文件,各学院指定社会实践总体方案及各实践队的申报材料,经审核无误后参与实践,最大限度确保团队组建的可行性、安全性、科学性。

在活动实施过程中,学校树立了"安全第一、预防为主"思想,加强安全教育和保障,形成安全工作责任制,在实践前夕开展社会实践动员大会,着重强调安全问题。校团委严格规范社会实践团队的考核制度,设置中期线上汇报,要求提交社会实践心得和新闻稿,学院社会实践领导小组负责查收、审核等环节,确保各个实践团队顺利进行。此外,学校高度重视实践成果巩固,以社会实践评比等契机,选拔优秀单位、优秀团队、优秀个人,在校内树立典型,扩大实践育人的影响力,并定期组织开展"实践归来话成就"经验交流及分享会,发挥优秀团队带头作用,扩大教育成果,传承实践经验。

(三)开展培训,提高社会实践技能

学校社会实践工作以"广覆盖、促发展、提能力、获真知"为理念,为进一步提升学生社会实践能力及水平,确保每一支队都能掌握基本的实践知识,完成必要的实践培训,并使社会实践体系化、高效化。校团委联合各学院推出学生社会实践能力培训,培训以实践实际为基础、以学生需求为导向,课程设置包括社会实践内容解读、安全教育、专项解读、团队分享会等。社会实践内容解读包括组建团队、确立主题、制订计划、具体实施、总结成果等内容讲解;专项解读由专题项目牵头单位进行解读宣讲;团队分享会则邀请往年社会实践优秀团队围绕科技创新、军事训练、国际交流、专业实践、精准扶贫、环境保护、社会调研等方面进行了分享。

除此之外,学校为提升社会实践技能,定期刊发《社会实践成果简报》,及时总结在社会实践、学术论文、科技创新等方面的经验,注重在选题与立项、调研步骤与方法、实用文体写作等方面全面系统地指导学生完成社会实践报告、总结。

(四)调动积极性,完善激励机制

为激发调动积极性,学校努力完善相关激励机制:第一,设立专项经费,为社会实践提供经费、物资、物料保障,特别倾斜校级重点专项,建立奖励资金,对在实践过程中产生重要成果的团队进行奖励,并将此项目列为下一年度重点专项,保障项目孵化。此外,学校秉承"实践育人"的教育思想,充分发挥自身资源优势,通过校企合作、地方政府共建等形式建立多类型、多功能的校外实践基地,主动与城市社区、农村乡镇、企事业单位、社会服务机构等联系,将人才培养的场所拓展到社会,争取社会各界对大学生暑期社会实践的广泛支持。截至2018年5月,学校已成功申报五批省级大学生社会实践基地。第二,学校将社会实践列为大学生培养计划中的必修课,规定专属学分,2018年寒假社会实践就被列为学校个性化培养周的一部分,参与寒假社会实践即可抵扣课时分,通过学分制保障学生参与度。此外,学校将社会实践与大学生综合测评相挂钩,通过考核评价结果实行差异加分制奖励,一定程度上激励大学生关注社会实践活动的质量。第三,将社会实践纳入正常教学计划并给予指导教师相应的工作量及津贴同时,推荐优秀带队老师或项目负责老师评定国家级、省级先进工作者等荣誉。

(五)结合专业,打造特色品牌活动

社会实践为思想政治教育和专业教育融合提供了便捷平台。作为拥有百年历史的省属重点师范类院校,在组织开展社会实践中,充分发挥师范特色和学科优势,学生通过暑期社会实践,将所学知识运用到实践中,不断铸造社会实践的精品项目,形成一系列的社会实践品牌活动。

一是结合课题。学校积极采取"带课题下乡"的实践方法,一方面把学生暑期社会实践与教师的科研课题相结合,另一方面学校高度重视各类学生科技立项活动,让学生根据所学专业,发挥学科优势,积极开展科技立项,在实践过程中丰富完善理论知识。设立"挑战杯"专项,利用暑期社会实践调研、考察、撰写实践报告,丰富"挑战杯"内容。如环境科学与工程学院结合专业优势,组建"以河小禹之名,护九龙江之源"实践队,前往龙岩市漳平县开展巡河活动,实地考察九龙江上游的水质情况,开展饮用水源地保护环境教育宣传,并与漳平市团市委、河长办以及水利局取得联系,共同开展三场"我与河长面对面,建言献策护河行"座谈会,进一步加强了与漳平市政府有关部门的沟通,将环保文明新风尚融入切实的行动中,共同维护公共环境,为打造美丽清新的漳平生态环境贡献力量。

二是普及宣讲。为增加暑期社会实践的实效性,避免重"精英"、轻普及的问题,学校在社会实践过程中采用普及宣讲的方法,一方面组建理论宣讲团、国情社情观察团、文化艺术服务团,通过图片展、知识传单、座谈会、文艺汇演、志愿服务等形式下基层、进农村,解决当地的实际问题。另一方面,将实践成果与广大同学进行分享,通过汇报会、分组讨论、演讲比赛等多种形式向未参加实践活动的同学进行宣讲,扩大实践成果,调动同学的实践积极性和主动性。依托文学、音乐、旅游、美术等学院组建文化艺术服务团,开展"艺术进基层"社会实践活动,通过文艺演出、艺术支教等方式为当地群众献上了一场家门口的艺术盛宴,实现了高雅艺术走下舞台、走进基层。

三是项目化管理。学校在社会实践过程中采用并强化社会实践活动的项目化管理方法,确保实践活动的规范化、秩序化和实效化。首先,采取多种方式深入调研,摸清基层需求,结合学校学生专业需求,确定切实可行的实践项目;其次,通过项目招标的方式,公开招募选拔参与实践的学生,并请专业老师对学生进行强化培训。学校积极对重点项目进行跟进,并对实践成果进行评估,及时总结交流经验,并鼓励学生将实践成果转化成论文。依托师范学科优势,在福建省文明办的指导下开展"互联网+乡村少年宫"共建项目,在校内招募优秀本科生及研究生共同参与实施,每年重点利用社会实践的方式与乡村少年宫试点小学进行对接,开展学业帮扶、思想帮扶、文化帮扶活动,为福建省乡村少年宫提供优质网络课程、志愿服务。

(六)加强宣传,创新实践新载体

学校通过构建"五微五阵地",使团学组织微博逐步成为"思想引领、成长服务、组织动员、答疑解惑、工作创新"的五大新阵地。自"五微五阵地"建设以来,学校与学院团委相互配合,依托微博新媒体平台,对实践活动的过程进行宣传,为活动营造良好的舆论氛围。并利用微动漫、微电影、微网文等网络文化产品及微课件制作等形式,为社会实践提供宣传载体。如学校"优青"新媒体骨干成员实践队连续四年参与"井冈情·中国梦"全国大学生暑期实践专项行动,并获得优秀团队与优秀课题成果奖。实践队员们以《井冈山青少年教育基地十大教学点革命故事的数字动漫设计与开发》为课题,对井冈山十大教学点的革命故事进行数字动漫设计与开发,以不一样的展示方式传播井冈山革命精神。从青少年的视角解读井冈山革命精神,为青少年革命传统教育提供新的载体,也使基地的传统教育更加适应当今新媒体普遍发展的需要。

除了学校微平台的铺设宣传外,社会实践队伍还积极向校外媒体和报社或相关网站投递报道,并积极联系当地媒体为实践大力推广宣传。截至2018年5月,校社会实践活动共报名参与301支队伍,获得全国、省级优秀团队共21支,获得中国青年报、中国教育新闻网、人民网等国家级、省级媒体报道共计275次,以及校共青团网站共推送社会实践简报40期,得到了广大师生群众的关注和认可,取得了良好的宣传效果。其中"文艺进社区"实践队开展"高雅艺术进社区"实践活动,受到了社区群众的广泛好评和热烈欢迎,得到了东南网、中国网海峡频道等主流媒体的报道推送,并赢得了福建教育电视台、仓山区人民政府网、文明风网的大力宣传,确实做到惠及人民、共享艺术,保证了活动长期有效地开展。

三、思考启示

学校实践育人结出硕果,2017年,学校被中央文明委授予"全国文明校园"荣誉称号,校团委被授予志愿服务领域最高奖——中国志愿服务优秀组织奖,三明明溪、仓山林浦、金洲社区、福州闽侯蔗洲小学成为省级社会实践基地,学校涌现出了国家级、省级先进个人、先进工作者,"感动福建"十大年度人物——福建师范大学研究生支教团,赴菲汉语教学志愿者等一大批先进典型。

今后,学校将继续秉持"理论联系实际"的实践理念,将学校教育、社会教育和自我教育融合在一起,全面提升学生综合素质,促进学生实现全面发展。

(校团委　谢静杨)

经世济民促发展　助力科创育英才

一、品牌内涵

党的十八大以来,以习近平同志为核心的党中央探索、明确了中国特色社会主义事业的"五位一体"总体布局和"四个全面"战略布局,把生态文明建设和全面建成小康社会作为实现"中国梦"的基础性工程。绿色发展、精准扶贫成为民生大热点、时代主旋律。以引导学生"受教育、长才干、作贡献"为宗旨,经济学院紧跟时代主题、发挥专业优势、结合科研之需,开展了一系列与学科调研、民生考察、区域发展、理论宣讲、专项活动相关的社会实践活动,形成了"教师主导、服务科研,学生参与、助力科创,地方受益、经世济民"多向多维受益的社会实践模式。

近年来,学院组建了长汀水土流失治理模式调研组、"宁德模式"扶贫调研实践队、"河小禹"河长制调研组等社会实践团队,"服务自贸区"实践队入选2015年"强国杯"全国大学生社会实践百强团队,6支社会实践团队获评省级优秀团队。实践所形成的调研报告得到福建省委省政府和地方各部门的认可和采纳,得到了人民网、中国青年网、福建日报、新浪财经等诸多主流媒体的关注和报道。值得一提的是,"长汀调研"实践活动的调研报告《新常态下我国水土流失治理机制的探索——基于"长汀经验"的调查与思考》荣获第十四届"挑战杯"全国大学生课外学术科技作品竞赛特等奖,填补了学校在"挑战杯"竞赛中特等奖的空白。

二、经验做法

(一)紧跟时代需求,服务社会促发展

时代所需就是当代大学生的服务所向。学院紧跟时代之需和国家发展之要,围绕生态文明建设、"宁德模式"、"一带一路"、福建自贸区建设等时政热点,挖掘其研究潜力,打造服务基层、推动经济社会发展的品牌社会实践活动。"长汀经验"调查组针对水土治理进行实地调研考察,运用公共治理理论解读"长汀经验",为打造水土治理"长汀经验"升级版提供理论支撑;"宁德模式"扶贫调研实践队深入宁德市各地,对当地的扶贫状况进行调研,并为解决宁德扶贫开发中的问题献计献策,真正做到理论与实践相结合,为地方经济与社会发展贡献力量。

(二)立足专业特色,发挥优势广献策

学院社会实践活动充分发挥专业特色、人才优势,将理论学习与专业实践相结合,将实践成果与建言献策相融合,全方位提升了师生的专业素养、创新意识和服务能力。医疗关怀天使社会实践队客观研判漳州治理"城乡资源配置"的成功经验,并对存在的问题进行深入剖析,从经济、社会、环境等层面为医疗卫生体制改革的可持续发展提出了包容性建议;海上丝路暑期社会实践队利用专业知识就泉州的海上丝绸之路文化及发展现状进行深入采访调查,为该地企业未来的发展提出诸多可供参考的建议。

(三)强化教师指导,提质增效育英才

专业教师的加入与指导,能够增强社会实践的专业性,提高层次性与实效性。学院"创E自贸区"实践队以1位教授、4位副教授为指导老师,1名博士、4名硕士研究生为科研力量,16名本科学生为实践活动核心,形成多层次复合人才参与的实践团队模式。教授、副教授、博士生、硕士生、本科生等成员参与的全方位、多层次的创新实践新模式,使得多项成果被福建省商务厅和教育厅、省商业集团、平潭区管委会等单位采纳。"创E自贸区"实践活动后期还出版发行了由团队指导老师黄茂兴教授与自贸区研究院成员撰写的《中国(福建)自由贸易试验区180问》《自贸区大时代——从福建自贸试验区到21世纪海上丝绸之路核心区》《历史与现实的呼应——21世纪海上丝绸之路的复兴》共三部专著。

(四)坚持助力科创,成果促赛奠基石

学院把社会实践与"挑战杯"竞赛项目调研紧密结合,形成以课堂教学为基础、以社会实践为依托、以"挑战杯"等竞赛平台为动力的综合体系,建立了实践与比赛相得益彰的高效机制。社会实践调研所形成的成果在各级各类赛事中屡获佳绩:"长汀调研"实践活动的调研作品斩获第十四届"挑战杯"全国大学生课外学术科技作品竞赛特等奖;"河小禹"河长制社会实践团队后期创立了福建鹏枫智能科技有限公司,研究开发了智慧河长平台,作品《智慧河长2.0》先后斩获第八届全国大学生电子商务"创新、创意及创业"挑战赛福建省选拔赛二等奖,2018年"创青春"福建省大学生创业大赛金奖。

三、思考启示

经济学院这一系列社会实践品牌活动全面展示了青年学子用所学知识报效祖国、服务社会、回报人民、完善自我的良好精神风貌,学院将继续深化和创新社会实践活动的好做法、好经验和新探索。

(一)时代所需是方向

学院社会实践始终响应党和国家号召、紧跟时代步伐,在引导学生深入社会、了解国情、接受锻炼的过程中培育和弘扬社会主义核心价值观,以实际行动弘扬主旋律、传播正能量。宁德扶贫模式、长汀水土流失调研、河长制、服务自贸区等品牌活动,都是紧贴时政热点及国家大政方针的具体实践,极大地促进了实践主体成长、服务基层发展的双向受益。

(二)事前准备是基础

学院建立社会实践基层需求调研制度,研究组建重点社会实践服务队,并在活动前夕充分做好宣传发动、队员选配、方案制订等工作,并与拟调研地点的地方政府提前取得联系,积极争取支持与配合,确保社会实践调研活动顺利开展,实现最优效应。

(三)立足专业是核心

学院社会实践队充分立足于学科专业特色和优势,将理论学习与社会实践相结合,以经济研究为切入点,通过数据调查、实地访问、发放问卷等形式,深入基层实地考察调研,充分运用所学经济学知识深入分析形成质量较高的调研报告,既为当地经济发展和领导决策建言献智,又有助于提高实践队成员的专业素养,增强社会责任感。

(经济学院　杨顺昌　张清国)

以法为教　打造"卓越法律人"实践品牌

一、品牌内涵

法学院打造"卓越法律人"实践品牌，提高学生的专业实践技能、开拓学生的眼界、培养法学学生的职业道德感和社会责任感，取得了较好的效果。学院打造了法官检察官进校园、法庭进校园、学生进社区的"三进互动"实践教学模式，并形成了以"3·15"消费者权益保护日大型普法宣传活动、"12·4"全国宪法日和法制宣讲日大型普法活动、暑期大学生三下乡社会实践活动三个大型实践活动为代表，参加法院检察院律所开放日、观摩现场开庭、进入少管所戒毒所开展帮扶活动、到社区中小学开展趣味法制课等日常社会实践活动为补充的"3+X"社会实践活动模式。近五年来，法学院连续五年获得"福建省大学生暑期社会实践先进营队"称号，2017年法学院"雏鹰筑梦"实践队获得了"全国河小禹专项行动优秀营队"称号；形成了一套"趣味法治课"教案和上课模式，为全市多个中小学和社区开设了近百场法制课；开展了关于"林权""河长制""禁毒""非物质文化遗产"等多个主题的社会调查，形成了相关报告，为政府部门提供法律建议，其中，有两个社会调查成果分别获得了全国"挑战杯"大学生课外科技竞赛二等奖和三等奖。

二、经验做法

（一）突出专业优势

同质甚至雷同的活动形式或内容，容易导致审美疲劳、形式主义。追求"人无我有，人有我优，人优我特"，能尽量避免这些问题产生。做到有特色，最容易实现的思路就是体现专业优势。对于法学院来说，可以在"法制宣传和服务"上下功夫。学院带学生走进社会，通过参观、考察体会社会法治建设的实际状况，让他们在这个过程中反思自己的专业学习还存在哪些缺漏，在实践过程中自觉开展学习和提升;指导学生通过志愿服务,以自己的力量去履行力所能及的社会责任,学生普遍能做到普法,部分学生能够通过科研,为执法部分提供建议和参考。

(二)发挥学校特色

学校是一所综合性大学,但在发展历史上,师范专业别具影响力。因此,同样在做普法活动,法学院突出了学校师范教育的优势,以普法课为特色。学院组建了"法制宣讲团"学生社团,根据中小学校园普法工作要求,结合社会热点,编写了包含"预防校园欺凌""食品安全""预防性侵"等十个主题的趣味法制课教案和配套的PPT、情景剧、互动游戏等,近五年来,在福州市多个中小学和社区青少年活动中心开展了近百场课程,受到热烈的欢迎。

(三)调动师生资源

学院开展的社会实践活动往往和专业相关,而专业教师本身不但可以指导专业实践,还有很多的与专业相关的社会资源。法学院的社会实践活动,基本每次都有专业教师的参与,比如让学生参与专业教师的研究课题,邀请教师带学生参与社会田野调查、请专业教师到实践地开展普法讲座、由专业教师担任法律咨询等。此外,已经毕业的校友,大多数在相关的领域工作,不但能够提供单位对接,实现资源共享,也经常作为实务人员,被邀请回校,为在校生开展经验介绍、课程讲解等,为同学们开拓了视野。

(四)实现资源共享

学生参与社会实践,初衷之一就是走出校园,走进社会。事实上,很多的社会单位本身有"向社会开放"的任务,但缺乏想法和足够的志愿者,而高校的学生社会实践,优势在于有足够的想法创意和足够的志愿者,但缺乏平台和经费。因此,积极寻求其他社会单位的合作,能够充分实现资源共享、优势互补,实现"协同创新"。法学院与许多相关单位开展长期合作,包括消费者权益保护协会、司法局、洪塘社区少年儿童活动中心、福州一心社会工作机构、法院检察院、律所、仓山金洲社区等,为社会实践的长期化和品牌化提供了良好的平台。

三、思考启示

(一)最好的教育,是"体验式""沉浸式"教育

校内的教学以课堂理论学习,也就是间接学习为主,社会实践正是要补充其中体验不足的部分——实现直接学习和主动学习。在社会实践中,要创设一种让学生切身体会,主动反思,自觉调整的情境,即一种"沉浸式"的环境。在这样的环

境里,无论是老师还是学生都身临其境,每天长时间"浸泡"在实践环境中,时时刻刻在体会,接受各种信息的刺激,反复锻炼自己的技能,在团队中互相交流讨论,一直围绕着实践目的进行表达和行动。事实上,这是一种高强度却"无意识"的学习,实现了教学相长。所以,社会实践活动一定要创设好这种环境,至少要带有三个特征:目的明确、方式多样、及时反思。那么,社会实践的前期设计、中期执行和后期总结都非常重要,它们构成了"沉浸式"情境的核心。

(二)最稳的发展,是平台共建,协同创新

社会实践需要"沉浸式"的良好环境,就要寻找良好的平台,这个平台能够提供足够丰富和优秀的资源,才能保证"沉浸式"的稳定。社会实践想有更大的影响力,就一定要发挥品牌效应,而平台是品牌稳定的基础。一般来说,符合这样要求的平台,至少需要有三个资源:能够发挥不同层级和类别作用的人力(团队)、足够保证实践活动在一定范围内开展的经济条件(财力)、能够满足并不断扩大影响范围的宣传力(媒体)。高校的社会实践,尤其是一个学院的社会实践,资源非常有限,因此要努力拓宽合作渠道,积极与社会单位合作,协同创新,实现"1+1>2"的效果。

(三)最终的目的,是价值引领,以文化人

学生非常渴望参与社会实践,并在社会实践中得到自我提高。学生本人参与社会实践的感受,可能是专业技能的提升、社会经验的积累,但从教育者的角度出发,社会实践根本上是为了实现价值引领——通过社会实践中的人、环境、事件共同作用,传递一种正确的价值观,通过学生的自我体验、探索和总结,塑造和修正属于他们的、被真正内化认同的主流价值观,这样,才可能使一次社会实践的作用不仅仅停留在活动的那段时间,而是贯穿学生的终生。在社会实践过程中,学生发挥了主观能动性,不仅仅实现专业知识的学习贯通,还需要结合其他知识与技能做综合性的判断和行动,充分感受到人性温度与人文价值,实现了"以文载道,以文化人"。

法学院"卓越法律人"品牌社会实践项目取得了一定的成果,还需要在项目的长期性、品牌的升级优化上不断努力。在未来的探索中,我们希望能够实现以"趣"吸引学生、以"学"凝聚学生、以"文"提升学生、以"爱"培育学生的"四育人"目标。

(法学院　梁莹)

保护福建水源地　环境学子在行动

环境科学与工程学院自2014年5月起关注福建水源地的水生态保护,连续4年在福建各个水源地进行生态调研,开展环境保护教育,助力清新福建建设,让水生态更加和谐美丽。

一、品牌内涵

(一)品牌背景

贯彻习近平总书记保障水安全治水新思路,坚定不移地走生态优先、绿色发展新道路,环境学子立足专业特色优势,将所学理论知识运用于实践生活中,在活动中巩固自己的专业知识,提高自主创新能力,着力培养锻炼青年团员志愿服务能力,显环境学子昂扬进取之气,扬生态文明建设发展之风,让八闽大地的水体更清,生态更美。

(二)历史沿革

时光如梭,岁月如墨。环境学子着眼于福建水源地的水生态保护,到2018年已经有五年的时光积淀,秉持保护环境初心,为水生态的未来而不懈努力。

1. 走进生态土楼,探访用水安全

2014年,学院暑期社会实践队走进永定生态土楼,了解现状,对当地环境展开调查,重点分析生活饮用水及生活污水排放状况。

2. 共治溪源江,共守清新福建

2015年,学院暑期社会实践队围绕溪源江流域水生态保护和治理,联合政府、学校等多方力量开展主题宣传活动,全面启动生态环境保护社会共治工作。

3. 净三十六脚湖,守水生态健康

2016年,学院暑期社会实践队组成污染源排查组,对三十六脚湖水环境与水生态健康进行调研,绘制三十六脚湖环境污染地图,为建设福建生态文明建设先行示范区做出贡献。

4. 以河小禹之名,护九龙江之源

2017年,学院暑期社会实践队赴龙岩漳平,与当地相关部门对接,深入开展河段巡查和"六个一"活动,全面参与河长制建设。

(三)工作成效

实践队将专业知识融进实践,将理论知识与实际运用紧密结合,连续4年被评为全国暑期社会实践重点队、福建省优秀暑期社会实践重点队、福建省大中专学生志愿者暑期"三下乡"社会实践活动优秀团队,连续两年被评为"大学生志愿者千乡万村环保科普行动优秀小分队"。"深入污染调研,促溪源江治理"志愿项目在2015年获福建省团省委"生态梦想资助项目"一等奖;"以河小禹之名,护九龙江之源"获得省"河小禹"项目十佳团队。

(四)社会影响

实践队围绕福建省各流域水生态保护和治理,联合政府、学校等多方力量开展主题宣传活动,全面启动生态环境保护社会共治工作。实践过程中加强与各部门的联系,使得实践更加深入,调研价值凸显。在福建省环境教育学会等学会的支持下,实践队对多河段进行调研,开展相应的环保宣传活动,增强公众环保意识。在当地居民的配合下,开展了一系列环保知识科普活动,增强与当地民众和学生的互动性,影响程度深,将绿色理念传播致远。

(五)媒体报道

4年来,环境科学与工程学院暑期社会实践活动影响范围广泛,获得了较高的成效,共获得国家级报道3次,省级报道16次,市级报道8次,校、院级报道47次。其中,凤凰网、中国文明网、福建日报等多家媒体报道,福州电视台《新闻110》栏目编导和记者专门到学校,对指导老师和实践队员进行了专访。经多方媒体报道,增强了活动的社会影响力,为福建水源地生态保护做出了积极贡献。

二、经验做法

(一)持续时间长

项目自2014年起以水环境为脉络开展,至今已有五年,有深厚的项目基础,成为"环境学子环境梦"品牌中的重要内容,未来也将持续通过志愿实践探索福建水网的环境质量以及污染状况,为生态文明建设献力献策。

(二)地域跨度广

随着项目实践基础资料收集逐渐完善,调研范围也在持续扩大。每次实践前都经过精心策划和准备,收集数据量多且具有较好的代表性,也希望在未来能更广阔地遍及福建大小水域,以实际行动保护各地水域健康。

(三)影响程度深

在调研的同时沿途面向水域周边居民展开问卷调查,使调查结果更加客观且全面;开展环保宣传科普活动,提高了居民的环保意识,了解水源地保护的重要性,发挥广大群众爱水护河的力量,为福建水源地生态保护做出积极贡献。

(四)开展形式多

紧扣生态水环境问题,开展富有特色且形式多样的服务活动,通过大众喜闻乐见的方式,吸引更广阔的人群参与其中,保证活动取得一定实际成效,在培育和践行社会主义核心价值观的同时为建设美丽中国出谋献策。

(五)专业态度严谨

由专业老师领队,使活动开展更具科学性,调研过程中记录污染类型及贡献量,绘制污染地图,为后序开展相关流域污染治理提供有利依据。活动最后召开总结会,成员对实践活动进行汇报和总结,由专业老师对实践报告的撰写提出专业的指导建议,保证结果的专业性。

(六)官方合作紧密

在每一次实践活动启动前,都争取得到当地政府各部门、环保组织、环保公司的支持,开展座谈会或参访活动,探讨合作方式,交流实践经验,使得实践活动更加顺利地进行,调研结果得到更对口的反馈,实践价值得到进一步的深化。

三、思考启示

一支优秀的环保实践队,取得的成果首先要基于专业和务实的调研,这就需要因地制宜,针对当地特殊性设计相对应的调研环节,调研做到层层推进,采用多样的调查方式。水样的收集、保存、分析过程都必须严谨,以专业知识和技能为根基,科学系统地探究调研地的状况,将调研结果向当地有关部门反馈,更好地服务于福建水生态环境的建设中。

此外,要获得更深远的活动成效,还需将环保理念深入到群众中去,影响更多的人加入环境保护的行列中,因此需将实践融入群众中,开展群众喜闻乐见的活动,引起当地群众的共鸣,从而使环保知识和环保政策更加深入人心,进而对整个生态环境起到有效的保护作用。

今后,环境学子也将不忘初心,继续前进,致力于开展更多更具实效的水环境保护活动,将"环境学子环境梦"的品牌带出校园,带进社会,持续扩大该品牌系列活动的影响力。

(环境科学与工程学院　李琳琅)

文学打通青年心　脚步丈量两岸情
——文学院"两岸榕缘·文学行脚（文创行旅）"社会实践项目纪实

习近平总书记说，中华文化是海峡两岸同胞共同的精神财富，也是两岸同胞血脉相连的精神纽带。两岸交流，归根到底是人与人的交流，最重要的是心灵沟通。为学习宣传党的十八大、十九大精神和习近平总书记五四重要讲话精神，进一步激发广大青年学生成才报国的责任感和积极性，充分发挥社会实践作为加强和改进大学生思想政治教育重要途径的优势，文学院在充分调查并深入了解青年学生思想动态和成长特点的基础上，结合时代特色、专业特点、地缘优势，创新性地拓宽社会实践平台，创造性地践行大学生核心价值观教育，创办"两岸榕缘·文学行脚（文创行旅）"海峡两岸大学生文学（文创）研修营，让中华文化的根紧紧抓住两岸青年的心灵，成效显著，实现了大学生社会实践活动"受教育、长才干、作贡献"的目的。

一、品牌内涵

自 2015 年以来，文学院先后与台湾海洋大学、台北市立大学、金门大学、华梵大学、台湾淡江大学等台湾高校联合开展"两岸榕缘·文学行脚（文创行旅）"海峡两岸大学生文学（文创）研修营，至今已成功开展 4 届，先后派出 5 支暑期社会实践团队，师生共计 112 人赴台交流实践，为两岸青年学生持续性的思想交流搭建了桥梁。这支团队也成为学校社会实践的一项重要品牌，其事迹得到了《中国教育报》《福建日报》、新华网、人民网等多家线上、线下媒体 40 余次报道、转载，先后被授予"福建省大学生社会实践先进营队""全国高校校园文化成果一等奖"等省级以上各类荣誉 6 次。

二、经验做法

"两岸榕缘·文学行脚(文创行旅)"海峡两岸大学生文学(文创)研修营创办以来,我们始终坚持思想政治教育的正确导向,与专业学习、人才培养融合的思路,创新性地组建学院党政领导带领下的,汇集博士生导师、青年教师、研究生和本科生的阶梯型社会实践队伍,并以此为契机,推动"全员思政"理念的落地。具体做法为:

(一)一个导向——让思想政治教育成为社会实践的风向标

社会实践是高校人才培养的重要阵地,更是大学生思想政治教育工作的延伸和补充。通过社会实践,大学生了解社会、走近社会、认识社会。社会实践已经成为大学生将所学知识与实践相结合,完善世界观、人生观和价值观的宝贵平台。将思想政治教育融入社会实践的全过程,在达到提升学生社会实践能力的同时,也实现了思想政治教育的多维度、立体化。我们的项目正是基于这个绝对的导向才能够不断得以发展和延伸。

正所谓"润物细无声",我们鼓励学生在与台湾青年的交流中,了解两岸大学生的异同,建立友谊;我们也引导学生在走访台湾各城市、各高校的脚步中,通过亲身体验加深对台湾的认知,引导他们正确打破固有观念,增强对台湾的了解,建立深厚友谊,培养对宝岛台湾的感情。

(二)一个载体——让文学成为两岸青年思想交流的载体

文学是普世的。虽然两岸文学青年的生活经历、成长环境有所不同,但对于文学的热爱,对文学创作的热情,两岸青年并无不同。两岸青年学子在文学上有相同的追求,"两岸榕缘·文学行脚(文创行旅)"研修营活动的举办,与两岸青年同追求、同使命的特点紧密契合,使其成为一项高质量、深层次、全方位的社会实践活动。

为了拓宽暑期社会实践两岸青年交流的影响,文学院和台湾《国文天地》杂志共同策划了"福建师范大学小说作品特辑",于 2015 年第 1 期起在《国文天地》发表,将两岸青年文学交流的成果进行刊载,获得读者的好评。《国文天地》杂志也决定从 2015 年起(单月号)每期刊载一辑福建师范大学学生的文学作品,至今已连刊 19 期,囊括各类文体,涵盖本科、硕士和博士三个层次学生。2015 年 4 月,文学院选辑 47 篇学生创作的优秀文学作品,以《镜子的背面》为书名在台湾结集出版,1000 册作品集全部用于和台湾地区高中学校及大学中文系的交流。在这些文学作品中,我们看到的不仅是文学上的交流,更促进了文学背后两岸青年思想上的碰撞和融合,唤醒了两岸青年的同理心和共情心。

(三)一支团队——将专业课教师纳入学生社会实践和思政教育的体系

两岸榕缘·文学行脚社会实践活动的亮点之一在于两岸名师齐聚一堂,为两岸青年学子带来了丰富精彩的学术和思想盛宴。四年来,学院共派出葛桂录、应贵勇、李彬源等学院党政领导,余岱宗、吕若涵、郭洪雷等30余名专业课教师带领学生团队赴台进行社会实践,台湾多所高校派出林信诚、许俊雅、叶健得、杨清惠、李瑞腾、萧言中等20余位专家学者与学院学生亲切交流,其中不乏作家、文创从业者,从文字学、想象力、创造力等维度,为两岸青年学子呈现了多元化的文学创作思维。四年来,我们将两岸榕缘的导师团队逐渐纳入思想政治教育体系。其中12位教授担任了本科生班主任,配合思政团队承担学生教育管理工作;3位教授担任本科生社团活动的指导老师,真正做到了全程思政、全员思政、全方位思政。

(四)一场碰撞——让两岸青年在社会实践中碰撞出思想和友谊的火花

在"两岸榕缘·文学行脚(文创行旅)"研修中,大学生们畅谈两岸作家对其文学创作的影响,探讨两岸作家与读者的写作及阅读特点,最后许下"此案写山、彼岸写水"的文学创作约定。文学院闽江文学社林文侯社长,也同时作为研修营里的一员,他在回到师大后表示,在台湾的所见所闻,让他萌生了许多创作的欲望,也让他感受到了文化的深层力量。"不一样的风土,一样的人情,是文学创作的重要源泉。"

三、思考启示

回顾过去三年的工作,从活动策划的提出,到行程的不断完善、修整和升级,其中凝结的是两岸高校为青年交流共同付出的努力,是思政教育团队和专业课教师团队"全程思政"理念的巧妙布局和切实推动。从最初的"文学行脚"到"文学行脚""文创行旅"二团并行,两岸大学生研修营的内涵不断充实、规模不断扩大。

通过这个社会实践项目,越来越多的青年人跨越海峡,用文学叩击心门,通过持续不断的交流架起友谊的虹桥。与此同时,两岸榕缘·文学行脚海峡两岸大学生研修营也是对两岸文学文化交流新尝试的肯定,同时对福建高校在台文化影响及进一步深化两岸文学文化交流有着前瞻性、延续性、深拓性的重要意义。

(文学院 张晓岚 李彬源)

深化校地共建　推进实践育人
——闽南科技学院立足地方资源构建实践育人共同体

近年来,闽南科技学院坚持将实践育人作为人才培养的有力抓手,不断探索具有本校特点的社会主义核心价值观培育的新渠道、新途径。学院充分利用校内外资源,积极与政府、企业、社区合作,分别与南安市康美镇政府、康美镇党委、南安团市委、南安市妇联、南安市女企业家联谊会暨拥军协会、海丝商报、中国人民解放军驻地部队等结成共建单位,建成专业实践、科技服务、就业创业、文艺实践等多种形式的育人共同体,形成互相支持、互相帮助、资源共享的新局面,开启了学院"深化校地共建,推进实践育人"新篇章。

一、品牌内涵

学院结合本地本校实际情况,注重实践育人功能,创新实践育人的机制、内容和方法,鼓励、引导大学生投身社会实践和志愿服务,将"深化校地共建,推进实践育人"作为学院大学生思想政治工作的特色。

（一）创新实践育人机制

学院立足立德树人根本使命,积极探索建立高校与政府部门、行业企业、乡村社区、社会组织等单位之间的协同机制,建立供需对接的区域化校地合作机制,加深校地互相了解和供需动态,按需组团、按校设项,建立一批分级分类、功能多样、特色明显的实践育人项目,逐步形成实践育人合力,实现多赢。学院"青芒救护队""青春行动""青春家园"等志愿服务品牌项目就是校地协同的最好典型。

（二）创新实践育人内容

思想政治教育鲜明的时代特征,决定了实践育人的内容也必然具有与时俱进的特点。近年来,学院实践育人工作服务大局、发挥优势、常干常新。志愿服务保障首届中国(泉州)海上丝绸之路国际品牌博览会、福建省少儿篮球比赛暨第一届全国青年运动会测试赛、首届全国青年运动会(南安赛区)女子篮球U16比赛、金砖国家治国理政研讨会等重要赛会,都是学院实践育人在新时期的最好内容创新展示。

(三)创新实践育人平台

学院作为一所应用型民办本科高校,坚定社会主义办学方向,强化学校立德树人功能,对外主动牵线搭桥,努力提升青年学生服务社会所需要的专业本领、组织管理能力和科研创新能力,助力学生成长成才。学校结合实际,与南安团市委创建了暑期赴政府机关挂职锻炼平台,投身文明城市建设志愿服务平台,与南安市妇联、南安市女企业家联谊会暨拥军协会创建了女大学生到企业实践锻炼平台,等等。

二、经验做法

(一)突出思想引领,着力推进红色教育实践育人

学院发挥习近平新时代中国特色社会主义思想研究中心和大学生学习习近平新时代中国特色社会主义思研究会功能,组建宣讲团队、指导团队,开展送教下乡、上门培训、入户指导等形式多样的教育活动,加强学生对社会主义核心价值观的认知认同。通过举办校地青年学生热议"两会"、校地青年学习"习近平总书记考察北京大学重要讲话精神"座谈会、"与信仰对话·飞Young中国梦"精品报告进校园、首期南安青商大讲堂等"青春论坛"活动为当代青年讲述解读时事政策、跟踪前沿科技等途径,引导青年关注时事热点,争做时代青年,实现人生价值。

(二)突出社会奉献,着力推进志愿服务实践育人

学院与南安团市委、康美镇政府、杨晓峰警务室等当地政府、公益组织、社会力量合作共建志愿服务基地,不断丰富基地类型,培养志愿服务品牌,育人成效进一步凸显。多次承接社会公益服务和各类重大赛事志愿服务,赢得广泛认可和好评。其中,2018年4月17日、5月2日,学院青年学生圆满完成南安青年商会第三届理事大会、首期南安青商大讲堂各项志愿服务工作,展示了学院大学生志愿者无私奉献的志愿精神和向上向善的青春风采。共青团南安市委、南安青年商会特地送来锦旗和感谢信为学院青年志愿者点赞。

(三)突出双创导向,着力推进能力训练实践育人

学院依托校地校企合作平台,围绕育人的核心任务,积极开展创新教育和创业实践,将就业创业见习、社会化技能培训融入社会实践过程中,有效促进了大学生就业创业能力的提升。校地双方建立常态化联系渠道,积极发挥当地青联、青商会等青年组织以及女企业家协会作用,通过提供创业培训、导师结对、创业基

金、项目孵化等服务,加强信息共享、人才交流等工作,建立大学生就业创业帮扶体系,帮助大学生敢创业、创成业。

三、思考启示

(一)校地联手形成合力,打通实践育人"最后一公里"

新形势下,学院打破惯例,走出一条适合实践育人的创新之路。学院积极搭建实践育人平台,大力推进校地校企合作共建共享,在服务社会、惠及居民的同时,增强了广大学生的社会责任感,有效提升了大学生思想政治工作实效。"校地共建"突破了学校德育教育"闭门造车"的局限,打破了学校和社会之间"无形的墙",拓展了道德建设的视域,建立了学生固定化到社会中体验学习的"绿色通道",创造性地构建了生活与道德相结合、培育和践行社会主义核心价值观知行相统一的新模式,打通了在实践中提升学生思想政治素质的"最后一公里"。

(二)推出定点常态融入化体系,打造体验式育人新模式

在校地校企联手的同时,学院积极发挥高校的知识优势和地方政府的资源优势,通过就业创业、志愿服务、技能训练、见习实习、实岗挂职等形式,为学生构建长期化、多岗位、体验式的实践育人工作新平台,形成了定点化、常态化、融入化的实践育人资源协同体系。其中,学院与南安市康美镇福铁村合作的福铁山庄项目,学院5位指导老师和10名学生负责规划、设计和运营项目工作新平台,共同打造"青春成长"的工作品牌,得到福建省人大常委会副主任、省妇联主席吴洪芹的大加赞赏。

(三)建立校企联合协同育人机制,推动实践育人落地生根

学院通过将社会实践与学生专业教育有机结合,提高了社会实践的专业性和针对性,使学生的专业知识得到了检验,专业能力得到了提升。学院紧紧抓住学生与社会、生产、岗位实际和一线劳动者密切接触的时机,进行职业道德、职业纪律和安全生产等系列实践活动,把德育工作贯穿社会实践全过程,培养学生职业情感和社会责任感,推动实践育人与学生就业创业工作紧密衔接。

新时代赋予了实践育人以全新的意义和地位,在新时期大学生思想政治教育工作中,实践育人被提升到新的高度。学院将进一步积极丰富实践育人新内涵、完善实践育人新机制、提升实践育人新实效,不断提高实践育人的质量和效果,能使青年大学生在共建活动中发展成长,推动实践育人工作落地生根、结出丰硕果实。

(闽南科技学院　俞建群　庄天怀)

第七章 07

心理健康

——在春风化雨中增强心理品质

篇 首 语

　　心理健康教育是新形势下高校思想政治工作的有效途径。福建师范大学经过30多年的实践与创新,构建了特色鲜明、富有成效的心理健康教育体系。30多年来,我们不忘初心,满怀责任,积极探索,立足价值引领,坚持育心与育德相结合,注重全程全员参与,不断优化心理育人内容供给,推动工作规范化、科学化发展,构建了"八个一"心理健康教育工作格局;我们虚心学习,锲而不舍,勇于创新,发挥学校特色,打造校园心育品牌,增强工作吸引力和感染力,实现心理育人的多层次推进,着力培育学生理性平和、积极向上的健康心态,精心构筑学生"心理安全线",促进学生塑造阳光心态,放飞青春梦想。

"八个一"心理健康教育模式的探索与创新

一、品牌内涵

在20世纪80年代,福建师范大学就成立了学生心理咨询中心,是国内较早开展大学生心理健康教育的高校之一。30多年来,福建师范大学心理健康教育工作在校党委的领导下,坚持以立德树人为根本,育心与育德相结合,坚持全员、全方位、全过程的心理健康教育理念,形成了特色鲜明的"八个一"的心理健康教育工作模式。"八个一"心理健康教育工作模式:抓好一支专业队伍建设,打造"四层次"心育队伍结构;建立一个危机干预机制,完善"四维度"危机干预体系;完善一系列心理咨询制度,构建"立体化"心理咨询体系;立足一个心理健康教育课堂,实现心理健康教育"全覆盖";开展一次心理健康普查,建立"系统化"心理成长档案;打造一系列心理健康宣传载体,构建网上网下宣传"同心圆";组建一个学生心理健康协会,发挥学生的"主体性"作用;开展一次心理健康文化节,打造"5·25"心理健康文化品牌。

经过30多年的实践与创新,学校"八个一"心理健康教育工作模式取得了显著的成效:一是学生心理健康观念的转变。学生过去认为心理咨询是基于"有病的治疗性干预",现在则把心理咨询作为成长过程的"发展性辅导"。二是学生的心理健康水平得到显著的提高。以往多次学生心理测评的结果都表明学校学生心理健康水平高于全国大学生平均水平。三是为构建文明校园做出了重要贡献。心理健康教育工作的扎实开展,全面提高了学生的心理素质,减少了学生心理危机事件的发生,营造文明和谐平安的校园氛围,助力学校精神文明建设迈上新的台阶。

学校心理健康教育工作不仅获得了本校广大师生的肯定和认同,也取得了良好的社会效应。2011年12月,学校被认定为福建省首批学生心理健康教育工作示范校。2007年、2010年和2015年,学校连续三届被评为全国"大学生心理健康教育先进单位"。2016年7月和2018年6月,心理健康指导中心均被评为"大学生心理健康教育工作先进集体"。此外,100多家新闻媒体先后报道学校心理健康教育工作,新华社供中央部级以上领导参阅的内刊《国内动态清样》刊登了《福建师大打造心理健康教育体系构筑学生"心理安全线"》,对学校心理健康教育进行全面介绍;《新华社高管信息》以《福建师大"八个一"开展学生心理健康教育四启示》对学校心理健康教育进行详细报道。

二、经验做法

(一)抓好一支专业队伍建设,打造"四层次"心育队伍结构

在队伍建设中,学校秉持全员育人的理念,逐渐形成了四个层次"金字塔"式的队伍结构。第一层次是由学校领导、专家和相关部门组成的心理健康领导小组构成队伍的"塔尖"。第二层次是由心理健康教育工作专家组和校心理健康指导中心的教师组成的专业队伍。第三层次为各学院副书记和辅导员组成的骨干力量。每个学院成立心理健康教育辅导站,由辅导员任站长;鼓励和支持辅导员进行心理健康教育职业化、专业化建设,截至目前,学校共有39名辅导员获得国家三级心理咨询师资格证,5名辅导员获得国家二级心理咨询师资格证。实行骨干心理咨询师和储备心理咨询师培养计划,骨干心理咨询师每人每年资助1万元,储备心理咨询师培训每人每年资助6000元用于专业技能培训。第四层次由学生心理健康协会、班级心理健康宣传员、宿舍心理信息员等朋辈心理辅导员组成的坚实底座。学校每学年对500多位班级心理健康宣传员和4000多名宿舍心理健康信息员进行轮训。从2010年开始,学校每年开展朋辈心理辅导技能大赛,2014年成立朋辈心理辅导中心。

(二)建立一个危机干预机制,完善"四维度"危机干预体系

2006年1月,学校制定了《福建师范大学学生心理危机干预办法》,2018年5月编印了《学生心理危机干预工作手册》(试用本),在实践中不断完善了包括预防、预警、应急处置、后干预在内的"四维度"大学生心理危机干预工作体系。一是建立心理危机预防体系。组建心理危机干预工作专家组,增强心理危机干预工作的专业化、科学化;开设《大学生心理健康教育》必修课程,不断加强心理健康教育;组织系列心理素质拓展活动,扎实做好心理咨询工作等,预防心理危机的产生。二是建立心理危机预警体系。建立《大学生心理危机预警库》,构建了"三级危机干预类别诊断系统"。根据大学生心理问题的严重程度和心理危机干预工作

的需要,把大学生心理危机分为心理危机高危对象(A级)、心理危机重点干预对象(B级)、心理危机日常关注对象(C级)三类。学校每学期召开两次心理危机学生情况通气会,对有心理危机倾向及进行危机干预的学生实行定期跟踪、动态管理。三是建立大学生心理危机应急处置体系。学校建立了包括心理危机治疗体系、心理危机阻控体系、心理危机监护体系、心理危机救助体系四个子体系的心理危机应急处置体系,在心理危机干预中发挥了重要作用。四是建立大学生心理危机后干预体系。一方面对危机干预后的学生做好监护工作,并由专业人员进行心理治疗和心理辅导,帮助学生恢复创伤前的认知、感情和行为的功能水平;另一方面帮助学生建立社会支持系统,重点帮助其恢复家庭支持系统和建立同伴支持系统。自2003年以来,学校成功干预500多起心理危机事件。

(三)完善一系列心理咨询制度,构建"立体化"心理咨询体系

学校在两个校区各建立了一个心理咨询中心,学校不断加强心理咨询的制度化、规范化、日常化管理,建立较为完善的心理咨询预约制度,制定《学生心理咨询预约登记表》,制定案例会诊制度,每月举行全体心理咨询师集体案例督导;制定了《心理咨询保密制度》《来访者须知》《心理咨询工作职责》等制度。并根据咨询实际,先后制定并完善了《福建师范大学心理咨询记录表》《福建师范大学学生心理咨询服务申请表》,对心理咨询工作进行详细记录。2004年以来,学校顺应时代发展的趋势,积极融合线上线下,兼顾特殊群体与一般学生,逐步构建并完善了面对面咨询、电话咨询、网络咨询、团体辅导"四位一体"的学生心理咨询与辅导体系。截至目前,学校开通了一部24小时心理危机求助热线、两部电话咨询热线、一部女生成长专线、一个咨询邮箱、一个心理咨询QQ,为学生提供全方位的咨询服务,每年接待来访学生2000多人次。学校每学期召开两场"女生成长下午茶",为女生解答学习、生活以及人生成长等方面的问题提供了许多帮助,受到全体女大学生的欢迎。

此外,为了不断提高心理咨询的质量,学校不断加强心理健康指导中心的硬件建设,2015年,学校投资61.5万元对旗山校区心理咨询中心进行修缮并添置咨询设备。

(四)立足一个心理健康教育课堂,实现心理健康教育"全覆盖"

课堂教学是心理健康教育的主渠道。学校非常重视发挥心理健康教育课的作用,在学生中开设各种类型的心理健康教育课。一是加强心理健康课程建设。学校主编《大学生心理健康》教材,面向全校学生开设了《大学生心理健康教育》

《大学生学习与生活》两门公共必修课,同时还开设《性健康教育》《人际交往技巧》《朋辈心理辅导》等十多门心理健康教育公共选修课。二是在思想政治理论课中渗透心理健康知识。学校依托《思想道德修养与法律基础》等公共必修课程渗透心理健康教育,在提升学生思想政治觉悟和道德修养的同时,增强心理调适能力。三是开设心理健康专题讲座。学校每年针对新生开设《新生入学教育》课程,聘请专家、教授为新生开展心理健康教育课和专题讲座,帮助他们尽快适应大学生活;每年都会根据学生群体中凸显的心理问题,多次开展有针对性的心理健康辅导专题讲座,各学院也根据实际情况每学期至少组织一场心理健康类的讲座。

(五)开展一次心理健康普查,建立"系统化"心理成长档案

学校较早就开展了新生心理普查工作,1998年购置了心理健康测评软件,对新生进行心理普查。2005年,学校在原来开展普查的基础上,购置了教育部组织编订的"中国大学生心理健康相关评定量表"和读卡机,进一步完善了心理普查系统,规范了心理普查工作。2017年,学校加强对心理档案的信息化管理,建立了心理档案的信息化管理制度。学校每年10月份对新生进行心理普查,根据筛查结果对需要及时关注的学生及时进行约谈,根据普查结果和约谈情况对学生心理进行评估,并对有严重心理问题的学生制订咨询方案。在普查的基础上,我们给每个学生建立动态的电子心理健康档案。

(六)打造一系列心理健康宣传载体,构建网上网下宣传"同心圆"

对于心理健康的宣传,学校重点抓住四个宣传载体。一是定期出版的校园心理健康报——《清心源》,发放到每间学生宿舍。二是每年编订《大学生心理健康自助手册》,学生随时可以通过手册了解心理健康知识和心理调适技能。三是做好《心理健康宣传栏》的知识宣传,学校在新、老校区各设立一个宣传栏,定期更换宣传内容,围绕有关心理健康的重要时间节点、社会热点、生活周期规律和季节变化引发心理问题等进行宣传。四是做好心理健康教育网络宣传,学校通过"师大心理在线"网站、微博、微信和QQ等网络平台,对心理健康教育进行全方位的宣传;在微信公众号"福师大心情驿站"中,通过"早安心语""心理微论坛""有困惑私信我"等栏目为学生注入正能量。

(七)组建一个学生心理健康协会,发挥学生的"主体性"作用

1986年,学校心理学专业学生建立了第一个学生心理社团——学生心理咨询中心,随着工作的不断深入,在学校的重视和推动下,学生心理咨询中心拓展为全校性的大学生心理健康协会,并在各学院设立分会,进一步加强全校学生心理健

康知识的宣传、普及和辅导工作。学生心理健康协会定期开展各项活动,依据时间节点的不同突出相应的活动主题,如4—5月的心理健康文化节系列活动,9月针对新生的适应性辅导,10月的精神卫生宣传,11月的人际关系调适等。

(八)开展一次心理健康文化节,打造"5·25"心理健康文化品牌

学校每年都会结合时代主题,根据大学生心理健康特点,按照"围绕一个主题,唱想一个理念,推出一个系列,突出一个亮点"的要求,有针对性地设计和开展"5·25"心理健康活动,使心理健康文化节活动成为学生活动中的一个精品。例如,2018年学校"5·25"心理健康文化节以"塑造阳光心态,放飞青春梦想"为主题,陆续开展了校园心理情景剧大赛、朋辈心理辅导大赛、辅导员"心理辅导胜任力提升行动"、女生成长下午茶、园艺疗心·影上花开、"视说心语"心理微课堂、心灵走廊体验区、心理影院等活动,受到广大师生的一致好评。

三、思考启示

进入新时代新阶段,学生的心理成长需求更加多样多元,学校将进一步发挥学校全国重点马克思主义学院的思想政治工作优势和心理学一级学科博士点的心理学学科优势,坚持创新的工作理念,在"八个一"心理健康教育工作模式的基础上,不断整合学校心理健康教育资源,激发学生参与活动的积极性、主动性和创造性;深入挖掘校内外心理健康教育元素,与时俱进完善工作机制,拓宽工作平台,形成"大心育"的格局,打造更响亮的心理健康教育"师大名片"。

(学生工作部　林斐　丘文福)

打造校园心育品牌　营造心理健康文化
——"5·25"心理健康文化节的十五年实践

一、品牌内涵

"5·25"是"我爱我"的谐音,意义为爱自己才能更好地爱他人。心理健康的第一条标准就是认识自我、接纳自我、乐观自信。因此,引导学生积极地自我悦纳,对促进学生的心理健康具有重要的意义。福建师范大学历来高度重视大学生的心理健康教育工作,从20世纪90年代就开展了"心理健康宣传日"和"心理健康活动周",2003年,学校首次启动5·25大学生心理素质拓展月活动,从"心理素质拓展月"到"心理健康文化节","5·25"已经走过整整15个年头。

十五年来,学校每年都会根据当代大学生的心理健康特点,结合社会热点,按照"围绕一个主题,唱响一个理念,推出一个系列,突出一个重点"的要求,有针对性地设计和开展活动,使"5·25"心理素质拓展月和心理健康文化节成为学校学生活动中的一个精品。例如,2004年的主题为"心理小康——健康新主张",目的是为了在向学生宣传"心理健康"知识的同时帮助学生认识到"心理健康"不仅是一个口号,更是一个理念;2018年的主题是"塑造阳光心态,放飞青春梦想",目的是为了培养大学生理性平和、积极向上的健康心态,引导大学生用中国梦激扬青春梦。学校紧跟时代的发展和要求,不断调整和改进心理素质拓展月和心理健康文化节的主题和活动以更好地为学生服务。同时,15年来,一些特色鲜明的活动也伴随着"5·25"共同成长,见证了十五年心路的点点滴滴,成为"5·25"心理素质拓展月活动的精品项目。

二、经验做法

（一）突出导向,德育与心育相结合

立德树人,是高校办学的根本原则。高校心理健康教育作为高校思想政治工作的重要组成部分,本质上是一个做人的工作,是育心与育德相结合的过程。学校自20世纪80年代开展大学生心理健康教育工作以来,始终把心理健康教育作为学生工作的重点来抓,把心理健康教育与素质教育紧密结合起来。学校"5.25"心理健康教育系列活动,尤其重视德育的导向作用,力图在心理健康系列活动中渗透思想政治教育,引导广大师生在建立理性平和的健康心态的同时,能够树立正确的世界观、人生观和价值观。

近年来,学校心理健康活动紧密结合"中国梦"和十八大、十九大的主题精神,坚持将解决学生心理问题与思想问题相结合,有针对性地开展一系列活动,引导广大学生在增强积极心理资本的同时,不断增强中国特色社会主义道路自信、理论自信、制度自信和文化自信,增强责任意识,提高服务社会的本领。例如,在2017年"5·25"心理健康文化节中,学校引导广大师生牢固树立"四个自信",把文化自信融入心理健康活动中,确立了以"文化滋养心灵,真情陪伴成长"作为第十四届"5·25"心理健康文化节的主题。在2018年"5·25"心理健康文化节中,学校深入贯彻落实党的十九大精神和习近平新时代中国特色社会主义思想,按照党的十九大报告指出要"培育自尊自信、理性平和、积极向上的社会心态"要求,确立了以"塑造阳光心态,放飞青春梦想"作为第十五届"5·25"心理健康文化节的主题。

15年来,学校"5.25"心理素质拓展月和心理健康文化节活动的开展,推动着学校心理健康教育工作的不断深入,为维护大学生的心灵净土做出了贡献,也得到了新华网、福建电视台综合频道、福建日报、东南快报、东南网等各大媒体的关注,受到了广大师生和社会各界的好评。

(二)突出特色,继承与创新相结合

一方面,我们在继承中求发展。15年来,学校每一年的心理健康教育系列活动都继承发扬了往届心理健康教育的优秀活动。例如,心理情景剧大赛、朋辈心理辅导技能大赛、大型广场心理咨询、心理影院等,并在继承中不断优化活动内容和形式。此外,学校每年都会针对不同的时间节点、社会热点开展固定的心理健康活动。例如,"3·21"世界睡眠日活动、母亲节感恩活动、世界精神卫生日活动等,旨在通过一系列品牌活动培养学生积极的心理品质。

另一方面,我们在推陈中求创新。每一年的"5·25"心理素质拓展月和心理健康文化节,学校都坚持在继承的基础上谋求创新,做到因时而进、因势而新,有针对性地设计和开展活动。例如,在2003年的"5·25"心理素质拓展月中,学校围绕"邪教痴迷分子的心理分析"设计了一系列的讲座,聘请省科协常委、省心理学会理事长程利国教授作《邪教痴迷者的心理分析》的报告,此外,还聘请专家开展了《催眠与法轮功邪教分子的痴迷现象》《心理暗示在法轮功传教中的功用》等讲座,有效地帮助大学生揭露邪教的本质,提高大学生的防范能力。此外,针对学生的需求和时代特点,学校充分发挥学生的首创精神,结合各学院学科优势,不断创新活动形式和内容,先后开展了"园艺疗心·绿植认种"活动、"正能量修炼达人"活动、心丝带运动、清心源电台、音乐疗心、心理健康文化长廊、"视说心语"心理微课堂等富有特色的活动,在广大师生中取得了积极反响。

(三)突出受众,普遍与特殊相结合

一是坚持普遍教育的原则。15年来,学校始终坚持"以学生为中心"的心理健康教育理念,面向大众,力求让尽可能多的学生参与进来。比如,心理嘉年华活动,让广大同学参与心理素质拓展,感受心理减压;大型广场心理咨询活动,邀请了心理专家和心理学研究生现场咨询,为广大同学解决实际生活中的心理困惑。连续举办了15年的心理影院在每周五、周六晚精选两部经典心理影片,每年共有3000多位同学前来观看,获得了良好反响。校园心理情景剧举办十四届来,内容健康,积极向上,给人启迪,引发广大学生的思考和反省,同时向同学们介绍心理健康知识,传播心理健康理念,取得了积极的反响。每年的心理健康活动都吸引了5000多名学生参与,在广大师生中产生较好反响。

二是坚持关注特殊的原则。从80后、90后到00后,每个年代的大学生都具有不同的特点,不同的学生在校园文化活动的选择上会受到个性和功能需求的影响。15年来,福建师范大学"5.25"心理健康素质拓展月和心理健康教育文化节系列活动始终根据不同学生群体的不同情况开展不同的活动。比如,2004年,学校"5·25"心理素质拓展月活动中,我们针对在校大学生人际交往能力和团体合作意识等环节较薄弱的现状,联合福州市卓越素质拓展训练有限公司一起对同学们施训,针对人际关系困扰的学生,定期开展人际关系团体辅导活动。2005年我们的讲座开设了女大学生专场、家庭贫困学生专场和班级心理健康宣传员专场,每个专场开设三个讲座。针对新生适应问题,学校每年坚持开展新生成长训练营活动,促进新生健康成长。此外,学校每年的"5·25"心理健康文化节不仅关注学生的心理健康,也关注教师特别是辅导员的心理健康,除了面向学生开展系列的心理健康活动,学校每年都会面向辅导员开设心理健康讲座、辅导员心理工作坊等活动。

(四)突出实效,趣味与实用相结合

一是注重活动的时代感和吸引力。为了让心理健康活动能够寓教于乐,以趣味横生的内容和别开生面的形式吸引全校同学关注的目光,学校营造了积极、活跃的心理健康教育氛围。一方面,学校顺应时代发展的需要,根据网络信息时代学生上网的心理与行为特点,积极运用新媒体新技术开展心理健康教育。组织学生开始了微信公众号"福师大心情驿站"、定期推出微信版清心源,通过漫画、短视频、短文等学生喜闻乐见的形式呈现心理健康教育内容,增强学生的参与黏性。另一方面,学校积极发动学生和学生组织的力量参与组织策划"5·25"心理健康活动。先后组织拍摄了《陌言》《他们的故事》《心弦》等校园心理微电影,深受全校同学的喜欢。其中,《陌言》是学校在第十届"5·25大学生心理素质拓展月"开幕式上推出的福建省高校首部心理微电影,被重庆卫视等电视台展播,受到光明网、新华网、福建日报等主流媒体的关注。

二是注重教育的实用性和有效性。"5·25"心理健康活动的开展主要是为了培养学生理性平和、自尊自信的健康心态,目的是为了增强学生的心理健康意识、提高自我调适能力,解决心理困扰,仅仅讲求趣味性是远远不够的。15年来,学校心理素质拓展月和心理健康文化节活动将实用性与趣味性有机地结合,让学生在活动过程中升华自己的理论知识,在实践中真正掌握技能。比如,每届的学生朋辈心理辅导技能大赛,就是通过以赛促学、以赛促训、以赛促练,促使学生在竞赛活动的过程中增强朋辈辅导技能,提高自身的综合素质。

三、思考启示

(一)把有传统的活动做得更有系统

"5·25"心理素质拓展月和心理健康文化节系列活动以及学校心理健康教育工作的深入开展,促进了学校心理健康文化的发展。未来,学校将进一步继承优良的工作传统,发挥学校思想政治工作的优势,将广受大学生好评的活动延续下去,传承优秀活动经验,汇编经典活动案例,进一步梳理工作经验,力求把有传统的工作做得更有系统。

(二)把有品牌的活动做得更有品质

15年来,学校心理健康月活动打造了系列品牌活动,"5·25"心理健康文化节已经成为校园文化活动中的一张响亮的名片。未来,我们将把有品牌的工作做得更有品质,在内容形式上不断创新,紧跟时代步伐,用大学生喜爱的方式传播心理健康观念,让广大学生更好地认识自我、接纳自我,体验自身的价值,引导广大学生用更阳光乐观的心态面对生活和未来。

(三)把有意义的活动做得更有意思

时代感和吸引力,是衡量一个活动生命力的关键。未来,学校将进一步坚持"以学生为中心"的工作理念,坚持立德树人的根本原则,尊重学生的主体地位,发挥学生的首创精神,结合时代特点,关注社会热点,把握学生痛点,把心理健康教育与新媒体新技术高度融合,让学生在活动中感受快乐,在活动中体验幸福,在活动中获得成长,促进心理健康教育和活动的有效开展。

作为东南沿海最早倡导心理健康日的高校之一,学校正不懈地努力着,把"5·25"心理健康教育活动更有特色地开展下去,把心理健康知识的种子播撒到校园文化活动的各个角落。

(学生工作部　林斐　丘文福)

构建"一二三"心育工作体系 服务学生健康成长
——心理学院心理健康教育工作特色品牌

一、品牌内涵

福建师范大学心理学院拥有心理学一级学科博士点和心理学博士后科研流动站,拥有省高校人文社科研究建设基地(发展与教育心理学研究中心)1个,省级人才培养模式创新实验区1个,省级实验教学示范中心1个,是福建省心理学会的挂靠单位。学院心理学科入选福建省重点学科和福建省一流建设学科——高原学科建设项目,在省内始终处于龙头地位,发挥着引领作用。学院在心理科学研究以及社会服务等方面都有着强大的学科基础。学院充分发挥学科优势,以关爱学生心理健康、服务学生成长成才为宗旨,力求全方位、多角度提升心理健康教育工作的专业性与实效性,构建专业心理健康教育工作体系,将心理健康教育工作落到实处。

二、经验做法

(一)主要做法

(1)打造一个精品。心理学院充分发挥学科专业优势每年5月按照学校"围绕一个主题,唱响一个理念,推出一个系列,突出一个亮点"的理念承办开展校"5·25"心理素质拓展月和心理健康文化节部分活动,内容包括心理情景剧大赛、心理广场咨询与测量、心理影院、心理沙龙等形式多样的心理健康教育主题活动。

(2)抓好两大课堂。心理学院面向全校学生开设公共课《大学生心理健康教育》必修课以及《心理学与社会》《爱情心理学》等选修课,积极普及心理健康相关知识。由心理学系教师负责课程安排与教学设计,选拔培训持有心理咨询师资格证的辅导员,经统一备课等教学训练后担任该门课程的科任教师。为辅导员开展心理健康教育工作提供理论指导与实践机会,促进工作能力的提升。

学院组织暑期社会实践重点队深入省内各个地区,开展富有成效的社会实践活动,与福建省女子监狱、福州市妇女儿童活动中心、三明市明溪县团委单位合作,开展心理咨询微广场、团体心理素拓、心理健康专题讲座等活动。

(3)构建三位一体工作格局。首先,以政工干部为基础,夯实日常工作。心理学院重视对政工干部的管理与培养,组织政工干部参与心理健康教育专项培训,鼓励考取心理咨询师资格证,提升其工作水平。同时以政工干部为中心,建立三级三线心理危机预警与应急制度,加强学院学生心理危机的预防、预警和干预工作,完善心理健康监控体系。其次,以专业教师为依托,提升管理水平。依托心理学专业强大的师资队伍,福建师范大学心理学院为学生提供个别心理咨询服务,对学生学习生活中出现的心理问题进行心理健康指导,对个别心理行为问题进行诊断、矫治,辅导和帮助学生解决心理困扰。再次,以学生组织为补充,促进自我教育。福建师范大学心理系于1998年率先在学院学生会中成立心理咨询中心,经过近20年的发展与完善,目前已经建设成一个专业性强、实践性好的心理学生社团。"素质拓展部"——开展挑战自我、熔炼团队等素拓活动,"咨询部"——开展广场心理咨询、心理健康培训,"学术部"——开展心理学术沙龙、心理影院等活动,"编辑部"——负责校园心理健康报《清心源》的筹划、征稿、编辑与出版。

(二)主要成效及经验

(1)精品项目带动活动热潮。除"5·25"心理素质拓展月和心理健康文化节活动外,每年新生入学之际,福建师范大学心理学院青协以"适应、沟通、破冰"等主题,针对性地设计开展一系列心理素拓活动,帮助全校新生融入新的群体,适应大学生活,因其专业性、趣味性以及良好的活动效果在校内倍受欢迎。

(2)健全体系护航心理健康。心理学院在学校的指导与支持下,按照"面—线—点"的原则,建立起一套完整的日常心理健康教育及危机预警工作体系,夯实工作基础,守护学生心理底线。一是扩大教育普查面,不留死角。每学年11月份(心理问题易发期)开展全院学生心理普查,每学期开展多次心理健康教育讲座。二是完善预警干预线,针对心理困难学生建立《心理问题学生档案》及《学生心理危机预警库》,实行定期跟踪、动态管理。三是抓住危机关键点。制定《心理学院学生心理危机应急预案》,确保全院学生的安全稳定。

(3)专业实践提升学生素养。心理学院高度重视学生的专业实践与个人成长,在连榕教授为带头人的心理学专家团队的关心和指导下,积极建设各类社会实践基地及教育教学实践基地,为学院学生开展实践活动提供良好的平台。先后建立鼓楼实验小学、闽侯第三中学两个教育教学基地,与福州市人防办公室签订合作协议,组织成立心理救护志愿者队伍。

(4)两线联动提升宣传效果。为进一步提升宣传教育覆盖面,福建师范大学心理学院开展线上线下两线宣传教育。2015年,开通微博"福建师大心风尚",分享心理健康知识与相关趣味图文,传播心理健康知识,建设线上心理健康教育宣传阵地。线下,学院办有全校唯一一份校园心理健康报——《清心源》,主要关注大学生身边的心理话题,如新生的心理适应、人际关系、爱情困惑、学业与就业压力等,为学生介绍常用的心理调适方法,为学生解决生活中的困难与烦恼提供多种视角。

三、思考启示

建立大学生心理健康教育工作体系是新形势下落实立德树人这一教育的根本任务的重要举措,是促进大学生健康成长、培养高素质合格人才的重要途径,也是加强和改进大学生思想政治教育的重要任务。因此,要继续以立德树人为根本任务,将心理健康教育融入学生成长成才的全过程。

一要继续办好"5·25"心理素质拓展月等精品项目,不断丰富内容,创新形式,使之成为学校校园文化活动中的一张响亮名片。

二要加大两个课堂的建设力度。创新第一课堂教学模式,通过知识传授、技能演示、案例分析、测量评价等方式,探索建立"多维互动、深层体验"的课堂教学新模式。持续深入开展富有专业特色的实践活动,结合社会热点与社会痛点发挥专业优势,调动各种资源,拓展第二课堂空间,丰富第二课堂内涵。

三要进一步夯实三位一体工作格局。加强对政工干部的培训,为政工干部成为心理健康教育专家创造条件,不断提升工作水平,提高工作质量。紧密联系专业老师,提升学生管理工作的专业性和科学性。组建学生心理健康服务队,努力打造成为专精优的学生心理健康社团。

五要充分利用新媒体平台,打造易班、微信、QQ等心理健康教育平台,实现大学生主要社交平台全覆盖。

(心理学院 唐雅君 钱从明)

积极心理学取向下的学院心理健康教育体系建设
——公共管理学院心理健康教育体系建设

一、品牌内涵

长期以来,福建师范大学公共管理学院党委注重把心理健康教育作为高校育人工作的重要内容抓紧抓好,积极探索大学生心理危机发展规律和关键节点,创新大学生心理健康教育,突出积极心理学元素,把积极心理学理念贯穿于"扬帆行动"等学生工作品牌活动中,不断增强大学生的积极情绪体验、培养其积极人格特质,营造蓬勃、有爱的成长环境,构建具有人文关怀的心理危机干预机制,进一步落实"助人自助",从而达到塑造人、发展人、完善人的目的。

强调自助互助的"扬帆行动"受到媒体关注,先后被中国青年报、福建教育电视台、东南网等媒体报道;感恩教育主题原创视频《妈,我恋爱了》等分别被东南快报、厦门日报等知名媒体官微转发,总转发量在500条以上。

二、经验做法

(一)落实心理健康教育工作体系建设,构建具有人文关怀的心理危机干预机制

一是严抓日常管理,不断夯实心理危机干预的工作基础。政工干部经常性地深入到学生课堂、宿舍和各类活动现场,担当心理危机事件的发现者,及时了解学生的思想动态,从学生的言谈举止、学习成绩变化以及人际交往等细微环节,捕捉学生的心理变化,在此基础上建立"早发现、早报告、早研判、早预防、早控制"的预警工作机制。对有严重心理障碍,特别是有自杀意念的学生,学院切实做好日常监控,提供强有力的服务和社会支持。对受危机事件影响较大的当事人朋友、舍友、同学,给予必要的心理援助,避免危机弥散。

二是加强建设力度,充分发挥学院心理健康辅导站的作用。进一步加强学院心理健康辅导站建设,提供人员、经费和场地等方面的保障,定期开展工作研讨,

有效解决工作中存在的实际困难和突出问题。在学生心理问题出现征兆或爆发的第一时间,辅导站对事态的严重性进行初步研判,支持和协助辅导员开展后续干预工作。辅导站建立学院心理危机事件的工作台账,掌握特殊群体学生的详细信息,在充分尊重学生的个性特点和心理诉求的基础上,将人文关怀和心理疏导结合起来,做好日常教育与服务工作。

三是坚持以人为本,强化家校沟通交流。注重对家长进行心理健康教育,利用新生报到契机召开新生家长会、每学期寄送成绩单随附《致家长的一封信》等方式,让家长及时了解他们的孩子在大学生活各阶段可能遇到的各类问题,了解心理困惑的应对方法,为危机事件干预的家、校协作奠定基础。立足于真正帮助心理问题学生家庭渡过难关,定期与家长保持联系,及时反馈学生在校表现,引导既要重视孩子的安全问题,更要考虑他们的特殊需求和长远发展,适时改进沟通、干预方式,配合学院予以积极应对,确保孩子顺利完成大学学业。

(二)明确辅导员角色定位,建设一支有能力、懂方法的心理危机干预队伍

一是明确辅导员的角色定位。辅导员扮演着心理危机事件的"发现者""协助处理者""后期干预关注者"等重要角色。鼓励辅导员考取心理咨询师职业资格证书。为确保学生教育管理工作的稳定性,学院不采用聘请兼职辅导员的常规做法,而是为专职辅导员配备助理,采用"老带新"的模式,增加"经验+精力"的投入,让每个年级都有相对稳定的"主心骨",确保教育管理工作的连贯性和精细化,避免工作交接易导致的疏漏,有助于辅导员在心理危机干预过程中,准确把握自身的角色定位,避免角色缺位、错位,更好地协助专业人员有效处理学生心理危机事件。

二是进一步提升辅导员的职业能力。积极组织辅导员参与校内外心理健康教育的交流和培训,明确危机干预的方法和步骤,掌握危机干预中的交流、倾听、评估等技巧。同时,要求辅导员善于拓宽知识面,掌握一定的心理学、政治学、管理学、社会学、经济学等学科的相关知识,在心理危机事件出现的第一时间,能控制事态,采取边调查、边处理、边抢救、边核实的方式,防止事态不扩大、不升级、不蔓延,迅速、客观地查明事实真相,做出考虑周全、准备充分,具有专业性的判断,并对当事人做好相关干预和服务工作。

三是构建心理危机干预协同团队。学院聘请心理学专业教师担任指导老师,进一步明确班主任、班级心理健康宣传员、宿舍心理健康信息员的工作职责,并通过积极引导,不断强化每一个成员宣传心理健康知识和主动关注周围同学心理状况,及时帮助同学化解心理危机的使命意识,有利于构建以辅导员为主、班主任和学生骨干队伍通力配合的心理危机干预协同机制,形成有效的工作合力。

（三）注重培养学生积极人格特质，营造蓬勃、有爱的成长环境

一是积极开展心理健康主题教育。综合运用线上、线下阵地，经常性地开展相关活动，近五年，学院累计开展心理健康主题宣传教育活动近30次，参与面广，教育效果好，并获福建师范大学心理素质拓展月优秀组织奖和创意活动奖各一次，所申报的心理健康特色项目入选校级一项，院级立项两项。学院原创剧目获得福建师范大学校园心理情景剧大赛一、二等奖各一次，三等奖两次，学生在朋辈辅导技能大赛、心理素质拓展团队挑战赛等活动中也多次获奖。

二是积极倡导感恩互助。根据学生需求，学院有针对性地开展感恩教育、职业规划教育，提倡师生用积极的心态，对自身和他人的心理现象、心理问题进行解读，通过一系列志愿服务和"扬帆行动""情暖公管"年度人物评选等学生工作品牌活动，将思想政治教育、生命教育和心理危机干预进行有效整合，从而更好地激发和挖掘学生的内心力量、积极品质，以对抗身心障碍和疾病，帮助学生最大限度地发现自身的潜力，进而获得更加美好的大学生活。

三是积极推动生命教育。学院通过"母亲节"、新生入学等有利时机，在广大学生中开展了一系列生命教育，以培养学生积极乐观的心态和豁达向上的精神风貌。2015年至今，通过线上阵地和线下活动，开展了《时间都去哪了》照片展、《写给妈妈的三行诗》主题征文，制作创意视频——《妈，我恋爱了》《世界那么大，我想带妈妈去看看》《妈妈，我爱你哟》，让学生感受爱、表达爱，着力提升学生的心理健康指数，增强家长对学院的信赖，为广大青年学生营造蓬勃、有爱的成长环境。

三、思考启示

习近平总书记在全国高校思想政治工作会议上强调："要坚持不懈促进高校和谐稳定，培育理性平和的健康心态，加强人文关怀和心理疏导，把高校建设成为安定团结的模范之地。"心理健康教育是加强和改进思想政治教育工作的有效途径，通过帮助大学生认识自我、解决心理问题、发掘潜力、促进心理健康和人格成长，最终使其获得健康、幸福生活的能力，为大学生健康成长成才创造良好的心理条件。

今后，公共管理学院将继续立足于服务学生的成长成才，把积极心理学理念始终贯穿于大学生心理健康教育活动之中，通过与学生工作品牌活动和日常教育管理的有效整合，进一步引导学生通过学习、实践，有力提升幸福人生的五要素：积极情绪、投入、人际关系、意义和目的、成就，让学生在爱中实现自我生命价值，让学生活得自在、幸福、快乐，拥有丰盛而有意义的人生。

（公共管理学院　蔡艺颖　徐挺汉）

第八章 08

| 资助育人 |

——在温暖关爱中描绘出彩人生

篇首语

　　立德树人是教育工作的根本任务,也是学生资助工作的根本任务。福建师范大学历来高度重视学生资助工作,坚持育人导向,构建长效机制,把"扶困"与"扶智"、"扶困"与"扶志"结合起来,物质与精神并重、助困与帮扶并举、资助与育人并行,做到帮扶工作有温度、物质资助有广度、精神引领有深度、素质提升有力度,不断促进学生阳光成长、全面发展。近年来,随着国家资助政策的不断完善,资助力度的不断增加,学校积极转变资助理念,大力加强"发展性"项目和平台建设,在推进精准资助、提升资助科学化水平、提升资助育人功效等方面不断探索,成效显著,积极帮助家庭经济困难的学生成长成才,使他们共同享有人生出彩的机会,共同享有梦想成真的机会。

搭建平台　服务家庭经济困难学生"摆脱贫困"

一、品牌内涵

《摆脱贫困》一书收录了习近平总书记于1988年至1990年在福建宁德工作期间的重要讲话和文章。他在书中指出,"摆脱贫困"的意义首先在于摆脱意识和思路的"贫困",只有首先"摆脱"了头脑中的"贫困",才能使所主管的区域"摆脱贫困",才能使整个国家和民族"摆脱贫困",走上繁荣富裕之路。2016年12月,在全国高校思想政治工作会议上,习近平总书记又指出,思想政治工作从根本上说是做人的工作,必须围绕学生、关照学生、服务学生,不断提高学生思想水平、政治觉悟、道德品质、文化素养,让学生成为德才兼备、全面发展的人才。高校家庭经济困难学生资助工作是扶贫攻坚工作的重要一环,习近平总书记"摆脱贫困"的思想、服务学生的思想对我们做好新时期高校思想政治教育和扶贫攻坚工作,具有普遍而长远的指导意义。

福建师范大学贯彻落实全国高校思想政治工作会议精神及《摆脱贫困》重要思想,结合学校家庭经济困难学生资助工作实际,持续深入开展"励志前行,摆脱贫困"系列活动。通过活动,在家庭经济困难学生群体中营造"摆脱贫困"的良好氛围,帮助学生树立"摆脱贫困"的信念,进而培养"摆脱贫困"的能力,锻炼综合素质,实施项目创新,为促进学生及家庭早日实现"摆脱贫困"打下坚实的基础。学生助学管理中心先后被授予福建省"首批学生资助管理中心标准化建设达标单位"、福建省"最佳学生资助工作单位"、福建省"学生资助宣传工作优秀单位"、全国学生资助工作"推荐学习单位"等荣誉称号。2017年9月,学校作为全国12所高校之一,代表福建省到教育部全国资助管理中心专题汇报资助工作。2017年4月,《海峡教育报·助学专刊》以《"发展性"助学助推贫困学子扬帆》为题对学校资助工作进行专题报道。

二、经验做法

（一）选塑典型，坚定信念，为家庭经济困难学生摆脱贫困打好思想基础

理想信念是干事创业的精神和力量源泉，也是人生路上的指路明灯。为了更好地将"摆脱贫困"思想根植于家庭经济困难学生群体，树立他们改变命运的理想信念，学校通过邀请优秀校友、培育先进典型、参与励志感恩活动等方式，将习近平总书记的脱贫思想融入活动中，作为青年学习奋进的动力。针对理想信念，学校重点开展以下几个方面的活动：一是组织开展读书会活动。2016年，校学生中国特色社会主义理论研究会组织青年学生专题学习《摆脱贫困》一书，学习会结合自身学习的认识与体会，摘取书中的部分篇目，联系生活、社会、家乡等具体情况进行了深入的探讨，帮助同学们全面了解"摆脱贫困"思想内容。二是培塑"励志先锋人物"。经学院推荐、学校现场展示评审等环节，共评选出10名在学习、生活、志愿服务等方面表现出非凡毅力的青年学生为"福建师范大学励志先锋人物"，并通过视频、微信、微博、易班、电台、校报等平台开展线上线下宣传活动，营造积极向上的励志氛围。三是举办校友励志讲座分享会。在建校110周年校庆之际，学校邀请郑强教授、郑声滔教授等知名校友到校分享青春奋斗故事，激励学弟学妹们勇往直前、自信成长。四是举办主题宣传活动。通过组织参与全国学生资助管理中心、中国银行与中国青年报社举办的"助学·筑梦·铸人"主题宣传活动，号召学生撰写励志、感恩事迹，讲述青春成长故事，记录他们学会感恩回馈，追求梦想的历程。学生和教师的征文多次获奖，学校被授予优秀组织奖。

（二）搭建平台，提升素质，为家庭经济困难学生摆脱贫困做好能力准备

学生摆脱贫困的终极利器是能力和素质。为了让家庭经济困难学生综合能力素质获得发展，学校组织举办培训班、搭建就业创业平台、开展爱心活动等形式，提高学生职业素养、工作技能、安全意识。一是举办综合能力素质提升培训班。举办勤工素养、教师素养、手工技能、学习素养培训班，每年吸引将近800人参与培训。勤工素养课程开设岗位安全知识、礼仪培训、Office培训、办公设备培训、PS培训以及摄影课程培训等六块内容，以帮助学生在课程活动中学习关于勤工俭学的必备礼仪和办公技能，助力提升校内勤工助学岗位效率。二是开展勤工助学岗位的公开招聘活动。学校每学期公开部分岗位，面向全体家庭经济困难学生进行招聘，让学生和单位进行双向选择，通过这种方式，让岗位的竞争倒逼学生提升自己的能力，另一方面通过面试让相关岗位工作效率得到提升。三是开展圆

梦工程创业培训班。2016年以来,学校每年举办"圆梦工程"院级创业培训班、校级创业精英训练营。每年近千名大学生按照发展需求,编为"电子商务""教育社群""科研成功""文化创意"四个类型班,分别接受针对性的创新创业培训。同时,通过创新创业奖学金等方式,以奖代补对重要创业竞赛获奖项目和成功落地、发展前景较好的创业项目给予扶持。

(三)建立机制,积极介入,为家庭经济困难学生摆脱贫困强化心理素质

首先,建立健全的心理教育预警机制。学校已经建立"五早"心理预警机制,对心理危机"早发现、早报告、早研判、早预防和早控制",防微杜渐,排除隐患,并构建校院二级心理健康教育与咨询队伍、机构,并将心理工作深入学生宿舍,建立学生健康成长辅导室,宣传心理健康知识,开展心理咨询活动。每年在家庭经济困难学生入校时心理普查、学生能力素质分析和诊断评估基础上,分阶段分情形,有针对性地对家庭经济困难学生开展心理健康教育。

其次,完善心理健康教育课程体系。学校实现心理健康教育知识教育的全覆盖,每年举办"5·25"心理健康文化节,召开大学生心理健康教育工作推进会,鼓励家庭经济困难学生积极参加心理健康方面的课程、讲座、培训、咨询(个体与团体)、辅导、谈心、心理素质训练和素质拓展等,及时疏导心理问题,促进身心健康发展。

最后,加强心理健康活动场所建设。学校加大投入,完善了菜单式的心理咨询与辅导体系,集专家咨询、团体辅导、女生专线、朋辈辅导、辅导员谈心等于一体的菜单式心理咨询与辅导体系全方位服务学生的心理成长和发展。每年接受咨询与辅导的学生约2000人次,为家庭经济困难学生构筑一道强大的心理防线。

(四)组织实践,参与项目,为家庭经济困难学生摆脱贫困进行实战指导

学校育人初心就是立德树人。学校全面深化综合改革,切实加强内涵建设,将涵养"双创"文化、激发创新活力和强化创业能力融入学校工作全局,持续推进家庭经济困难大学生创新创业工作,培养担当民族复兴大任的时代新人。

1. 创建各类实践平台,打造学生实践基地

一是建立科研平台。学校现有26个国家级、省级科研创新平台,以及21个国家级、省级实验教学示范中心、虚拟仿真实验室等优质资源全部向学生开放,让学生充分运用科研平台的实验设备和研究氛围提升创新意识和创业能力。二是建立园区平台。园区以入选省级高校毕业生创业孵化基地建设支持项目和福建省首批省级大学生创新创业示范园为新起点,采取链条式布局,根据学生的发展

阶段和需求不同,提供针对性的支持。截至 2017 年 12 月,校内已建成和建设中的大学生创新创业园面积总计达到 10000 余平方米。三是建设基地平台。学校重视校外资源融合,充分利用已建设的 200 余个国家、省、校三级校外实践基地,扎实推进与社会政商资源等开展不同类型、不同层次的协同育人工作,结合学生所需和专业所学开展紧密合作,让广大学生在实践中掌握专业知识、了解市场行情,激发学生创新创业内在动力。

2. 以活动为载体,打造"双创"文化高地

每年开展大学生创新创业训练计划、课外学术科技作品竞赛、创业计划竞赛、研究生科技节、大学生科技节等活动。现有校、院两级创新创业相关组织和社团协会 10 余个,每年组织举办校园生存挑战赛、创新成果展、创业成果展、大学生创业沙龙等 20 余场次;实施研究生参与校园建设专题研究项目,充分发挥研究生科研创新能力。2015 年以来,学校及各二级学院举办的创新创业讲座论坛超过 100 场,实现了活动对 70% 以上学生的覆盖。

三、思考启示

摆脱贫困不仅是帮助学生解决物质贫困,更是要让学生摆脱精神贫困,这项工作需要多方合力。学校积极推动家庭经济困难学生资助工作,在落实教育扶贫攻坚工作的同时,也将学校资助育人工作的成果进行展示。在具体实施"摆脱贫困"活动过程中有两点思考:

(一)实施精准资助是帮扶家庭经济困难学生摆脱贫困的重要前提

学生工作管理系统的投入使用、资助工作标准化的建设、"家校关怀万里行"活动的开展、发展性资助项目和平台的有效实施,这些举措都是为精准认定困难学生服务的。通过精准认定不仅实现了学校"绝不让一位家庭经济困难的学生辍学"的郑重承诺,而且可以促进学生的成长和发展。但是,当前仍存在两个问题:一是部分学生对自己家庭是否为建档立卡户并不明确,且教育厅每年提供核对的建档立卡学生名单相对比较滞后,导致学校在确定学生家庭经济困难学生名单出现个别遗漏现象,不利于高校制订个性化的帮扶方案。二是学校已将建档立卡学生纳入资助范畴,但仍有部分学生反映本人家庭经济较为宽裕没有申请资助意愿。按照相关政策规定,仍然要将他们纳入资助范畴,这对公平资助造成一定影响。接下去,我们将提议加强建档立卡户认定标准,提高高校精准帮扶针对性。

(二)实施发展资助是促进家庭经济困难学生摆脱贫困的重要推手

各类发展性资助项目精准引导不同类型的家庭经济困难学生发展,让家庭经

济困难学生在成长中不仅获得经济保障,更获得了符合自身需求的成长。学生教育平台、公益服务平台、能力提升平台的锻炼,帮助学生提高素质、拓宽视野、提升能力,让他们学有所长,放下包袱,更加自信地面对升学和就业。通过这些平台,校内形成了浓厚的创新创业文化,为家庭经济困难学生成长提供了良好的培育环境,但是成效还不够凸显,主要原因就是家庭经济困难学生的思想理念、成长环境制约了同学们的想象。接下来,学校将陆续建立相应的创业孵化基地,举办综合素质能力提升等实践性的培训班,让更多学生从思想上进行改变,开始简单实践操作,慢慢提升其能力和水平,最终通过就业创业的平台给学生成长带来新的提升和飞跃。

(学生工作处　林子鸿　张爱民)

"精准扶贫"方针下探索"精准资助"三大机制

习近平总书记提出"精准扶贫"的工作方针,为教育脱贫攻坚赋予新的时代使命。学生资助是教育脱贫攻坚的重要内容,也是确保稳定脱贫和高质量脱贫的重要举措。"精准扶贫"方针为新时期高校学生资助工作提出"精准化"建设的方向。正如教育部陈宝生部长所总结,"精准资助,就是要做到资助对象精准、资助标准精准、资金发放精准。"福建师范大学长期以来积极探索学生资助的新模式,形成"精准资助"三大机制,精准识别资助对象,统筹组合资助标准,合理安排资金发放,在助力学生精准脱贫方面取得了一定的成效。

一、品牌内涵

早在1999年,学校就向社会承诺,"绝不让一位家庭经济困难且愿意学习的学生因家庭经济困难而辍学。"几十年来,学校坚守承诺,始终坚持学生资助先行先试,资助育人工作走在福建省前列。学校率先开展国家助学贷款试点、生源地贷款试点,在贷款的校行协议、风险补偿金设立及使用等方面做了开拓性实践。随着国家资助体系的完善,学校积极争取国家助学金覆盖面扩大,不断引入社会奖助学金,努力实现学校经费投入持续增加,目前形成了"解决学费、住宿费问题,以国家助学贷款为主,以国家励志奖学金为辅;解决生活费问题,以国家助学金为主,以勤工助学等为辅,以社会团体、企业和个人设立的奖助学金为补充"的"组合式"资助方式,建立了"九位一体"的贫困生资助体系,做到基础保障全面覆盖。同时学校在精准实施"保障性"经济资助的基础上,不断挖掘"发展性"资助,为学生全面提供物质帮扶、精神帮扶和能力帮扶。新时期,学校在资助精准化建设的道路上保持优势劲头,不断开拓创新,努力探索三大机制。

二、经验做法

(一)建立校内外联动机制,确保精准认定

精准认定家庭经济困难学生是做好学生资助工作的重要前提。学校将材料审核与生活观察相结合、数据分析与深入谈心相结合、校园认定与入户走访相结合,确保贫困生精准认定。

第一,完善校内认定体系。学校综合运用贫困证明法、横向比较界定法、最低生活保障线比照界定法等,建立以学生家庭经济收入、人员组成、健康状况以及在校消费情况等组成的认定指标体系,将福州市城市居民最低生活保障标准和学生家庭情况相关数据分析结果作为评定的参考依据,借助系统申请和审核,做到"互联网+"认定贫困生。

第二,建立校外核查机制。学校成立校院两级家访服务队,每年抽取部分贫困生,实地走访了解学生家庭情况。每学年结束对贫困生进行学校、学院资助工作满意度调查,畅通学生申诉反馈的渠道。

(二)建立资助统筹安排机制,确保精准管理

在资助标准方面,学校实行"统筹安排、预算管理、组合资助"。每学年年初,学校对政策性的助学资源和社会性的助学资源进行统筹,将资助组合一次性下达学院,由各学院科学分配,使得困难程度不同的学生能得到不同梯度的资助。既实现资助兜底保障功能,又形成"困难程度、优秀程度、努力程度"相结合的激励作用。

第一,实行分级认定。为提高学生资助额度的精准度,学校根据学生家庭贫困程度分为特别困难和困难两档,认定等级根据学生家庭情况如实确定,做到"应助尽助""助得其所",让更困难的学生可以得到更大程度的帮扶。

第二,实施分类资助。2009年,学校制定《福建师范大学家庭经济困难学生资助实施方案》,要求学院每学年开学初制定《学生资助统筹计划表》,针对不同困难等级的贫困生合理组合资助项目。当前,学校已实现贫困生资助全覆盖,每学年每位贫困生接受无偿资助金额不低于2500元。

第三,进行动态管理。学校先后开发学生奖助贷信息管理系统、学生工作信息管理系统资助模块。一方面,对资助资源实行在线配置,对学生每学年无偿资助总额进行控制,特别困难学生无偿资助金额不超过1.2万元;另一方面,对贫困生资助情况进行在线实时管理,提高资助信息的及时性和准确性。

(三)建立项目平台引导机制,确保精准发展

精准培育学生脱贫素质能力,提升就业竞争力,才能帮助他们彻底走出贫困,才能改变一个家庭的命运,有效阻断贫困代际传递。多年来,学校积极开展资助育人工作,帮助学生树立自信,让学生更自立、自强。

1. 营造良好育人氛围,让学生更自信

近年来,学校积极组织学生参加福建省"助学·筑梦·助成才"学生资助微影视作品征集展播活动、"福建省励志先锋人物"评选活动、"助学,筑梦,铸人"征文等活动,宣传和营造资助育人良好氛围。学校获奖成果居全省高校前列,培育出各类典型人物和事迹,如获得2014年度"中国大学生自立自强之星"的陈威同学,第二届"福建省励志先锋人物"的邓衍晨同学,获得国家奖学金及第三届中国杭州大学生创业大赛特等奖的王荣波同学,获得大学生"挑战杯"创业计划大赛金奖的魏诚同学,福建省孝老敬亲道德模范、2016年度感动福建十大人物楚玉春同学等。

2. 设立"发展性项目",让学生更自立

为了让资助项目在促进学生发展方面发挥更大的效益,学校将部分社会资助转变为帮助学生提升素质、拓宽视野、提高能力的项目。如鼓励学生创新创业的"大学生创新创业奖学金",鼓励参加重大比赛的"吴维新教育基金",促进学生能力培养的"真维斯大学生助学基金"和"肯德基曙光基金",鼓励贫困生考研的"象屿集团奖学金",资助师范生实习的"德诚助学金",赴国(境)外高水平大学交流学习资助项目等,让贫困生不仅获得经济保障,更获得了符合自身需求的成长帮助。

3. 搭建"发展性平台",让学生更自强

学校通过学生爱心联盟、征信服务部、助学服务部、勤工助学服务部等诚信教育平台、公益服务平台、能力提升平台,将"摆脱贫困"主题思想融入资助活动,帮助学生拓宽视野,提高素质能力,开展爱心捐助、家园清洁、社区服务等社会公益活动,举办"福建师范大学励志先锋人物"评选、"爱心家教"和征信知识宣讲系列活动。学校利用校内外资源,重点解决贫困生的就业问题,基于学生的学科专业和求职意向,开展相应的职业技能再培训,优先推荐就业岗位,发放求职补助,让他们自信地走向就业市场;对尚未就业的贫困生,建立起专门的帮扶台账,保证他们在毕业年内实现就业。同时,学校鼓励贫困生开展创新创业实践,帮助他们发现机遇,组建团队,给予政策经费倾斜。近年来,学校专门投入100万元,面向贫困生举办就业创业能力培训班、心理素质拓展培训班、综合能力素质拓展培训班,提升学生的就业创业和实践能力。以上活动得到福建日报、福建教育电视台等媒

体的关注。

三、思考启示

从学校的实践来看,实施学生资助工作精准化建设是以贫困学生精准认定为前提,以资助资源精准分配为标准,以能力素质精准培育为手段,从而让贫困生在精准帮扶的服务中受助,在发展性的平台中锻炼,在"大爱"的氛围中成长。然而,要改变高校扶贫工作大水漫灌的状态,转为精准滴灌,还需要解决实际工作中的一些不平衡和不充分的问题。

(一)增强"建档立卡"政策的扶贫成效

2016年,教育部等六部门印发了《教育脱贫攻坚"十三五"规划》,要求将建档立卡贫困户大学生列为重点帮扶对象,实行全面资助。建档立卡贫困大学生由学生家庭所在地民政扶贫部门认定,将原来高校贫困生认定"自下而上"以学生自觉申请为主的方式改为"自上而下,上下结合"由扶贫部门联动教育部门主动资助的方式,一方面,认定程序更加合理,降低学生贫困信息虚报的风险,消除了学校内部层层评议的复杂和可能存在的不公平,有利于减少学生信息公开;另一方面,认定结果更加切实,回归学生家庭所在地经济发展现状更能直观反馈学生的困难情况,为学校精准定级分配提供更有力的依据。然而当前"建档立卡"工作机制处于起步阶段,实施过程难免有所不足。例如,第一,时间衔接问题。民政、扶贫等部门与教育部门对接贫困生信息时间存在滞后,导致高校无法及时接收名单,影响学校学生资助资源的总体分配。第二,信息不对称问题。各地民政、扶贫等部门工作管理标准有异,建档立卡大学生情况反馈至高校,与学校对该生掌握的实际困难程度存在出入,一小部分学生并非贫困且本人也没有受助意愿,强行将他们纳入资助范畴,反而干扰学校开展精准帮扶。此外,部分地区未分发国家统一监制的《扶贫手册》等。第三,平台共享问题。当前全国扶贫信息网络与教育系统共享数据平台,灵活监测动态变化的机制还未实现。第四,高额资助问题。高校学生资助资源不仅有解困型生活补助也有鼓励型、发展型的奖助项目,精准分配资助不仅要考虑学生的贫困情况,也会涉及评判学生的综合表现等,如学生是否遵纪守法,正确消费,等等。对国家政策兜底扶贫对象实行全面资助,但给予"一刀切"的高额资助显然不符合教育扶贫的初衷,应该据实分档补助。"建档立卡"工作机制促进了高校贫困生精准认定,推动了精准资助建设,但仍需提升精准管理的水平。高校也应该把握好国家扶贫新策,与教育、民政、扶贫等部门加强配合,重点关注兜底扶贫对象的成长,切实增强"建档立卡"政策的扶贫成效。

(二)提高量化测评模式的参考效度

在大数据技术广泛运用的背景下,不少高校采取定性和定量结合的办法,引进量化测评指标体系,运用大数据手段分析学生家庭经济条件、校园卡消费等多元信息,使认定更加精细客观。但目前量化测评也存在不足,一方面,测评的指标需要长期反复测试才能提高信度和效度,才能适用于贫困大学生的实际;另一方面,我国的税收系统和征信系统尚不完善,民政扶贫与银行金融部门尚未形成数据对接,无法准确获知学生家庭经济收入,测评体系的核心数据不够真实可靠,可能导致结果不准确。量化测评模式一定程度上能为高校贫困生精准认定提供重要辅助,也是今后工作的趋势。如何合理配置考核致贫因素,提高测评结果的实际参考价值,需要教育部门、学校长期的实践观察,调整完善量化测评体系。通过信息系统进行量化测评认定,还应该实现资助标准自动匹配和资金发放的及时对接功能。最后,实现高校贫困生精准资助需要开放学校、教育、财政、扶贫、民政、残联和银行多部门系统安全接口,实现数据共享,综合分析多项指标,形成多部门联动的贫困大学生测评机制。

(学生工作处　孙浩)

汇聚点滴爱心　持续服务女大学生成长成才
——"春晖助学金"育人纪实

一、品牌内涵

福建师范大学女教职工委员会(以下简称校女工委)自2003年设立"春晖助学金"以来,秉承资助与育人相结合的原则,通过积极探索、广泛发动,持之以恒地开展贫困女大学生资助工作,为学校贫困学生资助和人才培养工作做出了独特的贡献,受到各级媒体的广泛关注。15年来,"春晖助学金"捐款教职工达到25000多人次,募捐总额约达到156多万元,受助贫困女大学生达到1620多人次,每人次受助额度从最初的500元提高到现在的1000元,每年受助人数也从20多人增加到176人。15年来,校女工委坚守本职工作、乐于奉献、爱心传递、真情永驻,想学生之所想,急学生之所急,成为困难学生的"爱心之神"。为持续关爱女大学生,学校还专门设立了"女生成长专线",定期开展线下扩展活动,就女大学生关心的问题进行深入交流,将资助与育人工作进行结合,共同促进学校女大学生成长。

2000年以来,校女工委先后被省教育工会评为福建省教育工会女教职工先进集体;2003—2004年度福州市工会女职工工作先进集体;2011年被评为全国五一巾帼标兵岗、福建省三八红旗集体、首批福建省教科文卫体系统工会女职工规范化建设先进示范单位;2018年被省教育厅等18个单位授予"最美资助人"提名奖等荣誉。

二、经验做法

(一)持续资助,做女大学生成长的护航者

"春晖助学金"是学校奖助学体系中非常独特的一个项目。它是由校女工委会于2003年发起成立的一个专门资助贫困女大学生的助学金,其资金来源最初仅为学校广大女职工的自愿捐款。后来随着活动影响力的不断扩大,男教职工们也加入其中,甚至吸引了社会爱心企业的积极参与。学校教职员工通过自发捐款、社会捐赠等方式,捐款总额从第一届的1.7万元到第十五届17多万元,受捐助的同学从首届的20名增长到2018年的176名,捐助金额的增加,资助人数的增多,充分体现了校女工委团结奋进的精神,凝聚着全校教职工们的无限爱心。通过助学金这个平台,让校女工委成为学校资助工作的一个亮点。它还以"关爱女生成长"为宗旨,以"扶助女生成才"为己任,逐步开展各项活动,并在校内外影响广泛,已经成为校女工委的一张名片和学校工会工作的一个品牌。

(二)持续宣传,做女大学生成长的播音员

如今"春晖助学金"已经成为关注女学生成长的纽带,凝聚着全校教职工对贫困女学生的关爱之情,每年10月份校女工委向全校教职工发出倡议书后,从校领导到各级工会组织都踊跃参加。一些企业、社会团体与个人了解"春晖助学金"的项目后,也主动要求加入支持与捐助的队伍中。福建省教育厅、福建省电力设计研究院、福建省福利彩票中心和中国联通福建分公司等社会各界都曾对春晖助学给予赞许和捐赠。春晖助学活动多次受到上级工会的高度赞赏和各大媒体的广泛关注,中国教育报、福建日报、东南网都对学校的春晖助学活动进行了广泛报道。

(三)持续育人,做女大学生成长的领路人

"春晖助学金"是一个资助平台,也是一个育人平台。近年来,校女工委始终秉承"资助与育人"相结合的原则,做到物质资助与精神资助并重,充分发挥"春晖助学"在大学生励志教育和感恩教育等方面的作用。每年3月,校女工委都会举行"春晖助学"捐助仪式,让所有受资助的女大学生接受一次精神上的洗礼。每年捐助仪式上,不少受资助学生都纷纷表达了她们心中的感谢、感动、感恩之情,她们表示:这笔钱不仅减轻了她们生活上的压力,更让她们看到老师对她们的关爱。她们也会比任何人都更懂得珍惜,因为身上倾注了更多的关怀和期盼,因而更加激励自己怀着感恩的心,努力学习,改变自己的生活状态,也希望今后有能力帮助其他人,将爱延续和传递出去。

(四)持续实践,做女大学生成长的知心者

为了持续帮助困难女大学生,校女工委、女科协与学工部密切协作,2013年开通了"女生成长专线",老师们坚持轮流守候,用她们良好的师德、渊博的学识、丰富的阅历、成功的经验和有效的沟通方式,耐心地帮助女大学生,解答他们人生中遇到的学习、生活、情感以及校园生活中的各种困惑。为了更直接地帮助女大学生,在校学工部的支持下,爱心专线从线上走到线下,定期开展线下拓展与女大学生面对面活动,先后在闽南科技学院、福清分校、马克思主义学院、软件学院与贫困女大学生座谈交流,积极探索富有特色的教育模式。针对女大学生思想、学业、生活、情感、情绪等方面的困惑开展咨询和帮扶,取得了良好的效果。学生们表示在学校受到的关爱和帮助,她们在今后的工作学习中将会延续下去,把爱传播出去。

三、思考启示

(一)项目可持续,育人有特色

"春晖助学金"的设立充分体现了校女工委的创新精神,凝聚着全校广大女教职工的浓浓爱心,在校内外受到广泛的好评。这个资助项目具有强大的影响力,主要基于两点认识:一是资助项目的持续性。校女工委能够协同创新,不断通过各级工会的力量去推动,同时发动各单位的男同志参与,确保了项目影响力越来越大,参与范围越来越宽,最后变成学校教师日常生活中的一项习惯,公益活动变成教师员工日常生活的一个生活自觉。二是育人工作有特色。高校学生资助既具有经济功能,又具有育人功能。"春晖助学金"将资助和育人两个方面都抓得很实,在物质上帮助学生,在精神上鼓励学生,在能力上锻炼学生,不断以学生成长为主线加强教育,促进贫困女生群体的共同成长。

(二)线上做资助,线下做服务

学校资助工作已经实现网络申请,网上审核,系统转账,做到资助工作在线上操作,提高了资助效率。线上的工作简便了,让项目的实施者将更多的精力放在学生成长方面。于是,线下服务的平台也搭建起来,围绕教师提升、女学生成长的主题,女教职工定期举办女生成长论坛,不断提供生活、学习、就业方面的咨询和帮助。同时,女教师利用互联网技术,开设QQ聊天、微博、贴吧心理咨询平台,开通女生成长热线,进行隐蔽性交流,使贫困生放下顾虑,大胆地讲出实情,倾听老师的劝慰和建议,春风化雨、润物无声,逐渐纠正各种心理障碍,拓宽解困渠道,引导贫困生积极自助,帮助他们改变困境,解决贫困生困难的又一个有效方式。

接下来,"春晖助学金"项目将不忘初心,继续前行,坚持爱心助学工程,为更多的贫困女大学生成长成才贡献自己的一份力量。

(学生工作处 林子鸿)

三位一体的"奖助·思政"育人体系
——研究生思政教育新模式

一、品牌内涵

研究生新奖助体系实施四年来,研工部积极适应研究生教育管理工作新变化,积极构建"思想引领、主体实践和发展支持"有机结合的三位一体的"奖助·思政"育人体系,将对研究生的奖助作为开展思想政治教育的有效载体,深度挖掘奖助工作蕴含的思想教育元素,以及在研究生成长发展过程中的导向、约束和激励功能,通过政策先导、项目引导、平台精导,将研究生思想教育有机融入奖助工作全过程、全体系。

研工部充分发挥奖助评价体系在研究生思想教育中的独特作用,将思想教育融入奖助评价过程,通过政策制度的导向功能,强化对研究生思想的引领和塑型功能,以拓展"有偿性"资助和"竞争性"奖励为重点,大力倡导自立自强精神,培树典型榜样,将学生践行社会主义核心价值观、涵养良好道德品质、培育社会主义核心价值观等软指标,同学术、科研等硬杠杆密切结合,实现奖助评价价值导向功能的最大化、最优化。将奖助支持与研究生自主行为实践相结合,鼓励研究生用实际行动涵养良好学风,在参与校园管理服务的实践中提升思想认识。从帮助研究生实现最佳职业发展角度,将奖助工作与学科育人紧密结合、协同协力,全方位支持研究生的成长和发展。

2017年12月,研工部《三位一体的"奖助、思政"育人体系——研究生思政教育的新模式》入选2017年福建省高校辅导员工作精品项目。

二、经验做法

"奖助·思政"协同育人工作体系实施以来,有效实现了思想政治教育与奖助工作的内在融合和相互促进,使研究生思想政治教育工作载体更有特色、抓手更加多样、成效更加显著。目前累计已有2.6万人次的研究生通过申报、评选、参与近15000万元的各类奖助项目,不仅在经济上得到资助,更在思想上得到提升、能力上得到锻炼、发展上得到支持。广大研究生在各种奖助项目的帮助和支持下,自立自强、潜心学术、积极进取、创新创造,积极践行社会主义核心价值观,涌现出了"中国大学生自强之星"、福建省第三届道德模范、"2016年度感动福建十大人物"楚玉春和"2016年度感动福建十大人物"徐云丽等一批先进典型。在2017年福建省大学生学习马克思主义理论知识竞赛中,马克思主义学院研究生朱国鹏同学获研究生组冠军。2014年以来,学校研究生以第一作者在国内七大核心期刊上发表学术论文4800多篇,发表国际期刊论文被SCI、EI、CPCI和SSCI等收录900多篇,研究生获授权专利260多项。

(一)政策先导:强化以思想引领为核心的奖助评价体系

发挥奖助评价体系在研究生思想教育中的独特作用,在政策制度层面,将思想教育的要求隐含在奖助评价过程中,并通过政策制度的导向功能,强化对研究生思想的引领和塑型功能,着力培养德才兼备、又红又专的研究生人才。一是适应研究生分类培养需要,构建完善以国家奖学金、国家助学金、学业奖学金、宝琛奖学金、推免生奖学金、"三助一辅"、出国(境)访学资助等多元化、全方位的研究生奖助精准支持体系,为开展"奖助·思政"工作,奠定良好基础。二是以拓展"有偿性"资助和"竞争性"奖励为重点,在奖助研究生过程中大力倡导自立自强精神,培树典型榜样。通过为研究生提供"三助一辅"锻炼岗位等措施,让研究生在工作中深刻认识薪酬与劳动的关系,培养研究生的经济主体和责任意识。出台"宝琛创新奖学金""推免生奖学金"等竞争性奖励项目,在研究生中树立优秀标杆,并通过"好研究生"微展示、微信推送等展开宣传,使之成为其他同学的学习榜样,达到"引导性"教育的目的。三是充分发挥学院学科在研究生奖助资源分配的话语权,鼓励支持学院建立具有专业学科特色的评价机制,将学生践行社会主义核心价值观、涵养良好道德品质、培育社会主义核心价值观等软指标,同学术、科研等硬杠杆密切结合,实现奖助评价价值导向功能的最大化、最优化。

(二)项目引导:优化以主体实践为重点的奖助资源分配模式

充分发挥研究生在思想政治教育过程中的主体功能,着力建设"科学道德与学风建设主题教育活动""研究生班级学风建设目标立项""研究生参与校院建设专题研究项目""研究生西部支教团项目"四大项目支持体系,将研究生奖助资源有意识投向有利于研究生思想引领、科学研究、道德养成等领域,将奖助支持与研究生自主行为实践相结合,鼓励研究生用实际行动涵养良好学风,在参与校园管理服务的实践中提升思想认识。一是坚持开展科学道德与学风建设主题教育活动,做到全体研究生的全覆盖、全参与。通过开展优秀组织奖评选和学风建设经验交流,对认真实施的培养单位予以较大力度的经费奖励和支持。二是实施研究生班级学风建设目标立项,两年来共设立"研究生班级学风建设目标精品项目"40项,资助经费84000元。以"精品目标"带动"一般目标",充分激发研究生的集体智慧,培养团队合作意识,营造浓厚学风。三是实施研究生参与校院建设专题研究项目,提升研究生的主人翁意识,引导研究生关注校院现实问题,发挥研究生科研创新能力服务校园建设的作用,增强研究生责任感和创新品质。2017年共设立"研究生参与校园建设专题研究项目"29项,资助经费29000元。四是坚持实施研究生西部支教团项目,每年从优秀本科生遴选若干名支教团成员,保留一年研究生学籍,到甘肃漳县、古浪县支教一年,引导研究生以实际行动积极服务社会,承担社会责任。自2002年至今,学校已选派了16批共131名优秀学生参与支教工作,取得了显著成绩:2006年被授予"福建省新长征突击队"荣誉称号,2007年入选"感动福建年度十大人物",2008年被授予福建省第三届十佳志愿服务集体奖。

(三)平台精导:细化以发展支持为补充的奖助育人协同机制

我们在奖助工作过程中的精准性,不仅为个体的成长和发展提供精准帮助和支持,还努力通过整合学校优势学科资源,从帮助研究生实现最佳职业发展角度,将奖助工作与学科育人紧密结合、协同协力,全方位支持研究生的成长和发展。我们通过对研究生职业发展目标的调查分析,先后建立了研究生学术研究支持平台、考公考辅培训支持平台、自主创业支持平台等三大平台,帮助不同群体研究生实现自己最佳的职业发展目标。结合不同类型研究生开展学术研究,设立"宝琛创新奖学金""推免生奖学金",打造研究生学术研究支持平台,每个硕博连读和申请审核制的博士生给予36000元、每位学术学位推免生给予8000元经费奖助,专项支持研究生开展学术研究、继续进行深造。结合学校行政管理学、政治学、思想政治教育、MBA等优势学科专业,协同打造研究生考公考辅培训支持平台、创新创业支持平台,全力帮助研究生职业发展。一是依托公共管理学院行政管理学、政治学等学科优势和长期开展相关活动积累的丰富经验以及众多考上公务员、事业单位的毕业研究生等资源,面向全体研究生开展"公务员招考辅导"专项培训,举办"模拟考公"大赛,扶助有意向的研究生提升考公技能。二是依托马克思主义学院教育部辅导员研修基地、思想政治教育专业学科等优势,开展"辅导员招考"专项培训,并相继出台《福建师范大学兼职辅导员队伍建设暂行办法》《福建师范大学研究生"三助一辅"工作管理办法》等文件,鼓励研究生通过担任兼职辅导员、助教、助研、助管工作等,学以致用提升工作能力。三是依托经济学院 MBA 教育中心的师资力量和专业资源,对研究生创新创业进行重点指导和帮扶,帮助研究生增强创新创业意识,参与创新创业实践,提升创新创业本领。此外,我们还先后依托旅游学院等开展了研究生就业礼仪、商务礼仪等培训。通过这些平台,我们将奖助工作与学科特色以及研究生学术和职业发展工作有机结合起来,将对个体的奖助扩大到对整个群体发展的关注和支持,既提高了奖助工作的质量和效率,又拓展了奖助工作的内涵和外延,受到了研究生的欢迎和肯定,取得明显的成效。多年来,学校研究生的整体就业率都保持在 96% 以上,就业质量普遍比较好。

三、思考启示

"奖助·思政"协同育人工作体系是研工部积极探索并且坚持实施的一项重要工作,目前仍在不断地健全和完善,凝练和提升之中。

(一)要在奖助工作中强化思想引领

思想政治工作需要与时俱进,适应时代的变化。研工部在奖助工作的实施过程中,深刻地认识到要根据新时期的新问题、新情况不断创新工作模式。在奖助体系实施过程中,要强化顶层设计,创造性地将奖助工作与隐性思想政治教育结合起来,使之成为隐性思想政治教育的重要抓手。要把握奖助评价制度设计的导向性和科学性,不断挖掘其中蕴藏着的思政元素,把价值导向与奖励资助有机结合,让优秀奖助文化滋养研究生的成长。

(二)要在奖助工作中落实实践育人

理论联系实际,是马克思主义最基本的原则之一。高校要不断提高实践育人成效,全面提升实践育人水平。要构建"奖助·思政"协同育人工作体系,将奖助工作作为思政工作的有效载体,通过对体系的设置、对项目的支持、对优秀的奖励等具体工作来实现价值引导。要积极培养研究生的服务意识、社会意识和责任担当意识,充分调动他们的积极性和主动性,发挥他们的专业所长和科研创新能力,服务学校、服务师生、服务社会发展,最终落实到实践育人的环节上。

(三)要在奖助工作中培育奖助文化

研究生思想政治教育要充分发挥文化育人的作用,高校应加强思想引导的针对性和有效性,在奖助制度设计和奖助学金评选的过程中,积极培育奖助文化,让优质奖助文化滋养研究生的成长。要结合当前风清气正的政治生态的新契机以及奖助体系提供的新物质基础,将奖助文化与思政教育融入研究生的日常学习生活和科学研究中;努力形成包含奖助文化在内的以文化育人为主要特点的研究生思想政治教育工作新合力,取得新成效。

(四)要在奖助工作中凝聚工作合力

研究生思想政治教育是一项长期的工作,需要各个主体的积极参与。高校要积极汇聚思政工作合力,充分调动各个主体的积极性和主动性,将研究生、导师、研究生秘书、研究生辅导员、研究生教育管理工作者的力量整合起来,实现党政齐抓共管,在意识、理念方面统一认识,从而实现育人优势的互补、实现思政合力的汇聚。要积极探索适合研究生发展、富有实效的思想政治教育工作新模式、新机制,使教育合力的形成成为提升研究生教育质量促进研究生健康成长的重要保障。

(研究生工作部　卢昕昕)

助学蔚然成风　育人陌上花开
——文学院"助学·筑梦·铸人"工作纪实

一、品牌内涵

"文学院校友尊师助学基金"由"福建师大文学院校友尊师助学基金""福建师大文学院79级校友助学基金""福建师大文学院87级校友助学基金""福建师大林勤文学创作与研究奖励基金""伯乐奖""福建师大福平教育基金""福建师大福平诗歌创作与研究奖励基金""福建师大泉州通淮关岳庙董事会助学基金""福建师大高凉福尊师助学基金""公通才创业奖学金"等十四项基金组成。文学院校友尊师助学基金每年颁发一次,用于资助文学院品学兼优的贫困生和奖励文学创作研究方面有突出表现的师生。校友尊师助学基金是文学院在原有的"奖、助、贷、勤、免"五位一体的资助体系基础上,外引内联、凝聚力量整合校友资源建立的困难学子的帮扶渠道。可以说,每一位学生的成长和进步,都倾注着学校和各位校友的关爱,广大校友的善行义举为校友尊师基金提供了源源不断的爱的源泉和动力。

据统计,从2008年至今,受文学院助学体系资助的学生有1018人次,其中考取公务员86人、教师485人,升学攻读研究生328人,自主创业21人,志愿服务西部计划、省内欠发达地区或者海外教书志愿者57人,他们在各自的岗位上自信自强,乐观向上,奋发有为,成为传播文学院扶贫济困育人"好故事""好声音"的青春使者。

二、经验做法

(一)尊师重教,兴教助学

文学院历届校友一直以来心系母校发展,关心青年学子成长。2007年,文学院广大校友应邀返回母校共襄百年华诞盛举,慷慨捐资,兴教助学,成立了"文学院校友尊师助学基金"。基金成立之初主要由"福建师大文学院校友尊师助学基金""福建师大文学院79级校友助学基金"等六项基金组成。汇集基金总额人民币近200万元,用于资助文学院品学兼优的贫困学生和奖励文学创作研究方面有突出表现的师生,每年颁发一次。

闽水悠悠,续存博爱。2011年,79级校友郭福平增设"福建师大文学院福平诗歌创作与研究奖励基金",87级校友捐资设立"福建师大文学院87级校友助学基金",88级校友林勤设立针对教师的"伯乐奖"。2012年,吴金炎先生再次向母校捐赠人民币10万元,加大对寒门学子资助力度。同年,学院在校辅导员出资设立"辅导员尊师助学基金"。2014年,2001级校友程诗鸿捐赠10万元设立"为公通才创业奖学金",支持大学生创业人才成长。2016年,94级校友设立"福建师范大学文学院94级校友助学基金"。2017年,吴金炎先生又一次捐赠人民币23万元,96级五年专校友设立"福建师大文学院96级五年专校友助学基金"。截至目前,文学院尊师助学基金已累计超过900万元。"文学院校友尊师助学基金"的资助范围从帮扶困难学子延伸到学业奖励、创业资助等诸多方面。广大校友和社会力量的善行堪称是百年学府文明风尚的灿烂书写,是绵延不绝助人育人的一个缩影。

(二)文学筑梦,文以化人

"以文育人,文以化人"一直是文学院的育人传统,自2009年起每年颁发的林勤创作奖、福平诗歌奖、伯乐奖等资助奖项,创造性地将学生的文学创作品牌建设与人才培养、专业创新、文化传承结合起来,开拓出文学筑梦的新华章。

文学院从2009年起坚持每年开展年度文学创作大赛,每年均能征集到散文、小说、诗歌、剧本、评论等各类文体文章达400多篇。迄今已连续出版了《沉默的歌唱》《时间的剪刀》《生命的河流》等七部文集,在校内外引起不小反响。如今,经过多年的厚积薄发,文学创作大赛俨然已经成为文学院的一种品牌、一张名片,成为文学院师生生活中的一件大事。创办于1958年的《闽江》,是福建师范大学创刊时间最久的学生刊物,是一本文学院学生自发创办的文学刊物,集文学性、思想性、深刻性、独创性于一身。60年来,《闽江》始终依托学生社团"闽江文学社",坚持"我们的,原创的"的特色,坚持发挥学生主体地位,坚持精品原创,坚持定期出刊。文学院孙绍振教授如是说:"《闽江》至今仍在坚持出版,这种现象且不说在福建地区,即使是扩大到全国范围,恐怕也是不多见的。究其原因,除了学院一贯的支持外,一代代青年学子们的文学梦想,更是形成了一种持久的内在推动力",因为《闽江》——"为学生构筑一个砥砺写作技巧、建立表达自信的话语平台"。

（三）星空铸人，创新创业

在"大众创业、万众创新"的浪潮中，2015 年"福建师范大学星空助学金"的成立助燃了文学院学子创作创意创造的梦想，让学生在求知探索的旅途中激情飞扬。"福建师范大学星空助学金"是由开明慈善基金会福建星空专项基金会、福建新思路集团有限公司与福建师范大学三方共同设立的基金项目，捐赠总金额 200 万元，用于资助文学院全日制本、硕阶段品学兼优的家庭经济困难学生。福建新思路集团有限公司董事长王东平在颁发仪式上情真意切地说："星空，就是希望把所有点点滴滴的力量汇集到像宇宙苍穹的星空里。星空是一个爱的传递平台，我们每个人的创业、每个人的成长也是一个爱的传递过程。"

文学院 2014 级研究生王宝敏是文学院众多的创业青年代表之一，她于 2014 年成立福州拉丁云网络科技有限公司，曾获福建省大学生创业多次资助，是福建省第三届大学生"创业之星"获得者，并入驻福建省火炬高新技术创业园，同时她也是"福建师大文学院创业奖学金"获得者。文学院致力于学生创新思维和创造意识的培养，积极打造"文艺工作坊"，组建星空创意创业工作室、创作工作室和戏剧工作室，为优秀文化创意项目提供专项资金，开展文学院创意设计大赛，积极鼓励学生在文化的发展传承中会创作、能创造、有创新、出精品。文学院师生团队连续获得第十三届和第十四届"挑战杯"全国大学生课外学术科技作品竞赛二等奖，获得 2018 年"创青春"福建省大学生创业大赛创业计划竞赛银奖等。

三、思考启示

（一）助学工作是一项有情怀的民生工程，要精准到位地运作

助学工作是教育事业的重要民生工程，影响千千万万个因家庭经济困难而无法继续正常学业的青年学子及其家庭，是高校以解决问题来开展有效思想政治教育的题中应有之义。在新时代下，国家和社会的助学体系不断完善，助学环境有了较大改善，这就要求高校助学工作要不断适应新时代的发展，不断地提高助学工作的质量和情怀。在家庭经济困难认定方面，要全面了解，扎实调查，既要客观科学，又要人性温暖。不是机械地完成任务，而是要有情怀地为同学服务，要精准到位地解决真困难，真解决困难，让助学工作有态度、有温度。

（二）助学工作要与人才培养紧密联系，以立德树人为宗旨

助学工作是高校思想政治教育的重要组成部分，离不开育人这个根本目标，与人才培养紧密相连。新时代对助学工作提出了更高的要求，要授人以渔，而不

仅是授人以鱼。助学是一种工作形式，其深层次内涵是在解决实际困难的同时实现人才培养的目标。培养社会主义建设者和接班人，是一个伟大时代的要求，也是一个高校发展的目标，更是无数普通青年学子们的梦想和未来。无益于此的任何所谓助学，都是不适应当下发展需要的"助学"。

（三）助学工作要进一步发掘校友资源，助力永续发展

校友工作与助学工作看似相互独立，其实在人才培养这个根本问题上存在交集。作为一所历史悠久的百年老校，校友资源丰厚，科学有效地发挥校友优势，将有力地推动助学工作提质增量，向更高层次发展。一方面，密切与校友的联系，将有效整合校友资源，在助力学校事业发展的同时，也让校友感受到与母校荣辱与共的使命感。另一方面，校友投身助学工作，事迹鲜活，真情可感，本身就是一种示范，教育青年学子要懂感恩，要肯奋斗，要愿奉献，要心系母校，不论身居何位，身处何方。如此，则助学永续，校友永恒。

（文学院　章招坤　李彬源）

资助育人从"育心"开始

一、品牌内涵

随着经济社会和高等教育的发展进步,数学与信息学院大学生资助工作已经从保障型资助向发展型资助转变。大学生资助工作是思想政治教育的重要内容与载体,"资助育人"也是构筑福建师范大学"三全育人"体系的重要环节。资助工作不仅是不让任何一名学生因为经济困难而辍学的保障,更是促进受助学生成长成才、培养感恩、责任与自立自强意识的重要教育途径。因此,大学生价值观的培育成为学院资助育人工作发挥思想政治教育功能的核心内涵,工作也取得了显著成效。

二、经验做法

学院资助育人工作坚持从"育心"开始,以涵育自强之心、感恩之心、奉献之心为主要内容,着重大学生价值观的培育。

(一)涵育自强之心,锤炼坚毅品格

涵育自强之心,锤炼坚毅品格,是学院资助育人工作的出发点。学院始终秉持资助育人的核心工作理念,积极发挥资助工作的思想政治教育功能,尤其重视在大学生资助工作中的价值观培育,不仅帮助家庭经济困难的学生顺利完成学业,同时将培育和践行社会主义核心价值观融入资助实践活动中,实现资助育人。

学院通过对家庭经济困难学生的资助,全面铺开家庭经济困难学生自强之心的培育工作,让每一个贫困生都能在自强中收获自信。学生不因经济困难而自卑,相信通过个人努力掌握人生,学好本领改变家庭的困难境况。2014年,由学院关心下一代工作委员会牵头,开展"中国梦引领下贫困女大学生素质提升工程",成立贫困女大学生爱心社。通过"师者引路增才干"系列活动,定期邀请学校女教授爱心社、学院退休党支部等与贫困女大学生爱心社的受助女大学生举行座谈,进行学习、生活等各方面的引导和答疑解惑。通过"青春同伴共成长"系列活动,组织受助女大学生共同学习自立自强先进人物事迹、开展志愿服务活动等,激励她们树立正确的人生观、世界观与价值观,养成自立自强的品格。2014级女生周苗是来自河南的贫苦家庭,家庭经济困难、家人病痛、高考复读等经历让她未能适应大学的学习和生活。大学期间,她作为学院首届贫困女大学生爱心社的成员之一,在学院资助育人的帮扶体系中得到了明显的进步和成长,她担任院学生会主席,获得国家奖学金和国家励志奖学金,获校第六届"自强之星"、校第二届年度学生人物称号,并在大四时被保送到中南大学攻读硕士研究生。学院还有很多像周苗一样受益于学院资助育人体系的同学,用实际的成长诠释了学院"资助育人"对大学生价值观培育的成效。

(二)涵育感恩之心,增强责任意识

涵育感恩之心,增强责任意识,是学院资助育人工作的着力点。学院遵循国家大学生资助工作的各项规章制度,在学校资助中心的指导下,积极打造院级资助工作品牌。为拓宽学生资助渠道,学院目前设立多项特色资助项目,如"吴维新教育基金""吴维新研究生奖学金""林辰助学金""顶点软件教育基金""圆爱助学金等院级爱心温暖奖助学工程"等。2017—2018学年通过学院助学品牌受助学生达41人,金额23.3万元。

学院坚持对受助学生进行感恩教育,组织受助学生采访院级奖助学金的资助人和为资助工作奉献爱心的老教授,切身感受并学习他们的奉献精神。受助的每一位学生都能主动做好书面的受助情况反馈来汇报自己在学习、工作和生活中取得的进步。2017年,学院退休教师陈启旭教授将离世妻子陈梅英老师在工资卡中留下的五万余元存款连同学校的抚恤金等共计107130元悉数捐给了学院的林辰助学金,两位老人的助学事迹令全体师大人动容,尤其是受助同学,感受到满是温情的资助饱含的期待,他们表示定当加倍努力,回报母校,回馈社会。感恩教育让受助学生能够认识到所有的资助均来源于国家、社会、团体或个人的无私爱心与奉献,树立起今后要帮助更多人的"爱心接力"价值理念。在2017年全校资助座谈会上,受助学生黄均益在发言中说到,在2016年的一次资助中,他所在的2013级分配到一个社会助学金的名额,但同学们了解到2012级的一个学长家里正遭受洪涝灾害,大家一致认为,学长更需要这份资助,就主动把名额让给他。同样是家庭经济困难的同学,面对经济资助,他们愿意用有限的助学金帮助身边比自己更困难的同学。这种互助感恩的责任之心证明了学生资助工作不仅仅是一种经济帮扶,而是更深层意义上的价值观教育。

(三)涵育奉献之心,积极回馈社会

涵育奉献之心,积极回馈社会,是学院资助育人工作的落脚点。学院不断完善资助育人制度体系,制定《数学与信息学院学生临时困难补助实施办法》等资助细则,开展"小麦护航班"大学生爱心家教活动、"助学·筑梦·铸人"主题教育、中国梦引领下贫困女大学生素质提升工程等活动,不断完善学院资助体系。

学院搭建多种平台,鼓励受助学生积极参加志愿服务活动,在服务他人和社会的过程中,将爱心传递出去,感受自身的价值。2015年,学院以受助学生为主体成立"小麦护航班",发挥数学教育学科特长,面向学校后勤员工子女开展爱心家教活动。每周六上午进行一对一课业辅导,下午开展丰富多彩的主题活动。"小麦护航班"受到了广大后勤员工和子女们的广泛好评。至今已有六百余名经济困难学生担任"小麦护航班"的志愿者,为后勤员工子女送去关爱和温暖,和他们共同成长。学院恒心志愿者协会会长2015级危丁梅同学是"小麦护航班"的一员,她来自一个经济特别困难的家庭,入学以来受到学校、学院的多项资助,她在努力学习、取得优异成绩的基础上,怀着一颗感恩奉献之心积极地投入到志愿服务活动中,在院青协从一名干事成长为会长,大学三年参与了数十项志愿服务活动,累计服务时长242小时,被评为"福建师范大学第十届优秀志愿者"。"赠人玫瑰,手留余香"的爱心接力充分体现了学院资助育人工作对学生奉献与回馈社会价值观的培育成效。

三、思考启示

高校资助工作是确保大学生成长成才的重要环节,资助育人就是要以扎实的资助工作为基础,培养受助学生的科学精神、思想品德、实践能力和人文素养,引导青年学生树立正确的世界观、人生观和价值观,最终实现成长成才。学院将以培育担当民族复兴大任的时代新人为助学工作的育人目标,紧紧围绕"立德树人"的根本任务,继续发挥大学生资助工作的育人功能,不断发展和完善学院资助育人重在"育心"的大学生资助体系。

(数学与信息学院 陈苏珍 忻海然)

第九章 09

校园文化

——在百花齐放中提升学生素质

篇首语

校园文化是社会文化的重要组成部分。近年来,学校着力加强高水平艺术团和社团建设,释放社团文化育人新动能,组织开展以"走进艺术、感受经典、陶冶情操、提升境界"为主题的高雅艺术进校园,高雅艺术走进学生系列活动。积极探索搭建"融创"人才培养实践生态链新平台,推进文化品牌建设与立德树人、学科建设、文化传承、闽台交流相结合,全力打造朗诵节、传媒人形象节与影像展三大校园文化品牌。立足地方资源,形成集专业实践、科技服务、就业创业、文艺实践等多种形式为一体的校园文化育人整体合力,多措并举在全体师生中树立文化自觉和文化自信。

释放社团文化育人新动能

一、品牌内涵

近年来,学校坚持把学生社团作为校园文化的重要载体、发展第二课堂的重要阵地。为了进一步加强学生社团的建设,着力提高校园文化活动的质量和水平,学校以"一团一品"工作为核心,开辟校园文化建设新格局。"一团一品",即一个学生社团打造一项文化品牌活动。以习近平新时代中国特色社会主义思想为指导,深入贯彻党的十九大精神,积极培育和践行社会主义核心价值观,结合学校办学特色和学生社团发展实际,发挥共青团品牌工作优势,加大"一团一品"工作的项目化管理和品牌化建设的力度,着力提高学生社团文化活动的质量和水平,创建有影响力、具有长效性的品牌项目。

学校长期立足特色优势,以匠心造精品。全校共 252 个院校两级学生社团开拓创新,挖掘品牌潜力、凝练活动特色、创新活动内容与载体,以"做细、做精、做强、做大"为目标,不断总结经验、凝练特色、形成品牌。开展"学生社团文化巡礼月"系列活动,每年推出 200 多项精品项目,1000 余场中小型特色项目,用品牌项目带动学生社团的发展。年均受众学生超过 6 万人次,得到人民网、中国青年报、中国新闻网、中国大学生网、中研网、东南网、福建教育网等主流媒体 110 余次聚焦报道。

二、经验做法

(一)落实社团工作管理体系

一是完善组织体系。形成党委领导、团委具体管理、各部门协同配合、责任明确的工作格局,以学生社团联合会为抓手,推进对学生社团的指导、管理和服务。

二是推进管理制度化、规范化。完善社团工作管理体系,健全校、院两级社团管理办法,做好规章制度"废、改、立"工作。修订《福建师范大学学生社团管理条例》,细化学生社团成立、指导教师聘任、财务、奖惩、宣传、活动申报、刊物管理、考核、外出、突发事件处理等管理制度。完善分类管理制度和教师指导制度。将学校社团划分为思想研习类、学术创新类、文化艺术类、体育竞技类、实践服务类、素质拓展类,对六大类别进行分类施管。在全校范围内聘任具有社团管理经验、在社团发展所需专业领域内有一定造诣的骨干教师担任指导教师,负责对学生社团进行思想教育、业务培训、组织建设的工作指导,推进学生社团健康、有序建设。

(二)健全完善资金帮扶机制,创新运作"一团一品"活动

学校团委设立学生社团文化巡礼月专项经费,建立"品牌活动重点扶持、传统活动引导创新、小型活动基金补助"的支撑体系,创新学生社团文化巡礼月、学生社团嘉年华等传统品牌活动的内涵和形式,结合学校特色,引领社团"一团一品"活动精品化、特色化建设。

一是弘扬社会主义核心价值观,积极构建以学生为中心的思想引领工作新体系。青年理论研读俱乐部以学生为中心开展"与信仰对话"系列品牌活动,通过理论研读、时政演研、实践考察、网络思政等方式,将三大学术研究特色凝练到活动中来:(1)习近平总书记在福建工作期间的重要思想方略及当代价值研究;(2)福建革命传统、闽西红色资源的挖掘,探索红色文化融入社会主义核心价值观教育的有效途径;(3)社会思潮的研究,结合学校网络新媒体工作,加强对各种错误思潮的批评与抵制。根据青年学生特点,打造学生喜闻乐见的思想教育品牌活动。

二是弘扬中华优秀传统文化,培育青年学生践行社会主义核心价值观。大学是弘扬中华传统优秀文化的重要阵地,大学致力于培养更多担当民族复兴大任的时代新人,就必须引导青年学生树立真正的文化自觉和文化自信。传统礼仪协会立足社团特色,以"礼敬中华优秀传统文化"为主题,开展"成人礼"文化展演、人文知识竞赛、古风歌曲比赛、"花朝节"华服展演等形式多样的活动,传承和弘扬了中华优秀传统文化,同时引导广大青年学子坚守中华文化立场,鉴定文化自信,增强文化自觉,增进文化担当。

三是打造质量高、学生参与面广的科技创新和科普品牌活动。全面提升学生学习能力,科研水平和综合素质。注重对青年学生的学术意识、科学精神和志愿服务精神的培养。如"我是化学人"科普志愿服务协会,立足学院化学专业特点,开展"化学大作为,科普志愿行"系列品牌活动,以专业科普服务这一活动为项目抓手,将志愿服务活动与专业实践相结合,积极为青年学生搭建实践平台,加强学生专业能力,激发学生创新意识,弘扬志愿服务精神。

四是开展创新创业教育活动,深入学习实践科学发展观。大学生是最具创新、创业潜力的群体之一。学校社团积极开展创新创业教育活动,培养学生创新精神和实践能力。如经理人协会开展"寻访名企"品牌活动,为青年学生搭建与企业沟通、交流的平台,加强高校、企业、学生三方之间的了解与合作,每年受众学生达千余人,推进人才培养形成新常态,进一步激发了学生的创新创业热情。

五是开展课余体育活动,促进学生健康发展。大学生是国家建设、发展与繁荣富强的希望,大学生身心健康是其服务国家的基本保障。学校遵循"教体结合"的方针,推动高校课余体育训练常规化开展,举办了"学生社团校园吉尼斯""迷你马拉松""荧光夜跑""校园足球联赛""校园乒羽联赛"等活动,约60%青年学生能够参与到体育活动中来,带动青年学生身体素质的健康发展,推动学校体育的和谐发展。

(四)创新宣传载体,拓展服务方式

创设线上管理平台,实行社团事务"一键式"管理,简化活动申报流程。在学校团委开辟专栏,拓展学生社团网络宣传渠道,开辟学生社团文化网络传播阵地。同时利用新媒体平台,积极开拓网络宣传新途径,利用一直播、抖音、微视、微信公众号等平台,加大社团活动宣传力度,增加宣传覆盖面。

(五)做好队伍建设,发挥社团骨干作用

开展"学生社团领袖训练营",加强对学生社团骨干的培训和引导,对拟任社团的负责人进行集中培训,通过理论学习、活动实践、交流研讨、名师授课等形式培养学生社团接班人,每学年培训覆盖近300人。完善社团骨干校内外交流机制,定期开展会长大会、社团圆桌会议等,促进学生社团间的沟通交流,积极组织优秀学生社团骨干赴国内知名高校开展交流活动,共谋学生社团发展之道。

三、思考启示

(一)强化引领,探索思政工作新途径

立足青年学生特点与实际,充分发挥思想研习类学生社团的思想引领作用,把学习理论同坚定理想信念、培养爱国情感和努力学习回报社会相结合,让理论学习在青年学生中常态化、生活化、实效化,让青年学生在思想武装中投身新时代。

(二)着力公益,提升"大爱文化"新认识

推进"大爱文化"为主题的校园文化建设,发挥实践服务类学生社团的导向作用,培养青年学生养成社会服务意识,弘扬大爱在校园、践行大爱于社团、传播大爱于社会。

(三)以文艺为纽带,引领校园文化新风尚

发挥文艺活动在校园文化中的先锋作用,文化艺术类社团应融知识性、思想性、娱乐性、趣味性为一体,结合时下流行趋势开展活动,积极发挥学生社团的活跃因子,营造浓厚的校园文化氛围。在活动中传输新时代的精神,在活动中培育新青年的思想,在活动中提高学生的审美水平和鉴赏能力。

(四)以体育为基石,再上体质健康新台阶

响应团中央等部门联合开展的"三走"活动,体育竞技类学生社团以"学生社团文化巡礼月"为活动载体,以促进青年学生身心健康,体魄强健为目标,多开展体育活动,让体育运动在校园蔚然成风。

(五)紧抓学术创新,开拓第二课堂新阵地

学生社团作为第二课堂的重要载体,担负着培养学生科技意识,提高学生创新能力的责任。学术科技类社团多创新活动形式,开展多样化的社团活动,以喜闻乐见的方式调动青年学生学习积极性,引领校园文化朝着时代潮流发展。

(校团委　朱洁瑜)

高雅艺术进校园　美育教育谱新篇

一、品牌内涵

《教育部　文化部　财政部关于开展高雅艺术进校园活动的指导意见》(2010)中指出:"高雅艺术进校园"活动旨在引领青年学生提高审美修养,提升精神境界,满足精神文化生活的需求;建设"向真、向善、向美、向上"的校园文化,优化艺术教育环境;为弘扬民族文化、建设中华民族共有精神家园奠定基础。长期以来,学校以中华民族优秀传统文化为载体,以福建地方民乐、民间舞蹈、话剧等为具体形式,认真组织开展以"走进艺术,感受经典,陶冶情操,提升境界"为主题的高雅艺术进校园活动。历经7年的探索和实践,"高雅艺术走进学生"系列活动,作为传播福建优秀传统文化和丰富校园文化生活的重要平台,充分发挥中国特色社会主义教育的育人优势,深化中国特色社会主义和中国梦宣传教育,坚定文化自信,弘扬民族精神和时代精神,加强爱国主义、集体主义、社会主义教育,引导学生树立正确的历史观、民族观、国家观、文化观,培养德智体美全面发展的社会主义建设者和接班人。

二、经验做法

(一)牢记使命,把握好高雅艺术的内在本质

自建校始,始终重视和坚持传承和发扬底蕴深厚的福建文化,以美育人、以文化人,积极培育活泼向上的校园氛围、造就艺术育人的校园环境,引导学生树立正确的审美观念、陶冶高尚的道德情操、培育深厚的民族情感。近年来,学校积极开展以先进文化为导向,面向青年学生,以"高雅艺术走进学生"为核心的高雅艺术进校园活动。学校成立大学生艺术团,依托学院专业整合资源,发挥综合性大学的优势,由校团委统筹,结合专业特色,依托相关学院进行培养管理,形成了独具

特色的高雅艺术走进校园新模式。同时,还利用新媒体技术加以宣传和推广,让更多学生了解福建本土文化,了解高雅艺术、品味文化经典,使间接受益学生群体达10万人左右,进一步增强了其育人功能和辐射作用,不断提高当代大学生艺术修养和文化素质,全面落实立德树人根本任务,进一步推动和谐校园建设。

(二)贴近学生,发挥高雅艺术的育人作用

1.盘活校内外资源,将高雅艺术引进来

一方面,为了让更多的学生了解高雅艺术,领悟文化经典,高雅艺术进校园活动在演出前深入调研观众艺术欣赏素养、艺术欣赏偏好和艺术欣赏能力。既在深入了解的基础上精心选择表演名单,力求贴近广大青年学生群体。邀请国家级、省级优秀艺术团赴学校演出,近年来,先后有中国国家话剧院、中国歌剧舞剧院、甘肃省歌舞剧院、辽宁省芭蕾舞团等多家单位为学校学子展演精彩高雅艺术。同时充分结合艺术节活动,艺术团师生们连续为学校学子每年带来10场高雅艺术走进学生活动,不仅培养了学生对高雅艺术的兴趣爱好,而且使高雅艺术进校园的内容与形式更加丰富多彩。

另一方面,充分利用学校新媒体阵地优势,一是巩固原有微博和微信等优势新媒体平台,积极在微博微信平台推出高雅艺术活动话题互动和宣传活动,帮助青年学生及时掌握高雅艺术活动信息。二是利用一直播、抖音、Twitter等新兴平台,对高雅艺术活动进行即时直播,让青年学生足不出户即可享受到高雅艺术饕餮大餐,不断扩大高雅艺术进校园活动的影响力和感召力,让高雅艺术在大学校园生根发芽,并能够滋润每一位学生的心田,在其心中扎根,从而扩大活动的参与面。三是在网站开辟大学生校园文化活动专栏,设立海报展览、活动宣传、新闻报道、活动图片等多个栏目,全面普及高雅艺术知识,加强学校美育,打造福建优秀传统文化网络传播阵地,推动社会主义核心价值观体系建设。

2.弘扬本土传统文化,让高雅艺术走出去

福建文化经典是中华民族优秀文化的重要组成部分,是众多地域文化中的灿烂瑰宝。闽剧、民歌、民族舞、红色话剧等传统文化的载体中蕴含着爱国爱乡、海纳百川、乐善好施、敢拼会赢的思想和精神,蕴含着"幸福是奋斗出来的"的时代价值,是社会主义核心价值观的重要组成部分。学校将"高雅艺术进校园活动"与福建优秀传统文化艺术紧密结合,在基层、中小学、各高校进行巡演,让广大青年学子领略了福建文化的无穷魅力。在高雅艺术进校园活动过程中,学校相继把舞蹈《海韵》《南下南下》,歌曲《生丫俊》《节日榕城》等节目送进校园,演出形式多样、精彩纷呈、现场高潮迭起、气氛热烈。通过观看精彩的演出,不仅要让广大青年学生欣赏到原汁原味的福建文化,领略到艺术家匠人精神,感受福建文化经典。同时,在继承经典的基础上,大胆创新,敢于用不同的乐器表演经典作品,碰撞出新的时代声音,在继承的基础上创新,在创新的基础上继承,这正是高雅艺术走进校园的初衷。

(三)润物无声,激发高雅艺术的原创动力

高雅艺术中不仅蕴含着人类的高度精神文明成果,也饱含丰富的教育资源,其在引领学生弘扬优秀民族文化,吸纳人类先进文化成果,提高艺术修养和文化素质,促进大学生全面发展有着十分重要的意义。为进一步提高广大青年学生参与感和体验感,一方面,学校在线下成立了小葵艺术实践工作坊,通过根植大学校园的土壤,坚持以"贴近学生、贴近生活、贴近时代"的"三贴近"原则释放艺术原创动力,深入挖掘校园文化中蕴含的教育价值的题材和内容,利用综合性大学的优势,实现院校联动、师生互动,协作创新。以艺术专业学生作为艺术实践的创作主体,辐射带动各个学院的学生共同参与,打破学科边界,通过自主申报、专题立项、竞赛评选,让学生亲自参与设计、开发,给予经费支持和专业指导,使学生既是创作者又是受益者,激活其参与艺术实践的内生动力。另一方面,开设艺术人才培养班并纳入学校公选课程。学校还开设《东方电影》《西方音乐名作与赏析》《美术概论》《台湾少数民族民间舞蹈文化》《摄影与摄影艺术欣赏》等多门艺术类欣赏课供全校学生自主选择,使广大学生在艺术熏陶之下潜移默化地促进身心发展和品德的修炼。

通过开展高雅艺术进校园活动,使青年学生在潜移默化中接受优秀传统文化的熏陶,并汲取其思想精华和道德精髓,这对当代大学生加强和改进思想政治教育、树立社会主义核心价值观无疑有着重要意义。

(四)加强宣传,增强高雅艺术的良性互动

学校已连续多年承担省教育厅"高雅艺术进校园"活动。师生们发挥学科和专业优势,深入高校和中小学校园,传播高雅艺术,繁荣校园文化,用音乐的力量助推伟大中国梦。如文学院"高雅艺术进校园"系列活动首场演出走进福州八中三江口校区,文学院的左岸戏剧坊献上了自导自演的话剧《左岸版:罗密欧与朱丽叶》。音乐学院"先锋艺术团"40名师生,还走进福州仓山区金山街道金洲社区,开展"青春喜迎十九大,高雅艺术进社区"文艺演出,为社区群众送上了一场丰盛而高雅的艺术飨宴。音乐学院艺术团巡回演出走进在厦门大学和集美大学,为两校师生献上了形式多样、内容高雅的精彩音乐会。福建日报、东南卫视、腾讯网等多家主流媒体对学校高雅艺术进校园活动进行了深度报道,在社会上产生了较大的影响。

(五)多维结合,实现高雅艺术的内涵式发展

(1)成立专职的保障部门。校团委成立了"高雅艺术进校园活动"负责小组,全面负责组织演出和相关协调工作;根据具体需求分设不同部门,负责演出的宣传工作以及相关演出协调工作;同时还设立了演员组,演员组负责演员队伍安排和节目的排练,以确保演出质量;协调组负责场地沟通、演员联系和演出设备设施安排等;安全组负责活动安全有序实施。

(2)提供专项的保障资金。自2011年起,在年度工作计划中,学校将开展高雅艺术进校园活动作为学校重要项目列入其中,投入专项资金,从人、财、物各方面给予保障,以切实保障活动的有序和长效开展。

(3)培养专业的保障队伍。为进一步整合高校和社会的艺术教育资源,深化"高雅艺术进校园活动"的内涵,探索创新的育人模式,鼓励学院自主成立优秀艺术团体,以赛带训,积极参加各级各类文化艺术竞赛活动,完善奖励机制,激发师生参与热情,培育了一大批在省级大学生艺术展演活动和全国大学生艺术展演活动中喜获佳绩的学生。活动开展以来,学校合唱团安排巡回演出20场,民乐团巡回演出25场,交响乐团每年巡回演出30场。通过活动的开展,不仅给学生提供了一个参与艺术实践的机会,而且提高了学生的艺术素养,建设丰富多彩的校园文化。

三、思考启示

习近平总书记在文艺工作座谈会上强调,追求真善美是文艺的永恒价值。艺术的最高境界就是让人动心,让人们的灵魂经受洗礼,让人们发现自然的美、生活的美、心灵的美。我们要通过文艺作品传递真善美,传递向上向善的价值观,引导人们增强道德判断力和道德荣誉感,向往和追求讲道德、尊道德、守道德的生活。

高雅艺术进校园活动不仅丰富了学校的艺术教育内涵,提升校园文化品位,丰富校园文化生活,达到艺术教育"润物无声、育人无形"的效果,同时引导大学生弘扬优秀民族文化,提高艺术和文化素养,促进大学生全面发展。学校不断探索出艺术教育的新模式和新机制,进一步提升了福建省艺术教育的整体水平。

今后,学校将满怀实现"中国梦"的激情,立足于高雅艺术的育人机制,不断深化"高雅艺术进校园活动"的内涵建设,坚持以习近平新时代中国特色社会主义思

想为指导,充分发挥中国特色社会主义教育的育人优势,以立德树人为根本,以理想信念教育为核心,以社会主义核心价值观为引领,以"走进艺术,感受经典,陶冶情操,提升境界"为主题,坚持"引进来"和"走出去"相结合的原则,以中华优秀传统文化和福建特色文化底蕴为创作内容,坚持线上线下多维结合形式,推动中华优秀传统文化创造性转化、创新性发展,更好构筑中国精神、中国价值、中国力量,使之满足广大师生日益增长的精神文化需求,从而引领广大青年学生传播福建文化经典,为实现中华民族伟大复兴的中国梦而努力奋斗。

(校团委　朱洁瑜)

文艺工作坊搭建"融创"人才培养新平台

文学院紧跟"大众创业、万众创新"的时代潮流,立足专业优势,举大力、集大成,创立"文艺工作坊",探索搭建了"融创"人才培养实践生态链新平台。

一、品牌内涵

文艺工作坊在文学社、左岸戏剧坊和创意中心三大平台基础上,重新顶层设计,下设创作工作室、星空创意创业工作室、戏剧工作室和新媒体运营中心,以繁荣校园文艺为核心,以文学创作、文化传播为抓手,以培养学生文艺创作能力为目标,探索搭建集文本创作—创意策划设计—影音表演录制—创新创业(文化产品开发)"融创"为一体的人才培养实践生态链新平台。

该项目得到了福建日报、中国教育报、中国青年网等主流媒体大篇幅报道,入选省高校辅导员工作精品项目,获得省高校大学生教育管理工作研讨会案例一等奖等荣誉。

二、经验做法

(一)以文学创作为抓手,强化学生专业技能的提升

1. 精品原创,传承《闽江》精神

文艺工作坊传承"闽江"精神,以"我们的,原创的"为特色,坚持发挥学生主体地位,坚持精品原创,坚持定期出刊。结集重刊出版各期《闽江》,取名《沙漏无言》,作为校庆献礼赠送各界人士,让"闽江"精神流传深远。

2. 专业引领,促进创作发展

每年坚持开展文学创作大奖赛,已连续出版《沉默的歌唱》《时间的剪刀》《云起在他乡》《青春的纪程》《逐梦的流觞》《震颤的琴弦》《生命的河流》和《飞霜的时光》8 部文集。在全省率先发起散文行动,出版《苔》《看见自己》两部文集。策

划"长安谈·作家进校园"等活动,邀请林那北、马原等多位名家与学生近距离交流。

3. 两岸交流,推介作品入台

为拓宽学生文学创作影响,文艺工作坊集结大量优秀文学作品,以《镜子的背面》为书名在台湾出版。与台湾《国文天地》杂志共同策划"两岸学术与文学创作专栏",自2015年起定期刊载学生优秀文学作品,已连刊21期。

4. 学以致用,繁荣话剧艺术

文艺工作坊凭借学科优势,通过开展话剧沙龙、短剧表演、剧本创作等活动,增强学生的文学创作与实践组织能力。每年策划1~2场全校性话剧公演,丰富学生校园生活。自排自演的《继点·片段》于2014年5月代表学校参加首届海峡两岸大学生戏剧节,揽入组织奖、剧目奖、导演奖、表演奖、编剧奖和舞美奖等众多奖项。

(二)以创新创业为导向,强化学生实践能力的培养

1. 做学生创新的推动者

依托文化产业教研室师资队伍,聚集福建新思路集团董事长王东平等业界翘楚,为创新团队配强配足导师,指导学生在文化的发展传承中会创作、能创造、有创新、出精品。学生文化创意成果《小葵寻徽记》《团歌奇遇记》《Q版招生手册》等被央视、福建电视台、《中国青年报》等媒体推广。

2. 做学生创意的驱动者

举办创意大赛、移动APP创新创意大赛和创青春系列比赛,多形式、多层次、多途径促进学生创意设计水平的提高,营造了良好的创业氛围。先后带动"创意十点钟""共响"和"思想者"等多支文创团队入驻工作坊,开发文创产品。师生团队获得第十三届、第十四届"挑战杯"二等奖,"创青春"移动互联网创业竞赛铜奖。

3. 做学生创业的促动者

开展"企业家进校园"活动,先后邀请重庆壹播科技有限公司董事长郭福平、福建为公通才集团程诗鸿等创业精英人士与学生面对面,输送创业经验,培育学生创意、创业意识。近年来,带动10多名学生创业,已注册8家公司,学生获得省第二届"创业之星标兵"等荣誉称号。

(三)以新媒体为突破,强化网络思政教育的引领

1. 形成新机制

文艺工作坊强化自身新媒体运用能力,主动适应"网络生存"新特质,聘请导师指导新媒体团队的创建以及相关新媒体技术的教学工作,定期召开新媒体创意点子沙龙等活动,从而提升学院新媒体的整体宣传报道水平和综合影响力。

2. 赋予新内涵

主动设置议题,面向学生分享一批集思想性、知识性、趣味性、服务性于一体的文学创作常识和优秀作品,让有内涵的文学思想跳跃在指尖上。改变传统文学文本的传播方式,对经典的篇目进行影音表演录制,打造"溯源闽江""有声文学"项目,赋予文化发展新内涵。利用节假日、大型活动契机,挖掘学生关注点,主动发声,实现学习、工作和生活思想引领全覆盖。

3. 开创新局面

在文艺工作坊新媒体工作室的运营和指导下,学院各级团学微博粉丝人数已超过5万,"福建师范大学文学院"微信公众号在线实时互动人数近万。配合学院召开文学与新媒体工作研讨会、新形势下高校思想政治工作队伍建设研讨会等高端会议,努力推进网络思政"供给侧"改革。

三、思考启示

(一)推进文化品牌建设与立德树人相结合

立德树人是教育之根本。文艺工作坊将打造文化品牌建设与培养学生高尚的道德情操、健全的人格和独立的思想相结合,弘扬社会主义正能量。如学生自编自排自导的话剧《继点·片断》,通过剧目表演形象反映了学校百年沿革发展的风雨历程,展现了百年师生励精图治、开拓进取的精神风貌。

(二)推进文化品牌建设与学科建设相结合

内涵建设是人才培养的关键。学院开设古今中外的经典名作名篇欣赏解读、写作学等专业核心课程,举办文学创作大奖赛,实施文创出版工程,推动4项国家级教育质量工程建设成果的转化,为文艺工作坊持续运转注入不竭动力。

(三)推进文化品牌建设与文化传承相结合

文艺工作坊传承了"闽江"精神,打造文学爱好者砥砺写作技巧、建立表达自信的话语平台。学生在省第一、二届高校文学创作大赛中,获一等奖5项,二等奖11项,三等奖16项;在省第四届大学生艺术展演征文中,获一等奖7项,二等奖4项;在省大学生散文创作大赛中,获特等奖1项,一等奖2项,二等奖1项,三等奖2项,优秀奖15项,入围奖14项。

(四)推进文化品牌建设与闽台交流相结合

近年来,在学院的带动下,文艺工作坊积极开展两岸文化交流,创新闽台高校交流互鉴新模式,尤其是加强闽台青年教师、学子之间的思想碰撞,让中华文化的根共同滋养两岸青年的心,为深入推动海峡两岸高校之间的精神交流和心灵契合提供了有益探索和实践。

历尽天华成此景,人间万事出艰辛。在学校的关心和支持下,文艺工作坊形成了学生文艺创新实践的集群化体系,从而在更宏观的视野、更高的平台和更集中的优势中打造具有中文特色的育人品牌。

(文学院　李彬源　黄永茂)

搭建高雅艺术"四大平台" 夯实育人新阵地

高雅艺术作为审美文化的重要组成部分,意蕴丰富而深刻,对于涵养艺术情感、规范道德行为、提高思维能力、塑造健康人格、实现大学生的全面发展有着极大的促进作用。因此,长期以来,音乐学院坚持在校园文化建设中,倡导和普及高雅艺术,用艺术培育学生、引领学生,着力提升校园文化品位,让学生在高雅文化中成长和全面发展。经过长期的实践探索,形成了"高雅艺术育人工程"的文化品牌。

一、品牌内涵

高雅艺术育人工程是学院在长期的艺术实践过程中,通过贯彻文化育人的工作思路,不断凝练而形成的文化品牌。该品牌的前身是始于2005年的,由教育部、文化部、财政部共同举办的"高雅艺术进校园"活动,旨在立德树人,改进美育教学、提高学生审美和人文素质。学院自2010年始,连续八年承担由福建省教育厅组织实施的该活动,深入省内20多所高校和中学,传播高雅艺术,繁荣校园文化。学生通过参与活动,既在舞台表演中提升了专业素养,又通过舞台实践升华了思想境界,实现了文化育人、以文化人的目的。学院以此为契机,主动出击、科学规划、全力推进,积极打造高雅艺术育人的四大平台:艺术实践平台、专业竞赛平台、社会实践平台、志愿服务平台。经过数载的精心打造,各平台领域多管齐下、形成合力,均取得丰硕成果,文化育人功能逐步显现,育人成效十分显著。2010年以来,包括中国教育报、福建日报、中国共青团网、福建省政府网等在内的官方媒体对学院高雅艺术育人工作的报道多达150余次,引起社会各界的强烈反响。

二、经验做法

为了更好地实现高雅艺术与校园文化的融合,将高雅溢于文化,于文化蕴含高雅,学院着重从四个平台推进,实现统筹兼顾,搭建了合理的建设体系。

(一)艺术实践平台:在感受和体验中育人

"蓬生麻中不扶自直,入芝兰之室久而自芳"。良好的艺术氛围和崇尚高雅艺术的环境对培育学生至关重要,经过润物无声的艺术熏陶和耳濡目染的艺术感染,对培养学生的鉴赏能力和审美情趣有着极大的促进作用。为此,学院积极挖掘资源,经常邀请中央芭蕾舞团等高雅艺术团体来校开展"高雅艺术进校园"演出,以高水准的专业演出吸引学生对高雅艺术的关注。与中国歌剧研究会联合建立"中国歌剧艺术实践基地",邀请歌剧专家经常来校排演节目,让学生有更多与艺术家近距离接触的机会,优秀的学生甚至有机会受邀参加国家大剧院重要演出的机会。

(二)专业竞赛平台:在拼搏和较量中育人

青年学生最具热情,也最具创造力。为了让学生亲自参与和传播高雅艺术,鼓励学生创作艺术精品,学院每年动员、组织学生积极参加各级各类艺术专业比赛,在比赛中检验水平、提升素质、展现风采,在比赛中磨砺意志、锤炼心性、弘扬风格,平均每年有近百人在各级各类艺术比赛中获奖。如2017年5月,学院合唱团荣获第五届福建省大学生艺术节合唱比赛第一名。通过参加高规格的赛事,不仅让学生与艺术进行思想碰撞,也为学生体验和实践高雅艺术搭建了良好的平台,为高雅艺术的传承和弘扬起到了积极的推动作用。

(三)志愿服务平台:在爱心和感恩中育人

青年学生今天的美好幸福生活和优良的学习环境是一代又一代革命、建设、改革者的辛劳和智慧创造的,教育引导他们珍惜当下,懂得感恩和回馈,懂得奉献和关爱,是高雅艺术育人工作的应有之义。结合艺术类学生的专业优势,学院积极壮大青年志愿者服务队伍,志愿服务精神蔚然成风。同学们立足专业,发挥优势,热心公益,用爱和责任引领新风,在艺术支教、慰问演出、礼仪服务等活动中,以实际行动做高尚事、领时尚风。学院与校内校外多家单位合作设立志愿者服务联络单位,定期展开服务活动,以募捐活动、公益晚会、乐器体验、礼仪服务等形式开展,让学生在奉献爱心和感恩关怀中受教育,促成长。

(四)社会实践平台:在躬行和践诺中育人

"纸上得来终觉浅,绝知此事要躬行"。青年学生只有走出象牙塔,走向广阔天地,向社会学习,向实践学习,在劳动中学习,才能把课堂的知识运用到实际中去,才能更深刻地理解人民群众对文艺的需求,才能更好地指导自己的创作实践。

坚持将高雅艺术与社会实践相结合,不仅充分展示学校艺术教育的成果,也使学生在实践中受教育、长才干、做贡献。学院每年暑假都组织开展"文化艺术进基层"社会实践,通过送文艺下乡、艺术支教、慰问演出等多种形式,以老百姓喜闻乐见的方式,为基层送去文化和艺术的清风。

三、思考启示

(一)校园文化品位提升

大学校园是先进文化的传播地,是精神文明的辐射源。高雅艺术是先进文化的组成部分,经历了人类文明发展的积淀,是优秀的、经典的、积极向上的、催人奋进的文化艺术。它在思想上有深度,在艺术上有厚度,在美学上有浓度。比起通俗文化、流行音乐等,高雅艺术更能给大学生以震撼和鼓舞。只有不断弘扬高雅艺术,才能培育健康向上的校园文化氛围。通过高雅艺术的传播与推广,不仅能让学生们感受艺术的无穷魅力,也为学校文化育人营造了良好的艺术氛围,起到以点带面的示范作用。

(二)学生发展更加全面

艺术熏陶是完善大学生人格精神的有效途径,使学生在欣赏、接受高雅艺术的同时,去体悟人生的价值和责任,塑造完美的人格品质,追求卓越,不断创新。通过高雅艺术育人实践,提高了学生的艺术修养,开阔了视野,陶冶了情操,净化了心灵,学生们的审美层次和文化素质都得到了普遍提升。在欣赏艺术美的同时,学生们被艺术家们的人格魅力所折服,许多优秀的艺术家成了学生们自觉效仿的榜样。同时也较好地激发了学生的创造力和想象力,提升了学生的创新意识,促进了学生的全面发展和综合素质的提升。

(三)社会影响日益深远

大学不仅要给予知识的传授,更要开展高雅文化艺术的传承。通过高雅艺术育人,学生们在亲身感受高雅艺术震撼力和艺术家个人魅力的同时,也对自己的学校更加热爱,对高雅艺术更加喜爱。国内多家新闻媒体也多次对学院高雅艺术育人的工作进行了专题报道,引起了社会的广泛关注。而丰富的艺术志愿实践服务不仅为学生提供了锻炼自我、施展才华的广阔舞台,而且赋予了校园文化内容与形式的丰富性,对于提炼大学精神、彰显办学特色起到了很好的促进作用。

(音乐学院　周洲　施冰青)

"三大品牌"推动"全媒体"人才培养机制

一、品牌内涵

传播学院秉承"实践育人,润物无声"理念,全力打造朗诵节、传媒人形象节与影像展三大校园文化品牌,探索思想政治教育工作新模式。按照"结合专业实践、融入思政教育、提高综合素质、繁荣校园文化"的思路,开展品位高雅、形式新颖、内容丰富的三大品牌活动,努力发挥校园文化育人功能,为大学生成长成才创造良好的文化环境,提高了学院的知名度和美誉度,使"传梦想·播天下"的理念深入人心,落地生根。

(一)品牌背景

学院自2004年成立以来,坚持以校园文化活动为平台,推出一系列具有影响力的精神文化产品。"三大品牌"从一项项单纯的教学实践活动发展成为具有代表性的校园文化品牌,如今已逐步实现规范化、制度化和品牌化,营造了既浓郁又富有学院特色的校园文化氛围,展现出独特的"传媒人"人文色彩。

(二)历史沿革

1. 传播学院朗诵节

一年一度的朗诵节是广受师生喜爱、深受业界好评的视听盛宴,自2006年以来已举办13届。朗诵节秉承"用声音记录历史,用声音纪念辉煌,用声音展现风采,用声音创造明天"的宗旨,通过朗诵与诗歌、乐曲、舞蹈、表演、影视等多种艺术形式相结合,创造了"音·舞·诗·画"独特的艺术形式。朗诵节主题紧扣时代主旋律、重大时政热点和经典文化,进行原创或改编优秀文稿,开展党史国史教育,弘扬传统文化、民族精神和时代精神,涌现出《什么是中国》等优秀作品,成为每年校文化艺术节学校层面统筹的重大活动。

2.传媒人形象节

传媒人形象节是学院各专业学生实践成果大展示、大检阅的盛大赛事,一方面引导学生围绕主旋律,创作各类优秀作品;另一方面通过专业大比拼,提高学生学习实践能力,并选送优秀作品参加国家级、省级竞赛。形象节通过作品征集、评选、展播、颁奖典礼等环节,在众多参赛作品中由学院教师评选出摄影、广告、新闻、纪录片、配音、剧情片等各类奖项。

3."光影流转"影像展

"光影流转"影像展是展示学院教学成果与学子风采的重要窗口,至今已举办四届。活动以"打造专业展示平台、拓展学院文化品牌"为主旨,展示学生实践成果与获奖佳作,采用作品展映、主创互动、嘉宾点评等方式,提升学生创作经验技巧。2018年,影像展升级为由福建省电影家协会和学院联合主办的福建省大学生影像作品展,进一步增强了大学生作品在社会各界的关注度。

(三)工作成效

1.人才培养质量有效提高

通过"三大品牌"活动的大展示大比拼,挖掘出具有竞争力的好作品,为中央广播电视总台、中国青年报等媒体输送了一批优秀毕业生,热播纪录片《航拍中国》主创团队均毕业于传播学院。在朗诵节中选拔出的优秀学生和作品参加全国大学生艺术展演荣获一等奖,参加"齐越朗诵节"连续两届荣获二等奖。在全国第五届大学生艺术展演闭幕式上,朗诵作品《时间的入口》应邀压轴演出,在东方卫视播出后引发热烈反响,充分展现学院人才培养的丰硕成果。

2.文化品牌形象深入人心

学院坚持在朗诵节中开展经典诵读、在形象节中引导核心价值观、在影像展中提升文化品位,以大学生喜闻乐见的形式讲好中国故事和身边故事,用语言和影视艺术彰显文化自信、践行核心价值观,达到春风化雨、润物无声的育人效果。"三大品牌"活动覆盖面广、认可度高,学生积极性强,增强了莘莘学子对学院的归属感和凝聚力,深化了学院校园文化品牌形象。

(四)社会影响

学院充分利用"部校共建"平台,选拔"三大品牌"活动中的优秀学子参加由福建省委宣传部主办的"青年新闻人"联合采访活动,学生扎实的实践能力和专业素养得到省委宣传部和各级媒体的赞誉,福建各级各类媒体广泛报道学院学生所思所感,聚焦青年新闻人的创新实践。

学院与福建省广播影视集团等主流媒体建立了长期合作关系,积极选送学生就业实习,一方面检阅学生专业技能、练就核心竞争力,另一方面为业界输送专业人才后备军,人才培养的社会满意度较高。

朗诵节中涌现出的优秀节目应邀参加"新时代·新福建"十九大精神诵读会等由省市相关部门主办的各类朗诵会,铿锵有力、声情并茂的诵读受到观众和业界同行的充分肯定,展示了学院的办学成就和师生风采。

二、经验做法

经过长期的挖掘、实践、提炼、完善,"三大品牌"活动形式更多样,内容更深入,效果更显著。

(一)打造品牌与立德树人相结合

立德树人是高校教育的根本任务,要树立文化育人的使命感,将重大时政热点、优秀经典文化融入品牌活动的内涵之中,大力培养学生的爱国情怀、理想信念、时代精神、自觉担当。

(二)传承品牌与课堂教学相结合

将品牌活动融入各专业教学实践中,通过以活动代练、以活动代训达到以活动促教、以学促知、以知促行,达到文化育人、专业育人相结合的效果。

(三)创新品牌与校园文化相结合

要培养创新意识、提升活动质量,通过素质竞赛和社团活动等载体,扩大活动的影响力和覆盖面。要厚植学校文化土壤,加强对学院办学特色的凝练,充分展示独特鲜明的文化积淀与文化追求,实现人无我有,人有我精的境界。

(四)深化品牌与社会实践相结合

通过课外实习实训、假期社会实践、青年志愿服务等实践平台,以文化艺术下乡、文化共建、采风、支教等形式深入基层、服务社会,在各类实践和立项活动中,充分发挥学生的专业特长和优势,深受服务对象与业界好评。

(五)推广品牌与创新宣传相结合

要创新宣传形式,拓宽宣传空间,如通过校园快闪宣传朗诵节,用直播 APP 的方式与校内外互动,与院线影城联办影展的形式拓展观众,邀请省内兄弟院校共同参与,加大对外宣传力度,提升知名度和美誉度。

三、思考启示

校园文化作为社会主义文化建设不可或缺的重要组成部分,要在全体师生中树立文化自觉和文化自信。我们要继续深化"三大品牌"活动,潜移默化,久久为功,进一步增强大学生的文化自豪感、使命感和责任感,引导大学生树立远大理想和坚定信念。

校园文化建设是学生精神凝聚、智慧整合、能力展示和素质提升的过程。我们要进一步凝练"三大品牌"活动,注重学科渗透和专业融合,促进教育教学高质量发展,努力把学生培养成为"一专多能",体现出"多媒才"素质的"全媒体"人才。

实践育人是人才培养过程中的相对薄弱环节,也是提高人才培养质量的重要切入点。我们要继续把"三大品牌"活动打造成为理论与实践有机融合的练兵场,构建传媒教育与传媒实践相互贯通、深度融合的格局,充分发挥校园文化"实践育人,润物无声"的功能。

(传播学院　林志富)

第十章 10

队伍建设

——在立德树人中提供重要保障

篇首语

习近平总书记指出,把思想政治工作贯穿教育教学全过程,努力开创我国高等教育事业发展新局面,需要从队伍建设入手,打造过硬的高校思想政治工作队伍。福建师范大学认真贯彻落实全国、全省高校思想政治工作会议精神,落实立德树人根本任务,努力构建一支战斗力强、凝聚力高的思想政治教育师生队伍。在思想政治工作教师队伍方面,我们加强团队建设,提高队伍的整体战斗力和凝聚力,树立队伍的职业理想和职业精神;加强培训,以学促建,不断提升职业能力和工作水平;加强管理,发挥辅导员协会和各个核心团队的作用,构建规范化的工作平台;强化联动,完善各支队伍协同工作机制。在学生干部队伍方面,我们做好顶层设计,加强理论武装,提升综合素质和工作能力。通过一系列有力举措,思想政治教育师生队伍的认同感、归属感和光荣感进一步增强,队伍的战斗力、凝聚力进一步提高,在省内外高校中产生了较好的反响。

搭建五大发展平台
精准推进辅导员队伍专业化、专家化

一、品牌内涵

福建师范大学全面落实立德树人根本任务,精准推进辅导员队伍的专业化、专家化发展。通过发挥学科优势,搭建专业化发展平台;强化专业技能,搭建职业能力发展平台;立足校本特色,搭建团队文化发展平台;突出主业主责,搭建师生共同体发展平台;完善顶层设计,搭建成长保障发展平台,辅导员队伍的职业认同感、归属感和光荣感进一步增强,辅导员队伍的战斗力、凝聚力进一步提高,在省内外高校产生了较好的反响。

近年来,学校3名辅导员在全国辅导员职业(素质)能力大赛决赛中获奖,其中一等奖2名,二等奖1名;多名辅导员在片区赛、省赛中获奖。1名辅导员获得全国辅导员年度人物提名奖,5名辅导员获得入围奖;2名辅导员获得福建省五四青年奖章,5名辅导员获得福建省高校十佳辅导员称号,8名辅导员获得福建省高校优秀辅导员称号。

二、经验做法

（一）发挥学科优势,搭建专业化发展平台

学校充分发挥拥有福建省唯一的马克思主义理论一级学科博士点、马克思主义理论博士后科研流动站、教育部高校辅导员培训和研修基地的独特优势,构建了以全国和省级培训为示范、以实施辅导员博士专项计划为龙头、以提升职业能力为目标的辅导员专业化发展支持体系,让"教育者先受教育",不断完善辅导员的职业知识,开阔辅导员的工作视野。一是充分发挥教育部高校辅导员培训和研修基地作用。积极选送新入职辅导员参加省级辅导员岗前培训班,选送优秀辅导员参加全国和省级各种专题培训、骨干培训和高级研修班以及高校优秀学生工作者出国研修项目。学校每年依托基地国家级培训班开设1期福建师范大学专题班,轮训30%辅导员。积极推动教育部高校辅导员培训和研修基地(福建师范大学)和教育部高校辅导员培训和研修基地(哈尔滨师范大学)签订交互式培训合作协议,更好地共享辅导员培训资源,加强在辅导员培训方面的相互协作。二是支持攻读博士学位。认真落实教育部"高校辅导员在职攻读博士学位专项计划",做好"高校思想政治理论课教师队伍后备人才培养专项支持计划"工作,鼓励辅导员考取思想政治教育专业或其他相关专业的博士研究生,优化辅导员知识结构。目前全校约10%的辅导员正在攻读博士研究生。三是提升职业技能。将《大学生心理健康》《职业生涯规划》《就业创业指导》《形势与政策》等公共必修课列为辅导员专业化成长的重要载体,提升辅导员的教育教学能力。引入与辅导员工作相关的各类考证培训,让辅导员足不出校门就可以参加国家心理咨询师、职业指导师、创业指导师等资格考试的培训。

(二)强化专业技能,搭建职业能力发展平台

自2013年起,学校以组织辅导员参加各级素质能力大赛为重要抓手,不断强化辅导员业务能力训练,提升辅导员综合素质。一是建立校级赛事制度。明确将参加素质能力大赛作为辅导员工作的常规内容,每年下半年定期举办全校辅导员素质能力大赛,主动对接国赛规程,精心设计校赛内容和赛程,目前已连续举办6届,所有辅导员根据工作年限均要参加学校比赛。二是实施团队辅导。对参加省级及以上比赛的辅导员,第一时间组建备赛工作团队,将往年在国赛、片区赛、省赛中获得好成绩的辅导员,在校赛中排名前列或是某个比赛环节成绩优异的辅导员纳入备赛团队,邀请校内专家教师,针对笔试、案例分析、谈心谈话、主题演讲、理论宣讲等环节进行模拟训练,以团队方式共同帮助参赛辅导员提高竞赛能力和水平。三是加大奖励力度。将辅导员参加全国全省辅导员职业能力大赛纳入学校教学业绩奖励体系,全国一等奖给予30000元的重奖,优先选送获奖辅导员参加省级以上辅导员骨干培训,并在年度考核评优中优先考虑。学校选拔出来的选手都在省级及以上赛事舞台上展示出昂扬向上的精神风貌、高尚的道德品质和精湛的职业能力。

(三)立足校本特色,搭建团队文化发展平台

学校充分依托百年办学文化底蕴,传承历来重视思想政治教育的优良传统,致力建设互帮共学、协作团结、昂扬向上的辅导员团队文化。一是建设辅导员共同家园。成立辅导员协会,分管校领导亲自担任协会名誉会长,在全省高校中率

先凝练出辅导员精神、誓词,创作出深受师生喜爱的辅导员之歌《与你同行》,逐渐形成富有学校特色的辅导员职业文化,进一步增强辅导员的职业认同感和荣誉感。二是搭建交流合作平台。组建学生思想政治教育、网络思想政治教育、学生事务管理、心理健康教育、党团与班级建设、职业规划与就业指导6个核心团队和一至四年级学生工作团队,各个团队定期开展主题沙龙活动,邀请校院领导与辅导员开展"餐叙时光"交流活动,跨团队组织申报各级课题,协同开展科研活动,形成创先争优、共同进步的良好局面。三是打造特色新媒体文化。主动适应新媒体迅速发展的新形势,要求辅导员善学、善用新媒体,提升新媒体育人能力和水平。创建辅导员"小联微评"热点评论栏目,征集辅导员网络微评作品,由辅导员们站在教育者的立场,结合时下国内外时政要闻、校内外热点事件,开展微评论、微探讨,丰富了网络思想政治教育内容,为大学生正确认知、深度理解社会热点问题提供向导和参考。学校依托教育部高校网络文化建设试点单位等平台,利用微信、微博、QQ等新媒体,精心打造"小联""小葵""易班""青马易战"等一批在国内具有较大影响的新媒体育人工作品牌,有效地将思想政治教育延伸到网上,架起新媒体时代的师生之间"思想连心桥",在全国引起强烈反响。四是发挥典型示范作用。培育选树辅导员优秀典型,每年评选表彰优秀辅导员,每两年评选表彰十佳辅导员,邀请优秀辅导员与新入职辅导员面对面交流、定期开展新老辅导员结对子活动。广泛宣传各类优秀辅导员先进事迹,打造了颇具示范效应、竞相比学赶超的辅导员文化。

(四)突出主业主责,搭建师生共同体发展平台

学校明确辅导员工作主业主责,推动辅导员把主要时间和精力放在大学生思想教育和日常管理中,努力实现学生思想政治工作减量增质、减压增效。一是抓好日常管理。学生工作部定期开展辅导员工作主业检查,工作人员经常深入辅导员宿舍夜访,指导、督促辅导员抓好主业主责。坚持辅导员周末集中教育制度,着力将周末集中教育打造成为辅导员加强思想政治教育的主阵地。完善辅导员工作日志制度、学生成长记录制度、谈心谈话制度、巡课查课制度、夜间查铺制度等,让辅导员的工作具体到每个环节。要求每位辅导员每年至少要撰写1篇教育管理论文、1篇工作案例(或工作故事、网络微评文章等),并积极申报与大学生教育管理相关的课题。二是实施协同育人。为每个本科生班级配备班主任,帮助辅导员做好思想引领、学业指导、大学生涯辅导和职业规划等工作。每年召开辅导员和思想政治理论课教师工作联席会、辅导员工作研讨会,共同研讨大学生思想政治教育工作,形成大学生思想政治教育合力。三是加强制度建设。出台《辅导员

管理暂行办法》《辅导员考核办法》《兼职辅导员队伍建设暂行办法》等一系列规章制度,对辅导员的工作职责、职业道德、行为规范、培养发展、管理考核等方面做出明确的规定,为辅导员履行主业主责提供制度遵循。

(五)完善顶层设计,搭建成长保障发展平台

学校注重加强辅导员队伍建设的系统设计,优化辅导员发展保障机制,使辅导员工作有条件、事业有平台、发展有空间。一是健全领导体制。建立了党委统一领导、党政齐抓共管、校院二级管理的领导体制,把辅导员队伍建设纳入党建和思想政治工作、师资与干部队伍建设整体规划。学生工作部、研究生工作部作为业务指导管理部门,按照"高进、精育、严管、优出"的原则,与学院共同做好辅导员管理工作。二是选优配强辅导员。按照教育部1:200的比例,配足配强辅导员队伍,在全省高校中率先专门为少数民族学生配备1名辅导员,得到少数民族学生高度认同和广泛好评。专门为闽台合作专业额外增配辅导员,辅导员赴台做好在台学生的教育服务工作,强化在台学生的国家意识和政治意识教育,促进两岸青年学生在深入交流中增进了解和情谊。三是完善激励机制。明确辅导员教师和干部双重身份,设立科级辅导员岗位,将辅导员作为学校党政管理后备干部、教学科研学术骨干培养和选拔的重要来源,辅导员成为校内各单位最抢手的人才。把辅导员纳入统一的教师职称系列,成立专职辅导员专业技术职务聘任委员会,按教师职务岗位结构比例合理设置专职辅导员的相应教师职务岗位。

三、思考启示

下一阶段,我们将进一步深入贯彻全国高校思想政治工作会议精神和《中共中央国务院关于加强和改进新形势下高校思想政治工作的意见》,不断完善平台建设,不断优化成长路径,积极探索、不断创新,持续推进学校辅导员队伍的科学发展。

(一)进一步推动辅导员团队式专业化成长

探索建立辅导员名师工作室,鼓励一批表现比较突出,研究能力强且有志于辅导员工作的优秀辅导员,组建工作室。适当降低进入名师工作室的辅导员所带学生比例,确保他们能有充足的时间和精力从事辅导员的工作研究、方法培训等,推动辅导员的专业化、职业化建设。

(二)进一步完善优化辅导员培训培养机制

探索辅导员"走出去"战略,如建立辅导员暑期专项研修制度,分批选调优秀

辅导员利用暑期到国内著名大学进行短期学习考察和顶岗工作,更全面地锻炼培养辅导员的工作能力。充分发挥各级辅导员培训研修基地作用,扩大辅导员参与省级、国家级培训的数量和比例,鼓励支持更多辅导员赴省外、境外研修学习。

(三)进一步提升辅导员的育人实效

辅导员是"大学生思想政治教育质量提升工程"实施的"最后一公里",是"质量工程"是否有"质量"的关键环节。新形势下,我们将进一步强化辅导员的育人质量,不断丰富内容载体,不断创新方式方法。如充分运用大数据开展工作研究、搭建家校联系多元渠道等,更好地掌握学生成长特点和规律,增强工作针对性和实效性,真正成为学生思想问题的解惑者、专业学习的指导者、人生发展的导航者和生活心理的关怀者。

(学生工作部　陈筱宇)

特色青马培养工程体系
引领青年骨干成长成才

2007年团中央启动实施"青年马克思主义者培养工程"(以下简称"青马工程"),旨在通过教育培训和实践锻炼等行之有效的方式,不断提高大学生骨干的思想政治素质、政策理论水平、创新能力、实践能力和组织协调能力,使他们进一步坚定跟党走中国特色社会主义道路的信念,成长为中国特色社会主义事业的合格建设者和可靠接班人。福建师范大学历来重视青年学生的培养教育,自2001年起开始系统化推进大学生骨干的培训,经过多年实践与不断探索,当前工作形成体系,特色鲜明、成果显著。

一、品牌内涵

福建师范大学"青马工程"由校党委统一部署,校团委牵头组织落实,由各院(部)分党委联合实施。自2001年来,"青马工程"通过不断整合资源,逐步探索,概括出"倍多分"式的特色培养体系。

"倍"为"倍实用",强调的是培训工作的目标定位,要求课程既要符合青年马克思主义者培养的要求、注重青年学生的思想引领,又要满足青年学生发展的综合素质完善的需求(突出实用性)。

"多"为"多层次",一方面体现在培养实施主体上的层级,即包括校、院两个层级。校级青年马克思主义者培养班(以下简称"青马班")由校团委指导,校学生会牵头实施。院级"青马班"由学院党委指导,院团委牵头实施。另一方面,体现在青年马克思主义者(以下简称"青马")的培养层次上,包含学生组织的干事、基层学生团干、学生组织储备干部、主要学生干部等梯队培养。

"分"为"分类别",这是近年来福建师范大学在推进"青马工程"上,因时而为,应势而生的一个工作探索。当前,除了针对综合素质培养需求的"青马班"外,自2013年以来,陆续又推出了针对大学生记者培养的"青年媒体训练营"、针对学生社团干部能力培养的"学生社团干部训练营"、针对大学生新媒体工作培养的"新媒体人才培养班"等,构建了一个"分类别""针对性强"的培养模式。

经过近18年的工作探索与实践,福建师范大学坚持以理想信念教育为统领、以立德树人为目标,持续深化"青马工程",有效地促进了马克思主义在青年中学习传播。截至目前,各级培训已累计培养学员近5万人。近年来,通过"青马班"的培训,一批批优秀的"青马"毕业班成员走向社会,在各自的工作岗位上发光发热;一批批通过"青马"培训的学生在各自学生工作岗位上精益求精,在历练成长的基础上,为学校团学工作稳步扎实开展做出贡献。

二、经验做法

(一)做好顶层设计

近年来,福建师范大学"青马工程"通过积极梳理各类学生的培训模式和内容,整合全校资源,不断丰富培训内容、创新培养模式,设计和制订特色的培养计划。具体培养的目标要求如下:

(1)加强理论武装。当前,要把习近平新时代中国特色社会主义思想武装大学生骨干作为最重要、最基础的工作,帮助青年马克思主义者("青马")掌握马克思主义的立场、观点、方法,深刻理解党的路线方针政策和重大战略部署,坚定跟党走中国特色社会主义道路的信念。

(2)拓展综合素质。通过各种行之有效的方法帮助大学生骨干学习基本的领导艺术、沟通技巧、管理技能以及自我调适方法,加强决策、管理、沟通、协同、危机干预等方面的训练,提高参与学生的领导能力、组织能力和协作能力。

(3)提高工作能力。以参与各类资源服务、社会实践和承担校内各级各类学生组织工作为重点,在开展调查研究、对策分析、方案策划、组织实施等方面对大学生骨干进行培训,提高参与学生的实践能力和创造能力。

(二)具体实施做法

1. 抓好"四种学习形式"让培养"倍实用"

一是集中学习。主要通过邀请校内外的专家学者、政工干部、青年教师代表等为"青马班"开设专题讲座、学习研讨会、课堂教学等形式,帮助大学生骨干深入理解马克思主义中国化的最新成果,感受改革开放以来取得的巨大成就;帮助大学生骨干了解当前团学工作、青年工作的新形势、新做法,拓展工作新思路。集中学习是当前学校开展"青马班"课程的最主要方式。一般校院两级的"青马班"都要求学员进行不少于10个学时的集中理论学习。

二是外出参访。外出参访作为"青马班"校院两级"青马班"的课程之一,组织参观了如福建省革命历史博物馆、福建马尾船政博物馆、福建博物馆、福建档案馆等场馆,以及福建网龙公司、福建星网锐捷科技园等省内知名企业等。通过外出参访,让"青马们"能够更好地拓展眼界,能够更好地了解社会,认知社会,发现不足,鞭策成长。

三是交流研讨。主要是通过开展与兄弟院校主要学生干部的联谊、交流活动,构筑优秀青年学生对外交流合作的平台。近五年来,校团委利用暑期组织"青芒实践队"先后到北京、上海、南京等地的高校开展交流学习。校级"青马班"与兄弟高校"青马班"开展交流。院级"青马班"除了走出去与校外兄弟院校相同专业学院"青马班"交流,还开展学院之间的"青马班"交流等,让"青马们"互相学习借鉴,开拓思维眼界。

四是实践锻炼。社会实践的重点是引导学员深入基层、认识社会、磨炼品质,增强历史使命感和社会责任感,提高社会适应能力,培养优良作风。一是利用寒暑假期,组织学员到有代表性的地区开展实地考察活动,深入基层生产一线,对经济社会发展的重要问题开展调查研究,形成调研报告。二是结合学员的专业特长,为当地群众开展科普、支教、慰问等多种形式的志愿服务活动,通过实践锻炼环节深化学员对理论学习的认识。三是积极拓展渠道,适时组织学员到部分省市级机关单位进行参访学习,和相关部门的负责同志交流座谈,了解经济社会发展有关政策的制定、执行情况,增强学员们对国情、社情、民情的了解,提高观察问题和分析问题的能力。

2. 做好"四个重点培训"扩大受教面

一是校青年马克思主义者培养班。每学年9月向全校学生进行招募,采取学院推荐以及学生自荐两种方式。通过面试、考核等方式,组成一个近100人的班级。从10月开始培训,一般持续5个月,主要由校学生会负责培训的工作安排,主要是受训学生的思想意识、团学工作方式与方法以及综合素质能力的全面培养。每学年通过"青马班"培训的学员,基本上都成为下一学年,校院两级主要团学组织的负责人。

二是学生社团领袖训练营。主要由校学生社团联合会负责实施,在每学年的3月面向校院两级的学生社团干部以及从事社团工作的干事进行招募。在为期两个月的集中培训,学员近100人,主要是开展学生社团的工作实务培训,组织"学生社团活动创想实践赛"活动,让培训内容更为多元。社团领袖训练营的最大特点是与学生社团的主要负责人换届相衔接,在训练营中表现优秀的学员将重点推荐成为下一学年校社联以及学生社团的负责人。

三是青年媒体训练营。主要由校青年通讯社负责实施。于每学年 11 月记者节前后开班,主要是面对校院两级主要团学组织从事新闻媒体宣传,以及在基层团支部从事活动宣传报道的学生干部代表开展的一个专项培训班。每期学员近 100 人,主要是关于校院新闻记者素养以及新闻写作采编等技巧性的培养。经该训练营培训的学员绝大部分成为下一学年校园新闻宣传的精英。

四是新媒体人才培养班。该专项培训班是校团委顺应网络新媒体时代发展,结合校团委"五微五阵地"网络新媒体工作、"福师大小葵"文创工作,为了培养更为专业、更为广泛的网络新媒体工作人才,于 2014 年推出的一个专项培训活动。培训班在每个学年的 3 月开展,通过校院两级的推荐与自荐,每期共培养 200 个学生。同时,该培训作为学校的公共选修课程,通过培训的学生可以获得 2 个公共选修课学分,极大提升了学生参与培训学习的积极性与主动性。通过该培训的学员在下一学年迅速成为学校网络新媒体工作的骨干,为学校的新媒体工作长盛不衰、常做常新,做出重要贡献。

三、思考启示

当前,为更好地推进学校青年马克思主义者培养工程的建设,应当更加注重基础的完善,以及相应的配套保障。新时代的工作应当要注重做好以下七点:

(一)创设一套科学实用的青年马克思主义者培养课程体系

要重点依托学校资源、结合特色,深入开展调查研究,针对不同学院、不同层面、不同特点的教育培训对象,精心设计不同内容、不同深度、不同要求的青年马克思主义者培养课程。

(二)组建一支结构合理的青年马克思主义者培养师资队伍

通过聘请从事马列主义相关理论研究的专家学者、从事思想政治工作的教授、从事党政管理的高层领导、社会知名人士、青年教师等,组建一支导师团,并由导师团根据培养对象的需求进行理论培训、课题研究,以及个体职业生涯规划和实践指导。

(三)完善一项科学合理的青年马克思主义者培养的制度建设

重点是做好培训对象的跟踪培养与考评制度。通过为培养对象建立档案,对参加培训、实践的全过程和考核成绩、取得成果进行记录,以便综合评价,提供有效服务。

(四)深化一个内涵深刻的青年马克思主义者培养的工作品牌

要深化"青年马克思主义者培养工程"的工作品牌,积极整合资源,做到常做常新。重点抓好"校级青年马克思主义者培养班"的建设,以及校青年学生习近平新时代中国特色社会主义思想研习传播社的建设与作用发挥,引导培训对象参与集中,通过活动的历练再提升。

(五)建设一批合作紧密的青年马克思主义者培养实践基地

要全面深化校地、校企合作,完善学生干部挂职锻炼制度,力争各学院均有一个以上相对固定的大学生骨干挂职锻炼基地,充分发挥大学生骨干在"三下乡"等社会实践中的带头示范作用,切实加强青年马克思主义者的实践锻炼。

(六)构建一个精准实用的青年马克思主义者培养网络平台

发挥福建师范大学校团委网络新媒体工作优势,依托"五微五阵地"工作体系,紧密结合"福师大小葵"品牌工作,依托专门力量,做大做强青年马克思主义者培养工程网络平台,努力在网络上构建学生骨干互动式学习、交流、工作的新平台。

(七)建立一个全面规范青年马克思主义者的人才信息库

逐级建立学校的青年马克思主义者培养工程台账,定期将每年培养学生骨干的信息更新,形成集记录和考核功能于一体的优秀学生骨干电子信息档案。使之成为青马学员评优评先、推优入党、推荐就业等方面的重要参考;做好对已经毕业的培养对象的跟踪与分析,选树与宣传优秀人物,邀请典型代表返校进行讲习交流等。

(校团委　刘晓晖)

"小葵"新媒体人才专项培训班的经验探索

一、品牌内涵

面对新时期高校宣传工作的新形势,自2011年9月以来,共青团福建师范大学委员会敢于尝试,在全国高校团委中首批开通官方新浪微博@福建师范大学团委;并打造出一批业务素质强硬的"微团队";自觉承担起研究和引领"微时代"话语权表达的历史使命——树好形象,讲好故事,唱好声音。随着新媒体平台的整合和延伸,学校新媒体人才的需要慢慢扩大,新媒体团队的专业培养也迫在眉睫。

学校新媒体人才队伍的培养有别于传统宣传队伍、学生干部队伍的建设,它不仅要求成员具备学生干部的基本宣传能力,还要求他们要具有信息时代的敏锐性。在新媒体人才培养中,福建师范大学团委经过多年的实践和上下求索,探索出了一条学习、实践与运用相结合的新媒体团队建设路径,在思想引领和建章立制中驱动小葵团队高效率、高质量的创作和运行。福建师范大学于2013年成立全国首个高校新媒体人才培训基地,探索新媒体人才培训的模式。2013年10月至今,福建师范大学共开设四期新媒体人才专项培训班,共培养了近1200名新媒体人才,为学校的网络文化工作注入了新鲜的血液。

二、经验做法

(一)重选拔,丰富人员构成

每学年的第二学期,校团委发文面向全校征集选拔200名优秀新媒体人才,主要有两种选拔方式。第一,全校公选:通过学院团委或校级学生组织报名,经校团委考核,在全校产生100名公选学员。第二,学院、各组织推荐:本部各学院、各校级学生组织可推荐3名直选学员,协和学院可推荐25名直选学员,其中,负责学院新媒体轮值工作的学生为指定学员。福建师范大学各级组织对新媒体人才培训班的人才推荐做到有才必推,为培训班提供了优秀人才,也为对新媒体感兴趣的学生提供了更多学习新媒体知识的渠道,助力学生快速成长。

(二)给学分,充分调动积极性

将新媒体人才培训班纳入学校公选课体系,学员参与理论课程学习、完成实践课程,顺利结业,即可获得2个选修学分(不可抵扣艺术类选修课),此举极大地提升了学生的参与动力。作为公选课体系,新媒体人才班的报名、选拔、学分给定等环节,都是按照学校教学要求来实现,一方面提高课程权威性,另一方面,有力地调动了同学的积极性。

(三)分小组,有针对性开展培训

基于学校新媒体发展现状,将新媒体人才班培训按照分组形式进行。新媒体人才专项培训班设有以下六个组别:微博组:微博的运营与管理、舆情监管、线上活动;微信组:微信的运营与管理,展现青年视角;微视组:视频创作与照片拍摄;文创组:脚本创作与创意提供;技术组:新媒体技术与应用;产品开发组:产品的设计与研发。

根据学生兴趣与实践内容,各个组别有相对集中的培训内容。分组采用组长负责制。各组长是小葵新媒体工作室各个部门的核心骨干,组长通过新媒体工作经历、各组所需的专业素养、现任职务等方面对组员进行初步筛选,再通过面试的方式来考察组员是否对新媒体具有浓厚的兴趣、是否有积极参与人才培训班的意识。最终选出培训班成员,全方位、全过程地帮助他们成长成才。

分组教学可以有效利用教学资源。在小组教学中,老师可以关注到每位学员,挖掘学员不同的个性与潜力,捕捉学员的闪光点;学生可以与老师进行充分的面对面交流,在团队中更有存在感。新媒体人才培训班分为六个小组,我们根据每组的特点,安排适合该组的课程,进行分组教学,最终达到资源的有效利用。

(四)强师资,提高培训专业性

新媒体人才培训班的讲师是来自各行各业的优秀代表,我们邀请校内相关领域的专家教授,实践企业公司中的优秀人才等来校给学员授课,使学员能够较为系统地接受完整的理论课程,建立起对新媒体运行机制的感性认识。如邀请从"小葵"走出的创业团队——书境文创返校授课。通过他们娴熟的技术操作和经验分享,给予学员面对面近距离的教学机会,帮助培养学员新媒体技术层面的理性认知。

邀请南平团市委宣传部林檬,从微博实战经验角度,提供给学员丰富的案例分享及平台运营实操经验。

（五）勤交流，丰富课程内容供给

1. 丰富的素拓活动。素质拓展活动主要有分组、构思小组文化、小组对决、小组分享等几个方面。从分组到一起选组长、一起想口号、队歌等，再到细致分工，与其他小组进行对决，最后到小组进行经验的分享、分析胜负的原因。整个过程是彼此之间从不熟悉到熟悉，也是逐步建立团队意识的过程。

2. 理论与实践相结合。新媒体人才培训班包括32个学时，其中新媒体通识理论课程占24个学时，细分为包括文案创作、品牌推广、舆情分析等通识理论课程。而实践应用课程占8个学时，包括PS核心技术修炼、H5入门、后期基础剪辑培训、选题头脑风暴等定制化课程，能够让组员与授课老师近距离接触教学。课程有《创意摄影技巧和后期基础剪辑培训》《选题头脑风暴及微信排版技能培训》《动漫脚本的生产车间链》及《Photoshop核心应用修炼》在内的诸多课程，还围绕新媒体通识理论、文案创作、品牌推广等个性化定制课程以及新媒体实践开展形式多样的课程。

在理论课堂上，学员们能够建立起对新媒体运营的理性认识，提高学员的新媒体素养；而在实践课上，通过和老师组长近距离地交流，或是组长手把手地教学，使学员的技术进步较快，感性认知更加深刻。通过理论与实践课程的有机结合，帮助学员全面快速地学习成长。

在实践环节，相关专业学生也可以参与到福师大小葵微信的具体运营中，开发的相关创意产品一经录用会在小葵馆展示；同时，还能以项目化的形式，参与到相关新媒体专项工作的研发中。

（六）抓考核，加强人员管理

通过完善考勤制度，布置期末考核作业以及结业展示等方式落实好考核环节。在作业部分，抓好平时作业和期末作业，注重日常表现和个性化考评，展现学员在培训班的成长。在结业展示方面，每个小组需要在期末阶段，做一次展示总结。展示的内容包括本次的学习经验以及成果介绍。可以以海报、PPT、视频、现场表演等形式，充分展示小组的学习成果。经过综合、严谨的考核评定，评选出优秀学员。

三、思考启示

（一）工作经验

2013年10月至今，福建师范大学共开设四期新媒体人才专项培训班，共培养了近1200名新媒体人才,许多学生走出校园成为各个领域新媒体宣传人才。经过几年人才培训班的探索,也总结了相关的经验。新媒体人才不同于传统意义上的学生干部,在培训过程中,既要有理论学习,也要有针对性的指导。

(1)以人才培养为中心。高校的首要职责在于教书育人,在于培养学生成长成才,学校的各项工作都是围绕该中心而展开,其中新媒体人才的培养也是不能偏离其中的。新媒体人才在参与学校新媒体工作的过程中,也是思想受到教育的过程。

(2)以全面发展为目的。新媒体人才的培养,需要全面发展。培训班的设置为他们提供多个锻炼平台,以增强他们的综合素养:包括学生的组织管理、表达交流、创作实践等。公选课体系作为课堂教学的延伸,不仅从理论和经验上指导活动的开展;还将"理论与实践相结合"的育人要求有机统一。同时,培训班为各学院培养人才,各学院提供具有潜在发展性的优质苗子,这一双赢的模式,既丰富了"小葵"文化产品的供给,又推动了学院的创新发展,推动了校院两级的频繁互动。

(3)以公平实用为导向。新媒体人才培训班结业后大部分成员都留在校、院的新媒体骨干团队。从培养到人才成熟阶段,如何调动学生的积极性,保持学生创作的热情十分重要。因此,在新媒体的考核激励方面,第一要注重公平原则,采用多劳多得的奖励办法。第二要注重实用激励的原则,校团委对新媒体专项人才从岗位提升、学分认证、勤工助学、评优评先单列、成果共享等多方面畅通他们的成长通道,这些都是学生在发展过程中最需要、最迫切的,也让学生在创作中有"看得见""摸得着"的获得感。

(二)启示

(1)要优化课程体系。在理论课程方面,要侧重邀请具有丰富新媒体工作经验的工作者进行经验分享,发挥实践对理论的反哺作用,让学员在老师丰富的新媒体工作经历中获得更大的收获。在实践环节,要加强新媒体人才培训班与小葵工作室的联系,探索新媒体培训班各小组到小葵工作室相应部门实习的形式,通过参与微博轮值、文案策划、产品开发等方式,用理论指导实践,引导学员学以致用。

(2)要加强对外交流。一是要加强与学校"青马工程"培训班、社团领袖训练营、青媒训练营等培训班的交流,通过邀请专家共同授课、联合开展活动等形式,提高新媒体人才培训班学员的理论素养、组织策划能力等。二是要加强与在榕兄弟院校新媒体工作部门的交流。通过组织学员到在榕各高校新媒体工作部门参观、开展经验分享交流等形式,学习各高校先进做法、典型经验。

(3)要加强成果转化。以项目扶持、资金支持等多种形式,引领学员立足重大时间节点、紧抓时政热点、紧扣学校工作大局,自主创作网络文化产品。通过网络文化作品大赛、期末作业集中展示等方式,群策群力,引导学生创作更多优秀的网络文化产品。

(校团委 黄佳淑)

"一条主线"久久为功　"三大工程"铸魂立魄
——文学院新形势下思政队伍建设研讨会纪实

一、品牌内涵

四十载春华秋实,在百年师大荣光的照耀下,文学院思想政治工作队伍中走出了一大批社会精英,其中不乏党政领导、教授专家、企业高管,他们在不同年代、不同领域取得了不凡的业绩和成就。有鉴于此,文学院召开新形势下思政队伍建设研讨会,总结自恢复高考以来思想政治工作队伍建设的经验,按照"大思政"育人体系要求,以政治建设为主线,持续推进党建引领、理论强基、全员育人三大工程,下足绣花功,画好同心圆,不断砥砺思政团队的品质精神,持续催生队伍建设的前进动力,有效完善思政工作的体制机制。

学院思想政治工作队伍坚持文化育人,组织策划发起的"散文行动",得到了时任省委常委、省委宣传部部长李书磊同志的重要批示。校园文化建设成果《培育审美心灵·增强文化自信》,荣获"全国第九届高校校园文化建设优秀成果"一等奖;坚持精品育人,获得福建省高校辅导员工作项目一等奖,福建省高校学生工作典型案例一等奖;坚持全员育人,获评全国高校关工委工作十大品牌,全国五四红旗团委,福建省高校先进基层党组织,福建省高校优秀党支部立项二等奖。

二、经验做法

(一)推进党建引领工程,队伍建设有高度

(1)强化顶层设计,把准发展方向。学院成立了学院思想政治工作领导小组,由院党委书记、分管副书记为正副组长,全面负责学院思政工作队伍的选拔和考察工作,将政治标准作为思想政治工作队伍建设的首要标准。把研究思想政治工作队伍建设列为院党政联席会必议内容,每学期初召开专题研讨会,部署思政队伍建设工作,精准研判发展态势,量身定制发展方案,为思想政治工作队伍再出发立梁架柱。

(2)强化组织建设,完善队伍架构。以党支部书记为基准点,以辅导员团队为连接线,以班主任、关工委和群团组织为辐射面,"点线面"相结合,构建起"上下联动、专兼结合、学术助力"的思想政治工作队伍育人三维立体模式。

(3)强化激励机制,突出价值导向。持续推动思政工作队伍管理制度改革,不断完善思政绩效奖励办法,把政治标准作为选拔人才的首要标准,让思政工作队伍成长有机会、干事有舞台、发展有空间,激发出创造活力。

(二)推进理论强基工程,队伍建设有深度

(1)坚持思想维新。将思想政治工作队伍纳入学院党委中心组学习,邀请全国人大代表、全国模范教师、校党委讲师团成员等专家学者来学院做报告,与思想政治工作人员面对面交流,提升思想政治工作队伍的理论水平。

(2)坚持实践求真。以寒暑假社会实践为契机,组织思想政治工作队伍前往上海、陕西延安、福建上杭参观革命圣地,选派优秀思政工作者前往省委党校、国家行政学院学习,以实践不断补足精神之钙。2017年,获批成立马克思主义文艺理论与文艺批评建设工程的研究基地,学院思想政治工作队伍有了践行理论的高平台。

(3)坚持以训促学。在参加院党委中心组学习的基础上,探索精准化培训新模式,依托教育部高校辅导员培训和研修基地,形成定期轮训制度,通过到政府部门挂职锻炼、境外交流等方式让在岗辅导员再学习,层层推进提升思想政治工作技能。

(三)推进全员育人工程,队伍建设有力度

(1)打造德才兼备的主力队伍。文学院思想政治工作队伍善于发挥学科优势,始终坚持思想政治工作和学科发展并重的理念,将推进学科建设作为思想政治工作的关键环节,以学术成长助力思想政治工作。文学院辅导员20%有国家社科基金一般项目,40%有国家社科基金青年项目,超过半数有省级科研项目。同时,鼓励教研室主任或学科带头人担任教工党支部书记,教工党支部与学生党支部共建共创,增强思想政治工作队伍学术影响力。

(2)打造守正出新的核心队伍。文学院辅导员队伍始终以文学育人为底色,牢牢把握四个"回归"教育本质精神,指导闽江文学社实施《闽水泱泱》工程,面向文学院老中青三代人征集优秀文章,传承文学育人传统,激发学生创作活力,将学院的创作风气推向新的阶段。连续十年组织开展文学创作大奖赛,正式出版了8

部文集,增强学生创作的获得感,提升文学育人的实效性。2015年至今,连续三年举办两岸师生文学创作实践活动,前往台湾大学、台湾海洋大学、台湾淡江大学等高校进行学术交流。正是因为文学院思想政治工作队伍对文学创作传统的热爱与坚守,推动了文学院的文学育人影响力不断地扩大,完成了由学院向学校、由学校向校外的双重辐射。

(3)打造坚实可靠的后备力量。紧紧围绕保持和增强政治性、先进性、群众性的基本要求,建设"创新型"团委,以思想带团、服务立团、品牌兴团和创新强团"四位一体"全面发力,实现团建育人;建设"服务型"关工委,拓展离退休工作服务队的职能,选聘离退休老干部、老教授、老党员作为兼职思想政治工作人员,为青年学生授课;建设"学习型"工会,定期开展青年学者读书会、学术沙龙活动,选聘政治意识强的青年教师担任本科生班主任。充分发挥学生干部"身边人"的作用,通过主题班会、团日活动、骨干培训等方式,建立起一支敢拼能赢的学生干部队伍。指导学生干部参与正能量的网络互动,构建完善的网络思政体系,加强微博、微信、易班网建设,持续推进网上、网下"两线作战、联动并进"思政教育模式的整体转型,持续做好思想政治育人宣传阵地建设。

三、思考启示

习近平总书记在全国高校思想政治工作会议上强调,高校思想政治工作关系高校培养什么样的人、如何培养人以及为谁培养人这个根本问题。做好高校思想政治工作队伍建设是全面推进高校思想政治工作的关键一招,也是落实立德树人根本任务的必然要求。实践经验表明,做好思想政治工作队伍建设,必须始终以政治建设为主线,坚持党建引领,强化政治意识,完善激励机制,让思想政治工作队伍安下心;坚持理论强基,深化理论学习,搭建发展平台,让思想政治工作队伍走得远;坚持全员育人,不断发挥专业优势,增强以文化人,让思想政治工作队伍做得实。

改革开放40年来,文学院思想政治工作队伍在上级的正确领导下,在学校职能部门的大力支持下,始终坚守育人初心,牢记时代使命,把握时代脉搏,增强综合素质,持续推进高校思想政治工作向纵深发展,不断书写着新时代高校思想政治工作的奋进之笔。

(文学院 李彬源 余成威)

"三化三育"强化团学干部队伍建设
——数学与信息学院团学干部队伍建设工作

一、品牌内涵

习近平总书记重要讲话对加强群团干部培养管理、提高群团干部队伍整体素质作了强调,对群团干部加强思想道德修养、坚定理想信念、严格要求自己、自觉践行"三严三实"等提出了明确要求。福建师范大学数学与信息学院坚持团要管团、从严治团,从严培养管理团干部,教育引导团干部严格对照好干部"二十字"标准要求自己,努力做到坚定理想信念、心系广大青年、提高工作能力、锤炼优良作风。以规范化培育基层组织,以项目化培育红色文化,以网络化培育先进文化。

学院于2017年12月被共青团中央评为2017年大中专学生志愿者暑期"三下乡"社会实践活动全国优秀单位;2013年5月被共青团福建省委评为福建省五四红旗团委;2016年12月一个团支部入选2016年全国高校"活力团支部"(全校唯一);2015年5月、2017年5月两个团支部被共青团福建省委评为福建省五四红旗团支部;2014年5月一个班集体被福建省教育厅评为省级先进班集体。

二、经验做法

(一)以规范化培育基层组织

1. 做好团学两代会建设,促进工作民主化

为了增强学院学生参与学院管理的意识,广泛吸收同学们的建议,使得学院团委工作更贴近青年学生,1998年学院在全校范围率先召开了二级团学代表大会。同时,为了推进学院团学两代会工作的常态化、增强团学工作的透明度,学院设立团学代执行委员会,通过组织团学代表对学院各部门活动、会议进行跟进测评,定期组织"院领导与同学面对面"活动,每学期组织"学院两委与同学面对面",召开团学代表大会,及代表提案征集、评选等活动。充分发挥团学代表的作

用,在涉及学生重大决策、规定出台前,广泛征求意见,建立常态化的建议意见搜集机制,代表广大青年学生有序表达合理诉求。善用团学代表,在"我最喜爱的好老师"等活动中,充分表达学生意愿,让广大同学了解、关心,并支持学院团委工作,促进学院团学工作更加民主化。

2.配强配齐导师队伍,强化团学队伍指导

严格团学组织例会制度,选配一线辅导员担任团学组织指导教师。2017年6月,因学校高水平大学建设目标需要原数学与计算机科学学院和软件学院整合,更名为数学与信息学院。学院团学工作按照条块分工,合力协作的原则,选配一线思政辅导员担任年级团总支书记,优秀学生骨干担任副书记。选配一线思政辅导员担任团学两委、部门的指导老师。依据各团学组织、学生社团的工作要求和进度,定期召开例会,研究部署工作,促进团学工作的规范化。

3.做好团学工作手册的编写工作,促进团学工作制度化

为了进一步规范团学工作,学院团委在全校范围内率先组织编写了学院团学工作手册,系统地介绍学院的有关规章制度和工作程序等,并于每学年定期修订,不断丰富和完善内容,为实现工作的制度化和规范化不断努力。每学期初召开团学工作部署大会,每学期末召开团学工作总结大会,以规范化流程推进团学工作,以仪式感增强团学干部归属感。

(二)以项目化培育红色文化

1.以大学生骨干培养为抓手,提升学生素养学习红色文化

学院坚持每学期举办大学生骨干培训班,至今已举办三十四期,给广大青年学生提供提升素质、学习交流的平台,不断提高自身的思想素质与理论水平。以理论季和实践季为主学习,部分安排案例教学、小组讨论、课堂辩论、情景模拟、素质拓展、课题调研等实践性教学。在培训中进一步强化党性教育课程,严格培训考评制度,提升学员的党性、品格、境界和素质,培养学员又红又专的品格,坚定理想信念。

2.以"一论一研"为抓手,增强基层活力营造红色文化

为了加强基层团支部建设,学院通过"一论一研"(一个论坛和一个研讨会)每学期都召开"基层团建论坛暨团支部书记论坛"和"团学工作战略研讨会",力争从宏观上引导把握团学工作,及时发现问题,讨论解决对策,提高工作针对性和时效性,通过"一论一研"平台,有效促进了团学干部的工作交流,提高了工作实效。学院定期举办主题团日活动,严肃组织生活,严格落实"三会两制一课"制度。每月开展一次团支部民主生活会,围绕团员青年关注的热点,以分享会、辩论赛等形式创新基层组织生活。围绕学院中心工作,引导青年团员交流思想,交流工作,

在交流中引导青年团员树立"四个自信"。

3.以创新创业为抓手,提升人文素养培育红色文化

学院以"红传航道"创新创业项目为抓手,以把有意义的事做得有意思,挖掘红色资源,传播红色文化,弘扬红色精神,传承红色基因为理念,顺应当下热点机遇,依托学院专业优势,通过更先进、更形象、更新潮的方式,针对性地对不同层级的学生、教师,党政机关等,开发用于学习、教学、传播的红色文化资源平台,为用户提供红色教学课程组、红色文化资料、红色文化VR体验视频等资源,建立完整的红色资源动态供应链。2018年3月,团队代表学校参加在龙岩古田举办的第四届互联网+大学生创新创业大赛"青年红色筑梦之旅"全国启动仪式,参与现场展演,并与古田会议纪念馆举行项目对接洽谈签约。团队成立红色文化研习社团,运营红色文化微信公众号,制作有关红色文化的H5、微动漫等产品,用生动有趣的方式传播红色文化。

(三)以网络化培育先进文化

积极抢占网络阵地,充分发挥网络优势,推进数字化团委建设。学院于1998年成立"成功在线"网站,是全校最早建成的院级团委工作网站。近年来,在学校"五微五阵地"微博体系建设工作的引导下,学院团委通过微博、微信等新媒体将成果宣传和服务广大青年学生两者有机结合起来,推进了学院团委工作的信息化和网络化。推出学院网络卡通形象"小麦"(Math谐音),运营"数信MI"微信公众号等,定期推送学院团学工作动态和温馨提示、学术活动等师生服务信息。用小麦形象开发相关文创产品,吸引和凝聚青年参与团学活动。党的十九大召开后,学院学生自主研发学习APP软件、党的十九大精神答题H5等新媒体新方式推动党的十九大精神学习。数学与信息学院曾获得校新媒体工作先进学院称号。

三、思考启示

落实习近平总书记提出的20字好干部标准和对团干部提出的"坚定理想信念、心系广大青年、提高工作能力、锤炼优良作风"的重要要求,从严管好用好配好团的干部,锤炼坚强党性、加强教育培训、践行严实作风,建设一支让党放心、青年满意的团干部队伍。学院将继续推进"三化三育"工作格局,强化团学干部队伍建设,为共青团全面深化改革提供坚强的组织保障。

(数学与信息学院　陈林婕　蒲鑫源)

构建"一二三四"学生干部成长发展体系
——教育学院学生干部队伍培养机制

一、品牌内涵

近年来,教育学院结合培育有理想、有本领、有担当的时代新人使命,围绕立德树人的根本任务,着力提高学生干部队伍的工作能力和综合素质,在不断寻求探索与改革中,逐渐建立起了一支凝心聚力且朝气蓬勃的出色队伍。

学院学生干部队伍培养建设成绩喜人,连续7年获得福建师范大学学雷锋志愿服务月十佳志愿者服务项目;连续三年获评福建师范大学团学新媒体工作先进学院、校园媒体评比星级记者团等佳绩。2017年5月,学院被共青团福建省委评为2016年度"福建省五四红旗团委标兵"。在不断加强学生干部队伍的建设和探索中,学院逐渐形成了具有自身品牌特色的培养模式。

二、经验做法

(一)"一"个立体式的顶层目标设计

学院围绕培养一支"召之即来、来之能战、战之能胜"的学生干部队伍这一顶层设计目标,在实践中广泛使用"选拔、使用、激励"三位一体培养模式,注重整体性联动,不断提升学生干部队伍质量和综合素质。

一是固本逐源,严控选拔关。在学生干部的选拔上,首先做到严把素质能力关,主要围绕有较强的进取精神,勤奋学习,学习成绩良好;有较强的组织领导能力,积极组织有益于学生成长的各项活动;有良好的个人修养和道德水准,以身作则等方面进行综合考察。其次,坚持以公平、公正、公开原则开展选拔。学院两委学生干部的选拔由笔试与面试相结合的方式进行,年级、班级的学生干部可以通过竞选的方式产生。学院会根据个人综合表现,拟定出初定名单,在学院官网进行公示,接受师生的监督。

二是以老带新,夯实干部层。在学生干部的使用上,重视素质的培养,让学生干部具备胆识、创新、责任心等素质。如在筹备一年一度的学院两周年晚会时,我们坚持用以老带新的方式开展晚会的策划工作。在这个过程中,积极鼓励老一代学生干部协助新一代学生干部发散思维、激活创意。在学生干部使用的过程中,注意"信任有度、期望有度、呵护有度、褒贬有度"的原则。

三是奖惩有度,保障先进性。在学生干部的激励上,注重调动学生干部积极性。对于学生干部的考核,学院制订了一套可行的方案。学院自2017年以来全面启动学生干部学期考核机制,考核等级分为优秀、良好、中等、及格、不及格五个档次。考核为优秀者给予表扬并颁发优秀学生干部荣誉证书,考核为中等者给予鞭策鼓励,考核为及格者给予批评指导,考核为不及格者撤销其职务。为了激发学生干部的工作热情,建立学生干部激励机制,每学期对优秀学生干部及工作积极分子进行一次学工系统的表彰。

(二)"两"条学生干部素质养成途径

学院在继承优良传统的基础上,创新性地开拓了两条学生干部素质养成提升途径。

一是注重发挥学院优势,形成内在成长动力。在利用内部优势上,学院每学年开展大学生骨干培训班,为学生干部提供一个良好的发展平台。干部培训围绕着"新时代学生干部的成长自觉与能力提升""高校学生干部基础文书写作规范与技巧""新时代背景下共青团员和团学干部的使命"等主题,邀请学生工作经验丰富的老师开展培训。通过培训,学生干部们更加完整系统地认识团学工作的策划与开展等各方面工作,并运用在实际的团学工作中。

二是注重引进外部的优质资源,形成强有力的发展支撑。在利用外部资源上,坚持引进来与走出去相结合。充分发挥学院之间的交流合作机制,邀请其他学院有丰富团学工作经验的老师来给学生进行培训,借鉴其他学院优势品牌,结合本学院的具体情况开展实施。同时,积极组织学院有发展潜力、工作突出的学生干部参与到学校"青马工程""新媒体人才"等培训中。通过系统知识与实用技巧的学习,学成归来的他们往往能够在工作中发挥良好的示范作用,好的工作方法和经验辐射影响学院更多的学生干部。

(三)"三"大干部梯队建设模式

学院坚持优良的学生干部培养传统,明确了从大一到大二再到大三的分阶段培养重点,形成了纵向梯队式的干部队伍。不同阶段有不同的培养重点,但阶段间并非分裂割据,而是相互联系,相互依赖。干部梯队的建设以"传帮带"为载体,形成了具有可持续发展能力的稳定发展链条。

首先,把优良作风"传"给新人。"传",要把团队文化、管理思想和优良传统,潜移默化地传给新人。学院每年召开新老两委干部交流会,在会上由上学年工作表现突出的学生干部代表进行经验交流,分享工作中的好做法和好作风。

其次,用经验总结"帮"扶新人。"帮",不仅要帮助新手解决具体问题,还要在思想上、理念上以及实际工作中做示范,体现出前辈的关怀。学院两委各部门在每学年末进行学生工作总结,凝练优点、发现不足,并提出改进的措施,最后将其汇总成团学工作汇编一册,以便来年工作有据可依,处理紧急情况与棘手问题时有章可循。新人干部通过工作汇编,能够对新上手的工作做到心里有数,减少工作中不必要的弯路。

最后,用亲身实践"带"动新人。"带",就是亲自带着他们去实践,"授人以鱼不如授人以渔",在每年的学院重大活动中,随处可见新老干部共同工作的场景。如新生联欢晚会、学年表彰大会、元旦嘉年华、运动会等,高年级学生干部会自觉参与其中,在实践中传递实干经验,使得学院工作能够有条不紊地进行。

(四)"四"大要素打造学生干部成长共同体

构成团队的四要素可以概括为"4P":目标(Purpose)、人(People)、权限(Power)、计划(Plan)。学院紧紧围绕这四大要素,打造一个具有高度战斗力和凝聚力的学生干部成长共同体。

每学年初,学院召开学生干部队伍建设专题研讨会,会上明确当学年的既定目标,找准团队的整体定位和每个部门学生干部的职责和权限。指导老师在鼓励学生干部自由发挥的同时,也不忘从大局上进行统筹和细节上进行推敲,通过引领和放权相结合的方式共同完成团队的目标。每学年的团学工作目标,即是通过制定详细可行的计划方案,并在实施过程不断进行反馈、修正、完善中完成的,学生干部成长共同体也在一次次的配合和磨炼中得以建构和提升。

三、思考启示

学院将继续致力于学生干部队伍建设的系统性、科学性、创新性探索之路。针对学生干部的成长规律和实际需求,从增强政治素养、提升思想境界、优化能力结构、锤炼作风品格等方面着手,努力培养出一批具有高度的理论自觉、鲜明的实践品格、奋进创新精神的青年学生骨干,不断推进学校学院团学工作更上一个台阶。

(教育学院 杜成煜 黄锦生)

校园思想政治教育的"大课堂"和"小推手"
——协和学院融媒体队伍建设经验

一、品牌内涵

协和学院学生记者站(以下简称"记者站")创建于2005年,是学院党委领导、党务工作部新闻宣传中心指导的院级学生记者团体,因身着黄色站服,活跃在校园各活动现场,被学院师生美称为"黄衫军"。

记者站成立十几年来,秉承"做有思想的校园新闻,打造新闻与服务兼备的校园媒体平台"理念,全面参与学院新闻宣传,成为"协和好声音"的引领者;关注社会公益,呼吁广大师生开展公益活动,成为"大学好声音"的践行者;成就记者梦想,将第二课堂延伸到第三课堂,成为"中国好声音"的传播者。精英化能力培养,全息化实践锻炼,"黄衫军"已经成为社会主义核心价值观的践行者、传播者和引领者,也成为校园思想政治教育的大课堂和小推手。记者站建设成效获评福建省高校校园文化建设成果奖一等奖;先后获评"全国高校最受欢迎校园媒体(40强)","中国(福建)校媒联盟年度潜力校媒""给力校媒团队""优秀新闻原创校媒""最佳校媒团队"等荣誉称号。3名学生记者当选中国(福建)高校传媒联盟主席、副主席,5名学生记者获评"福建省高校校报优秀学生记者",10名学生记者荣获中国(福建区域)高校新闻扶持计划奖学金学生记者,近50件作品荣获中国(福建区域)高校新闻扶持计划奖项,其中一件获全国奖。

二、经验做法

(一)构建金字塔式的"黄衫军"梯队

记者站探索出了"1+1+1"精英化发展的"金字塔"模式。即建设一张不断扩张的学生记者网,以学院记者站为中心,成立了七个系分站,建设了以院团委指导的青年通讯社、七个系(院)学生记者团,以及学院艺术团、学生社团联合会、学促会等学生团队内设的记者团队为主体的,近800名的学生记者队伍。学生记者已经成为学院人数最多、覆盖面最广的学生团队之一。一个不断壮大的记者站,学院学生记者站是一支拥有160余人,设有采编部、摄影部、全媒体运营部、视觉设计部、影像工作室、公关策划部、办公室、小黄桑工作室8个职能部门的强大团队。一群不断强大的媒体战友,成立记者站校友会,毕业的记者站校友成为在校学生记者的榜样,在校学生记者的业务导师和学院的媒体资源。"1+1+1"精英化发展的金字塔模式,构建了外有校友记者业务指导,加强对外宣传,中间有学院新闻宣传中心记者站主力、下有全院学生记者团体的黄金梯队。

(二)搭建多元化的"黄衫军"培训平台

"1+1+1+1"的多元化培训,即新生记者参加记者站举办的"雏鹰计划",补足基础业务知识和基本技能;全体成员参加"媒体记者协和行""媒体记者与学生记者面对面"等形式的高规格、规范化专题讲座,提升新闻意识和宣传理念;选拔优秀的学生记者参加社会媒体的系统培训,培养精英记者;举办一年一度的"学生记者论坛",邀请媒体记者、各高校学生记者与本院学生记者进行新闻业务探讨和新闻思想碰撞。

(三)打造专业化的实训平台

学院通过建设仿真职业环境,把新闻宣传中心作为新闻传播专业学生和学生记者的校内仿真职业环境建设平台,以校园媒体为实践载体,让学生参与校园媒体实际运营,完成在校学生到媒体从业人员的角色转化;构建实践教学体系,利用独立学院办学机制的灵活性,探索学生参与独立学院新闻宣传工作的实践教学新体系;建设实习实训基地,学院积极推荐学生记者赴省内各大报社、广告传媒公司实习实践,强化动手能力和对接社会媒体的素质。经过多年发展,从学生记者站、青年通讯社、各系记者团走出了数十名优秀的专业专职记者,活跃于《中国教育报》《新京报》《职业》《海峡都市报》《海西晨报》等各级各类新闻媒体,还有不少学生进入中央电视台、上海东方卫视、福建省广电集团、新浪、腾讯、网易、东南网等网络媒体供职。他们都将扛起践行、传播、引领社会主义核心价值观的大旗,成为"中国好声音"的传播者。

(四)搭建全息化实践锻炼平台

协和学院搭建了全息化的工作平台,让"黄衫军"成长为一支特殊的高校准"新闻人""广告人""策划经理人"等"媒体人",是学院新闻宣传工作中一支新闻敏感性强、能采写、能编排、能策划、能组织的高水平记者和校园活动策划精英。

黄衫军能做喜闻乐见的新闻,依托全省独立学院首创"协和新闻网",黄衫军采写贴近师生、贴近教育教学实际的"有意思"的新闻报道。能做师生满意的院报,黄衫军全面参与采写了大量有分量、有深度、有影响的新闻和专题,按照学院党委要求办"领导满意、师生想看"的党报。能做亮点频现的外宣,记者站学生积极挖掘学院新闻亮点、先进典型,目前为止,"黄衫军"参与的就有近千则,单在《光明日报》《中国教育报》《中国青年报》《中国妇女报》,以及新华网、人民网等国家级媒体上刊发的报道就达300余则。黄衫军已经成为宣传学院"好人、好事、好声音"的主力军、生力军。能做与时俱进的新媒体,"黄衫军"配合参与制作学院官方微博、微信,还负责QQ公众号和今日头条的运营,借用这些网络平台积极传播协和声音,反响良好。能做校园文化的设计者,2012年,"黄衫军"开发校园文化设计,两个青春可爱的大学生卡通人物"协协""和和",深受师生喜爱,成为学院进行思想政治教育和宣传社会主义核心价值观的主要载体。能做社会公益的担当者,"黄衫军"不仅宣传校园文化,也热心社会公益,彰显校园媒体人的社会责任感。每年举办"地球一小时"熄灯、世界地球日环保公益跑等活动;鼓励大学生记者积极投身爱心支教,为偏远山区的孩子们带去了关爱与温暖,践行着"远不止是记者"的坚持;开展学生记者"寻访福建工匠艺人""寻访年俗"等文化活动,并获评腾讯寻访年俗活动全国最佳高校合作奖,向社会发出了"协和好声音"。

(五)形塑"黄衫军"品牌文化

学生记者站注重自身的团队文化,并逐渐形成了以"小黄桑"卡通形象为主的独特学生记者品牌文化。自主开发设计的站标和站旗、站服、站伞、采访本等一套文化衍生品,形成了"1+1"VI视觉系统。2014年全新开发"小黄桑"卡通形象,以勤劳的小蜜蜂比拟长期奋战在学院新闻宣传战线上的"黄衫军",以其为原型设计制作的玩偶、徽章、卡贴、主题海报等,不仅成为了记者站的形象代言,也常常出现在学院各种活动现场和微信微博等新媒体上,成了传递正能量的信使。打造了"大气、专业、创新、有爱"的记者站文化。"黄衫军"成为学院宣传的一个标杆、一张名片。

三、思考启示

(一)更全平台参与校园新闻宣传,扩大宣传思想覆盖面

进入融媒体时代,需要创新校园媒体传播手段,提升校媒传播能力。进一步积极探索高校与媒体共建、高校与地方共建融媒体中心的新模式,建设高校校园

媒体中央厨房,建立相关专业实践基地,实现新闻采编、分发平台化,新闻素材库建设智能化,普及"人人都是记者"的观念,让更多的学生记者可以参与校园新闻"中央厨房"运作,让更多学生有机会通过新闻采写,更好地践行和传播社会主义核心价值观。

(二)更深层次参与思想政治教育,增强宣传思想感染力

充分发挥学生记者的身份优势,针对青年思想实际、围绕青年感兴趣的话题,建立思想政治教育主题网站、主题网群,策划制作优质思想政治教育微信、微博、微视频、H5、动画动漫等作品,抢占网络主阵地,高唱网上主旋律,可针对青年学子的上网特点,专门设立校园青年微信群等,使青年学生潜移默化地接受思想政治教育;指导"黄衫军"全面开发网络文化产品,打造文创开发平台,生产更多思想政治教育的文创产品载体,将习近平新时代中国特色社会主义思想的深刻内涵形象化、产品化,让新思想随处可见、触手可及、感同身受。

(三)更广领域参与优秀文化传播,提升宣传思想影响力

打破原有学生记者只采访校园新闻的常态,主动承担高校校园媒体的社会责任,深化与《中国青年报》(中国高校传媒联盟)、东南网等媒体的合作,通过"寻访年俗""寻访福建工匠精神"等专题新闻采访活动,不断鼓励学生记者走出象牙塔,走进大社会,深入挖掘和阐发中华优秀传统文化,提高学生记者的民族自豪感,增强"四个自信",与时俱进,锐意进取,扛起新时代的大旗,成为社会主义核心价值观、中华优秀传统文化的践行者、传播者和引领者。

(协和学院　林美貌　林响)